甘粕大尉

増補改訂版

角田房子

本書は二〇〇五年二月、ちくま文庫より刊行されたものです。

甘粕大尉●目次

甘粕大尉

増補改訂版

一　大杉栄殺害事件　大正十二年九月十六日（一九二三年）

大正十二年九月一日午前十一時五十八分、厳密には四十四秒——関東一円を激震が襲い、東京市は百三十八ヵ所から火災が発生した。多数の死者を目の前にして、破滅の中に辛うじて生き残ったと思う被災者には、この異変をどう受けとめるかの判断もつかなかった。いきなり足許をさらう衝撃に重心を失ったのは肉体だけでなく、多くの人々が精神の平衡をもこの瞬間に失った。異常な心理状態におちいり、異常な行為を積み重ねてゆく日々の、これが起点となった。

平静をとり戻す余裕を与えまいとするかのように余震は反復し、二日正午までの二十四時間に三百五十六回を記録した。火焔はそれ自体がひき起す強風にあおられて木と紙の家々を存分になめまわし、急速に勢を増して八方へ拡がってゆく。

消火作業は——荷物を背負った避難民や大八車が道路を埋めて消防車は動きがとれず、水道管破裂で消火栓は使えず、電話が不通のため命令、連絡も不可能であった。

第一震の直後に電信、電話などすべての通信機関が破壊され、汽車、電車も不通となった東京は、荒れ狂う猛火を抱いたまま外部との連絡を断たれ孤立した。わずかに船橋の海軍無線電信所から紀州潮岬の無線電信局へ打電し、これが大阪市への第一報となった。

関東大震災を知った時刻は、地方によってまちまちであった。金沢憲兵隊がこれを知ったのは「午後一時半ごろであったか……」と、当時、金沢憲兵分隊所属の上等兵であった中村久太郎は語る。時を移さず、中村たち十五、六人に出動命令が出た。「大地震により全市壊滅」と伝えられる東京の警備応援に、米、ミソ、乾パンと自転車をかついでおもむくのである。

金沢の憲兵たちと、身寄りの安否を気づかって上京を急ぐ人々とをすし詰めにした列車は直江津《なおえつ》を経由して、二日朝、川口に着いた。荒川の鉄橋が大きく傾斜していて、列車はもう先へは進めなかった。ここを起点として東北や信越へ向う汽車には、東京から脱出する負傷者を交えた避難民が、機関車の上にまでアリのようにとりついていた。

憲兵たちは川口からトラックで東京へ向ったが、間もなく道路にあふれる避難民にさえぎられて、一寸きざみの進行になった。また各所で橋が落ちて迂回に迂回を重ね、倒壊した家屋や横倒しの電柱、垂れ下った電線、運び出された家財道具などにも進路をはばまれた。東京市内はなお盛んに燃えているらしい。白昼のことで火の手は見えないが、トラックの進む方向の空は煙でほの暗く、煙のない部分も黄色く無気味に濁っていた。

トラックの前に突然現われた焼死体の群を目撃して、中村の背筋に戦慄が走った。彼に衝撃を与えたのはそのむごたらしさだけでなく、折り重なった死体を全く無感動に踏み越えてゆく人々の、一様にすすけた表情のない顔であった。人々は死臭の漂う中で、繰り返される大地の揺れにおびえながら、生きのびようとする本能だけをむき出しにしていた。

だが中村がそうした人々を異常と感じたのはごく短時間のことで、たちまち彼の感覚も麻痺していった。憲兵たちは烈しい火勢に何度も進路を変え、火の粉をかぶり、むしろもかけず放置された死体の間を縫いながら、路傍に横たわる負傷者のうめきを聞かねばならなかった。神田川は火と水による犠牲者の遺体に覆い尽されていた。憲兵たちの周囲は、生と死が境界線もなく入り乱れた世界であった。

前日の九月一日午後五時に発行された東京日日新聞（現、毎日新聞）の震災第二号外を中村たちが読んだのも、トラックの上であった。

「（前略）東京市内は出火、倒壊家屋無数にて死傷者算なく惨状言語を絶するの光景である。電信電話汽車電車等の交通機関ことごとく停止となり、横浜横須賀千葉等の被害非常である。（中略）二重橋広場には避難民群集し重傷者や負傷者がうごめいて居る。東京駅前郵船ビルの隣りで目下工事中の内外ビルデングは職工三百名二百名位が鉄骨の下になり逃場を失ひ負傷者や死者も多数ある様子助けを呼ぶ声は地獄のさけびのやうだ」

東京日日は震災当日から、散乱した活字を拾い集め、皇居前で号外を発行した。文体もととのわず、誤植もあるが、全く情報の得られない市民の手から手へ渡って、むさぼり読まれた。ラジオのない時代である。

さまざまな噂がトラックの上にも伝わってきた。若い憲兵たちはそれら不穏な噂のどの一つにも驚かなかった。どれほどの大変事が起っても当りまえと思える空気が、彼らを包んでいた。何事も起らないとしたら、その方がふしぎである。

金沢の憲兵たちが当時の麴町区大手町一丁目一番地（現、千代田区丸の内一の一）の東京憲兵隊本部に着いたのは、すでに日暮であった。彼らが初めて見る本部は内外に憲兵があふれ、その誰もが一刻を争う重大な用件を抱えているように激しく動いていた。殺気立った雰囲気に気おされて片隅《かたすみ》にたった彼らは、ここで麴町分隊所属と決められた。「分隊長は甘粕大尉」と言い渡されたが、その分隊長はどこにいるのか、この夜は遂に顔を見ることもなかった。

「本日午後六時、緊急勅令により戒厳令が公布されたッ」と、金沢の憲兵たちが知らされたのは到着の直後であった。「軍隊が出動して、治安維持に当ることになったのだッ」と叱りつけるような声で教えられた彼らはますます興奮し、緊張した。憲兵隊本部に目に見えぬ火が渦巻き、その熱気をまともに浴びる思いだった。

昨日の地震以来、東京の警察力は極度に低下し、ほとんど無警察状態だという。治安の元締である警視庁はすでに焼け落ち、全市の警官の中から多数の死傷者が出ただけでなく、家族の安否を気づかって職場を離れた者、家族と共に避難した者が多いと聞かされた。これは若い憲兵たちの胸に、警官は職場放棄もするであろうが、われわれ軍人は夢にも……という思いを湧きたたせた。

深夜、中村久太郎は警備のため内務省警保局長の官舎へ行く道で、今朝川口に着いて以来の長い一日をふり返った。未曾有の災害にいためつけられた人々が彼ら憲兵によせた信頼、期待、好意などが今さらに強く胸をうつ。おそらく大金を投げ出しても入手できないであろうトラックも、憲兵である彼らには調達できた。いかなる怒声、罵声にも耳をかさない避難民の群も、憲兵のトラックと知れば道をあけてもくれた。殊に夕方近く〝主義者の暴動〟〝朝鮮人襲来〟などの噂が避難民の間を風のように吹きぬけた時、狼狽した人々はいっせいに、すがりつくような視線をトラック上の憲兵たちに向けた。そして口々に情報を求めてきた。何一つ知らない点では彼らと同じ憲兵たちは、答えられるはずもない。だが逃げまどう人々は、せめて憲兵たちの近くにいることで安全を計ろうと追いすがり、中にはトラックについて走り出す者もあった。

これほどに民衆から重視され、信頼をよせられた経験は、どの兵にもなかった。大正の安逸な雰囲気の中で、軍人は〝無用の長物〟視され、うとんじられることに馴れていた。はじめ憲兵たちは民衆の変化にとまどいを感じたが、若い素朴な北陸の男たちの胸に、それは次第に使命感となって固まっていった。そこへ戒厳令の公布である。

権限の拡大は、おれたちの責任も拡大されたということだ。真に非常時なのだ。大正七年の米騒動は全国的な事件で各地の軍隊が出動したが、あの時でさえ戒厳令は布告されなかったではないか――。

電灯を失った街は無気味に暗く、空だけが濁った朱色の焔《ほのお》を反映していた。九月二日の夜半、この帝都の闇のどこかに〝敵〟がひそんでいる……、いま憲兵隊本部で聞いた曹長の言葉が、中村の頭から離れなかった。朝鮮人か主義者か知らないが、大変事をもくろみ、治安を乱そうとする〝敵〟がいるのだ。それでなくて、どうして戒厳令が公布されるものか――。

かつて想像したこともない異常な事態に誘発された憲兵隊幹部の気負いは、そのまま末端の上等兵にまで伝わり、中村は思わず膝頭《ひざがしら》が震えるほどに心を高ぶらせた。彼はこの夜、新内閣が成立したことも知らなかった。

同じ九月二日の午後七時半、赤坂離宮の庭で第二次山本権兵衛《ごんべえ》内閣の親任式が挙行された。前首相・加藤友三郎は八月二十四日に死去した。外相・内田康哉《こうさい》が臨時首相に就任したが八月二十八日に総辞職し、後継首班に推挙された山本権兵衛が組閣準備にかかった。大地震はこの空白状態の中で起った。内田臨時首相は地震発生の二時間後に、首相官邸に閣僚を招集して臨時閣議を開き、震災の対策を協議した。翌二日午後六時発令の戒厳令を布告するガリ版刷りの官報号外には、内閣総理大臣・内田康哉、内務大臣・水野錬太郎らが名を連ねている。山本新内閣の発足は、その一時間半後である。

砲兵大尉・遠藤三郎（のち中将、昭和五十九年十月死去）が帰省中の米沢で大地震を知り、ようやく汽車で埼玉・東京の境まで来たのは九月三日であった。当時、野戦重砲兵第一連隊の中隊長であった彼は、アメのようにねじ曲った鉄橋をはじめ予想をはるかに越す災害に改めて事の重大を知り、避難民の群に逆らって日暮里経由、帰隊を急いだ。すでに戒厳令下である。所々に着剣の銃を構えた兵が警戒に当り、周囲に無言の威圧を加えていた。

遠藤はふと甘粕正彦《あまかすまさひこ》を思った。日ごろから責任感の強い甘粕が、憲兵大尉としてこの非常事態にきびきびと対処している姿が想像された。甘粕は陸士二十四期、二十六期の遠藤と同期ではないが、甘粕のいとこ甘粕重太郎（のち中将）が遠藤の陸士時代の区隊長であったことから、遠藤は甘粕一家を知り、正彦とも早くから親交があった。遠藤は甘粕の純粋な性格、多方面にわたる知識を高く評価し、また謹厳な外貌に包まれた独特の人間味にひかれてもいた。

遠藤がようやく鴻ノ台《こうのだい》連隊に辿り着いてみると、隊は朝鮮人討伐に出ているという。とんでもない——遠藤はうなった。ここまでの長い道中で、避難民の間に流れる朝鮮人暴動説は遠藤の耳にもたびたび聞えていた。だが彼自身が朝鮮人の不穏な行動を見たことはなく、人々の言葉にも体験談、目撃談は一つもなかった。単なる流言ではないか——と遠藤は強い疑問を抱いていたが、やがて帰隊した兵たちは「朝鮮人を何人殺した」「いや、おれはもっと……」などと自慢し合っている。

真相をつきとめねば、と思っている矢先、遠藤にも出動命令が下った。「武装して行け」という命令を無視して、彼は指揮刀で出たが、たちまち連隊長の一喝を喰らった。

「戦場に出るのに、そのかっこうは何かッ！」

戦場というからには敵がいなければならない。その敵とはいったい何なのか——遠藤は憤然としたが上官に反抗は許されず、仕方なく軍刀をとりよせた。だが、そのままおとなしく出動したわけではない。彼は連隊長の前で、部下に向って大声を張り上げた。

「この軍刀は朝鮮人を斬るためではない。命令に服さず軽挙妄動する部下に向けるためのものぞッ！」

江東地区の警備に出てからも、遠藤は避難民への食糧確保に当るかたわら、朝鮮人についての情報を集めて歩いた。誰もが暴動説を信じておびえているが、直接被害を受けたと語る者は一人もいない。

この噂は初めからおかしい……と遠藤は改めて考えた。大地震は誰にとっても寝耳に水の出来事であった。何の備えもなかった東京市民の多くが死傷し、すべての通信網が破壊されたため、焼け出された人々の中には今も家族との連絡がつかず、安否を気づかって焼け跡をさまよう者もいる状態ではないか。

同じ条件の下で、朝鮮人だけが緊密な連絡をとり、二百人とも三百人ともいわれる隊を組み、武器弾薬を持って襲撃して来るなどということが可能だというのか。彼らだけが九月一日の地震を予知し、その時を期して暴動を起そうと秘かに武器弾薬を貯蔵していたとでもいうのか。朝鮮人が井戸に毒物を投入したという噂に、人々の恐怖と憎悪はいっそうかきたてられているが、いったい誰が、いつから、どこに多量の毒物を隠匿していたというのか——。

何とかしなければ、と遠藤は苛立った。この瞬間にも各所で朝鮮人が虐殺されている——。

ちょうどこの時、習志野騎兵連隊勤務の同期生が「朝鮮人討伐をするから協力してくれ」と申し入れてきた。「暴動などの事実はない。流言だッ」と言下に拒否した遠藤は、意を決して亀戸《かめいど》警察へ走った。

のち、遠藤三郎は参謀本部・作戦課勤務時代の昭和六年、満洲事変勃発直後に、暴走する関東軍の手綱を引きしめる任務を帯びて渡満した。また昭和十四年にはノモンハン事件の早期終結を計るため関東軍参謀副長になるなど、常に軍の過熱に水をかける役を果した理性の人である。ノモンハン事件では、関東軍参謀であった辻政信（当時少佐、のち大佐）がハイラルに関東軍全力を集めての復讐戦を企図したが、遠藤は遂にこれを中止させた。大正十二年の震災時にも、三十歳の大尉であった遠藤の理性は、社会主義者と朝鮮人を〝敵〟とみなす狂気に立ち向っている。

遠藤は亀戸警察署長を説きつけて、朝鮮人の保護を承諾させた。この時の遠藤は知らなかったが、亀戸警察では九月四日、南葛労働組合の川合義虎など九人が習志野騎兵第十三連隊の将校に虐殺されている。この事件は約四十日間極秘に付されたが、解禁の十月十一日付朝日新聞によれば、同警察は九月三日までに千三百人以上の〝危険人物〟を検束したとある。亀戸事件は発表後も責任者の処罰は行われず、うやむやのうちに葬られた。前記の朝日新聞の見出しには「戒厳令下で　結局斬捨御免　当然の措置として司法当局手を引く」と書かれている。

遠藤三郎は朝鮮人の間に「保護するから亀戸警察に集まれ」とフレを出した。だが遠藤がホッとしたのも束の間、亀戸警察から「余りに多数の朝鮮人が集まり、収容する場所も食糧もない。また朝鮮人保護を知った周囲の住民が激昂しているので、いつ騒動が起るかもしれない」と、ことわってきた。困った遠藤は、習志野に陸軍のバラックがあることを思い出し、そこへ朝鮮人を収容しようと決心した。だが彼の独断でできることではなく、三宅坂の戒厳司令部に交渉し、また日ごろかわいがられている砲兵畑の先輩・阿部信行少将（のち大将、首相）に頼んでようやく話をまとめた。当時、阿部は参謀本部総務部長であった。

遠藤が交渉にとび歩いている間に、亀戸では変事が起っていた。亀戸警察に保護された朝鮮人の中には少数ながら中国の労働者も混《まざ》り、その元締め的人物の王希天もそこにいた。これを知った第七連隊の将校たちが、「王希天までを習志野へやったら、一同を煽動して暴動を起すかもしれない。ここでやってしまおう」と計り、亀戸警察から受領書と引きかえに王をもらい受けて、中川の堤防で斬殺した。

遠藤が亀戸警察に帰り着いたのは、王希天殺害の後であった。もはやどうすることもできず、また詮索する時間の余裕もなかった。遠藤は部下に護衛させて朝鮮人を習志野へ送った。

九月十六日、金沢の憲兵たちは、震災後に臨時増設された上野憲兵分隊から他へ配属替えになるため、いったん所属の麴町分隊へ帰れと命令された。夕方、麴町分隊に着くと「分隊長は外出中だから待て」と言い渡された。疲れきっていた彼らはうんざりしたものの、入口の外に並んで立ち、まだ一度も顔を見たことのない甘粕分隊長を待つほかなかった。

間もなく、中村久太郎の記憶によれば午後六時過ぎ、甘粕が帰ってきた。だが、分隊長が帰りさえすれば、解散になるという彼らの期待は裏切られた。小柄な体を目立たない平服に包んだ甘粕は、子供連れの中年の夫婦をうしろに従え、立ち並ぶ若い憲兵たちには目もくれず足早やに屋内へ消えた。

その夫婦者の身なりが、夫の薄ネズミ色のヘルメットも妻のふんわりした白いスカートも、共にひどくハイカラに見えて金沢の憲兵たちの目をひいた。一般に男は麦ワラのカンカン帽、女は和服姿の多い時代であり、殊に震災後はみなが惨めな服装の時に、この夫婦は異様なほど清潔で豊かな雰囲気を持っていた。また子供とは全く無縁な憲兵隊の中で、七、八歳の男の子の姿も場違いなものに見えた。その子供が〝両親〟について入口をはいりかけた時、手に持っていたくだものが落ちて地をころがり中村の前でとまった、という。

「赤いリンゴでした」と、すでに老境に達した昭和四十八年の中村は、初対面の私に語った。

子供はリンゴを追って駆け戻り、やわらかな身のこなしで、腰をかがめて拾った。男の子の頬に浮かんだ微笑が中村の心に残った。子供は〝両親〟のあとを追って、入口へかけこんでいった。

戸外に残された憲兵たちは、また待つほかなかった。中村が仲間との私語で、いま甘粕に連行されていったのが大杉栄《おおすぎさかえ》とその妻・伊藤野枝《のえ》であることを知ったのは、この時であった。あれが〝無政府主義の巨頭〟と新聞などに大きく扱われている大杉かと、中村はいま建物の中へ消えていった白い夏服のうしろ姿を思い浮かべた。連行といっても、大杉が手錠をはめられていたわけではなく、緊迫した空気は感じられなかった。地震の翌日から、あちこちで〝主義者〟など危険人物と目された者は片端から検束されていた。近藤憲二、石川三四郎、浅沼稲次郎、加藤一夫、金子ふみ子なども連行された。大杉ほどの大物が今ごろ——と、中村はむしろ彼が憲兵隊に連行された時期の遅いことをいぶかしく思った。

金沢の憲兵たちは間もなく屋内にはいることを許されたが、甘粕分隊長や大杉夫婦の姿はなく、なお一時間以上を待たねばならなかった。

ようやく甘粕が部下二人を連れて現われ、その中の特務曹長が中村たちにあすからの新任務を告げ、次いで東京の治安の現状を説明して訓示を与えた。——復旧作業のおくれ、バラックの不足などで、今も焼け出されたまま上野の山などに野宿する者が多く、寒さに向う季節に物資不足、物価騰貴が彼らの不安をかきたてている。こうした人心の動揺につけこみ、不逞のやからが、いつ、何を始めるか、予断を許さぬものがある。十分に心を引きしめて警戒に当るよう——と、特務曹長の話は長かった。一刻も早く訓示の終ることを願いながら、中村はときどき片隅の椅子にかけた甘粕へ視線を走らせていた。甘粕の前には大柄な森慶次郎曹長が立って、話し合っている のは柔道着の黒帯だと、中村は気づいた。

特務曹長がようやく結びの言葉らしいものを口にした時、これ以上待ちきれぬ思いの若い憲兵たちは思わず列を崩した。二、三歩、歩きかけた時、突然彼らは腹の底まで突きぬけるような大喝を浴びせられて、その場に直立不動の姿勢をとった。金沢の憲兵たちが初めて聞く甘粕分隊長の声であった。

「解散の号令も待たず、何ごとかッ！」

冷たく光る丸い眼鏡の下から、鋭い視線が彼らを睨《にら》み据え、額のたてじわに怒気がみなぎっていた。

「風呂の支度ができている。汗を洗い流してから寝ろ！」

これでようやく解散になった。

その夜、彼らは階下の板敷きにゴロ寝であった。たちまち襲いかかる眠気の中で、中村はふと甘粕分隊長を思った。風呂を用意してくれたことに、上京以来二週間の不潔な生活への思いやりが感じられた。木製の風呂桶は倒壊した家からでも運び出したらしく、十五、六人が交替で使うには余りに小さくて、中村の番がまわってきた時は少量の汚れた湯で手足を洗うのがやっとだったが、それでも甘粕の心づかいは伝わった。

案外、やさしい人なのだな、分隊長は……それにしても、なかなか相手に通じない温情だ――と中村は思った。風呂の用意を告げる前の甘粕の大喝は、いま思い出しても思わず背筋が伸びるほどにすさまじかった。額に深いたてじわをよせた甘粕のきびしい顔に、中村はほのかな好意をおぼえながら、深い眠りに落ちていった。

翌十七日から、中村久太郎は新橋を中心とする地域の警備に当った。東海道線の旅客の大半が利用した新橋駅は、新築されたばかりで大震火災の猛攻を受け、瓦礫の山に埋って無惨な半壊の姿をさらしていた。九月二十一日、中村が顔色を変えた同僚から新聞をつきつけられたのは、この瓦礫の山の前であった。

「陸軍当局談――二十日、憲兵司令官小泉少将及び東京憲兵隊長小山憲兵大佐は、いづれも停職仰せ付けられたが、右は東京憲兵隊分隊長憲兵大尉甘粕正彦が、九月十六日職務執行の際、違法の行為を敢てした事に依り、部下監督不行届きの責任上、前記の処分を見るに至つたものである。尚甘粕大尉は目下軍法会議に付せられ、審理中」

上等兵である中村にとって、顔も知らない憲兵司令官や東京憲兵隊長が停職になったことは、関心の持ちようがないほど遠い出来事だが、その原因が甘粕分隊長の「違法の行為」と知って、息が止まるほどに驚いた。九月十六日といえば、中村たちが憲兵隊本部で一夜を過した日付である。もしや、大杉を……と反射的に、甘粕に従って戸口に消えた大杉の白い大きなうしろ姿を思い浮かべた。

中村は事件の詳細を知りたいと思ったが、多忙がそれを許さなかった。急造されたバラックが建ち並ぶ日比谷公園も彼の警備範囲にあり、ここに収容された人々は名ばかりの薄い板壁と灯火のない暗い夜に被害妄想をかきたてられて、時間構わず憲兵の見廻りを求めた。地震からすでに三週間たっていたが、人々の意識の中で〝何が起るかわからない物騒な世の中〟はなお依然として続いていた。未発表の亀戸事件が一部にもれたのか「暴動を企てた主義者多数が警察で殺された」という噂が流れ、それが「まだ残党がいるそうだ」「彼らはきっと暴動を起す」などと尾ヒレをつけて語られていた。現実には、焼け出されて浮浪者と化した人々が焼け残った家に押し入って物資を強奪したり、異常を来した者が急増し傷害事件を起したり、その他、盗み、かっぱらいなどの犯罪が頻発していた。のち山本権兵衛首相は十月十二日の各紙に発表した談話の中で「最初の三週間位と云ふものは、通信、交通機関は全然用を為さず、人心混乱の裡《うち》に長い時日を過し、此間に在つて言ふに言はれぬ事態を惹起《じやつき》したのは遺憾千万であつた」と語っている。

九月二十四日、各紙が発行した号外によって、中村たちは初めて事件の内容を知った。「第一師団軍法会議検察官の談話——陸軍憲兵大尉甘粕正彦に左の犯罪あるを聞知し、捜査予審を終り、二十四日公訴を提起したり。甘粕憲兵大尉は本月十六日夜、大杉栄外二名の者を某所に同行し、これを死に致したり。右犯行の動機は、甘粕大尉が平素より社会主義者の行動を国家に有害なりと思惟しありたる折柄、今回の大震災に際し、無政府主義者の巨頭たる大杉栄が、震災後秩序未だ整はざるに乗じ如何なる不逞行為に出づるやも測り難きを憂ひ、自ら国家の害毒を芟除《せんじょ》せんとしたるにあるものの如し」

中村たちは「大杉栄外二名」が大杉の妻・伊藤野枝と子供であることも、同行した「某所」が憲兵隊本部であることも、すぐわかった。彼らは当夜そこにいて、目撃している。

「おぼえているか、あの晩……」

同僚が右手の指先で示した丸い形に、中村は無言でうなずいた。彼もちょうどそれを思い浮かべているところだった。

九月十六日夕刻、上野から麴町分隊に着いた彼らは、長時間甘粕分隊長に待たされたあげく、特務曹長の訓示を聞かされた。うんざりして話の終るのを待ちながら、中村は片隅の椅子にかけた甘粕の方へときどき目を向けずにはいられなかった。その前に立った森慶次郎曹長が手に持った柔道着の黒帯で輪をつくり、その片端を手前に引く動作を何度も繰り返して甘粕に示していた。その時の軽い疑問は、ようやく訓示が終った解放感とそれに次ぐ甘粕の大喝で、あとかたもなく消し飛ばされ、その後は思い出すこともなかった。だが、いま中村の頭の中で、号外の内容と黒帯とが結びついてくる。彼の周囲でも、同僚の何人かがやはり黒帯を話題にしていた。

柔道着の帯で大杉らを絞殺したのだろうか……と中村は想像してみた。だがその練習にしては、あんまりおおっぴらすぎる。訓示を聞くおれたちに見えただけでなく、他の憲兵がそばを通れば、そいつにも見えたはずだ。犯行がバレるはずはないと、タカをくくっていたのだろうか——。

中村はどこか腑に落ちない思いで、もう一度号外に目を通した。この発表は「……如何なる不逞行為に出づるやも測り難きを憂ひ」と、大杉の不逞行為とは単に甘粕の想像に過ぎないことを書きながらも、これを是認する含みを持ち、「自ら国家の害毒を芟除」と彼の行為の正当性を国民に印象づけようとする陸軍の意図が露骨に出ている。二十五歳の憲兵上等兵である中村は、〝主義者は国家の毒害〟という宣伝を抵抗もなく信じる当時の世間並みの男であり、甘粕の犯行は戒厳令下、治安維持のためには仕方のないことと思われて、初めから批判する気持などはない。従って号外の文面は何の抵抗もなくスラリと胸に落ちるのだが、それでもなお、どこかに釈然としない思いが残った。

中村は、少年の手からすべって地をころがる赤いリンゴと、彼の頬に浮かんだ無邪気な笑いを思い浮かべた。少年は恐怖など少しも感じていない様子で、憲兵隊の入口へかけこんでいった。あの子供まで殺してしまったのか——。中村はあの日以来甘粕に対して抱いていた好意に、肩すかしをくわされたような気がした。

だがやがて中村は、殺さねばならなかったのだ——と思うことで、次第に納得していった。大杉を殺す決意をしたからには、妻も子供も殺さねばならなかったのだ。子供を助けたら、犯行がすぐバレるに決っている——と思う中村の胸には、事件が発覚したことへの残念さがあった。彼はそれを甘粕の不運と感じ、軍法会議に付せられているという大尉に同情をよせていた。

日比谷公園の警備に向う中村は、甘粕についてなお一つのことを考え続けていた。――あの日、大尉はおれたちのために風呂をたかせてくれた。その用意を命じた時、大尉はすでに大杉の殺害を決意していたのだろうか。それとも、そのあとで大杉ら三人を殺さねばならない事態が起ったのだろうか――。これは解けない謎となって、いつまでも中村の心に残った。

亀戸事件は発生から二週間余を経てなお発表されず、朝鮮人虐殺をはじめ多くの事件がすべてウヤムヤに葬られる方向へ流れていた当時、なぜ甘粕の大杉殺害事件だけが時を移さず軍法会議に付されたのか――。

十月九日の朝日新聞号外によると、次のような経過をとっている。

大杉栄は常に淀橋警察署の刑事に尾行されていた。九月十六日、鶴見の弟一家を訪問して帰る途中の大杉夫婦と甥・宗一が、新宿・柏木の自宅に近い果物屋から出てきたところを甘粕と森に拉致されたので、刑事はこれを淀橋警察署長に報告し、署長は警視総監に報告した。

警視総監はこれを内務省警保局へ知らせ、また戒厳司令官・福田雅太郎大将にその後の報告を求めた。福田は某参謀を通じて憲兵司令官・小泉六一少将に問い合せたが、小泉は連行の事実さえ否定したので、福田はこれを警視総監に知らせた。淀橋署から連行の報告を受けていた総監は苦々《にがにが》しく思ったが、軍への干渉をさし控えて、事件の概略を内務大臣・後藤新平に報告し、後藤は首相・山本権兵衛に報告した。その結果、首相は陸軍大臣・田中義一大将に調査を命じた。

田中陸相から質問を受けた小泉憲兵司令官はここで初めて甘粕の犯行を報告し、田中は激怒して謹慎を命じた。このとき小泉は甘粕の犯行を是認し、賞讃するような口吻《こうふん》をもらしたと伝えられている。

十九日の閣議は、甘粕の問題で議論が沸騰した。後藤新平が陸軍の人権蹂躪をきびしく追及したという噂が広く伝わったが、のち後藤はこれを否定する談話を発表している。陸相・田中義一と反目する後藤が、この事件を計画的に利用したという説もある。

陸軍も事件をウヤムヤに済ませることはできぬ羽目になり、二十日付で憲兵司令官と東京憲兵隊長を停職にし、戒厳司令官に辞表を提出させた。そして甘粕、森の二人は第一師団軍法会議に付されることになった。

関東大震災の大正十二年に東京憲兵隊本部があったという地区へ私が行ったのは、昭和四十八年（一九七三年）十一月であった。ここに憲兵司令部や麴町憲兵分隊が同居していたのだ。大杉殺害事件から丁度五十年がすぎ、この地区一帯は完全な変貌をとげていた。もし私が素手で行ったら、呆然とするだけで終っただろうが、もと憲兵大佐の林秀澄が新しい地図の上に彼の記憶で描いた、憲兵隊関係建物の配置図を渡されていた。配置図を広げて、改めて周囲を見まわすと、昭和四十八年のこの地区は〝田の字型〟に次の四つに分割されていた。まず、新築工事中の日本鋼管本社と、これも工事中のAIU東京ビル、パレス・ホテル、そしてパレス・ビルである。林の配置図によれば、大杉栄殺害の現場といわれる憲兵司令部は、AIUビルの東南端にあり、伊藤野枝と橘宗一を殺したという憲兵隊本部は、日本鋼管の西南端にあった。また大杉ら三人の遺体が投げこまれた古井戸は、配置図の上では日本鋼管の東北端、日比谷通りと大手門に通じる道路の角……、当時は板塀一つ隔てた内側の位置に当る。しかし日比谷通りは戦後に拡幅されているので、井戸の位置は道路の下になっているのではないか……と思われた。

配置図を描いた昭和四十八年の林秀澄は、日本憲兵史編集委員長を務めていた。「憲兵隊本部とは憲兵隊長の事務局であって」と林は、現場を見てきた私に語った。「直接警察の仕事をする所ではないのですよ。ここに属していた森曹長が麴町憲兵分隊長の甘粕大尉と行動を共にするには、憲兵隊長か、または憲兵司令官が声をかけたとしか思えません。命令系統が違うのですから。そうなると、果して大杉殺害が甘粕個人の犯行であったかどうか……」

命令系統の違いは公判廷でも問題にされたが、軽く触れた程度で、当然そこでなされるはずの背後関係の追及はない。七回の公判を通じて背後関係を深追いしないのが、この裁判の特徴の一つである。

甘粕正彦の家族がこの事件を知ったのは、事件発生の二、三日後であった。甘粕の妹で、当時十九歳の伊勢子は「渋谷憲兵隊の人が来て、兄の着物を揃えてくれ、帯はいらぬ、というのをいぶかしく思いながら、それらをふろしきに包んで渡した」と語る。

渋谷憲兵分隊長であった甘粕は、事件直前に麴町分隊長を兼任した。二年前、大正十年に父が津市で死亡した甘粕一家は長男・正彦に呼びよせられ、渋谷憲兵分隊の裏手にある分隊長の官舎に住んでいた。渋谷駅から道玄坂を百軒店《ひやつけんだな》へ登る途中の、郵便局の前であった。当時の渋谷は都心からは遥かに遠い感じの、どこかに場末のにおいを持つ地域であった。渋谷駅前に立つと、道玄坂の上に雑木林が見えたという。

甘粕の母志げは長男の事件を知ってからも、気丈に日ごろの身だしなみを怠らなかった。白髪《しらが》の目立ちはじめた髪は正しくクシ目を通して束ねられ、こまかい絣の単衣の衿も乱れなく重ねられていたが、微笑を失った蒼白の顔色に伊勢子は母の悲しみの深さを読んで、涙を抑えかねた。同じ家に住む十四歳の六男・成雄と十一歳の三女・璋子《たまこ》の通学には、憲兵の護衛がついた。社会主義者の報復の手が甘粕の弟妹に及ぶことが恐れられていた。

志げが胸にたぎりたつ思いを率直に語りかけるのは、夫の位牌に対してだけであった。信じられません……と、彼女の口をついて出るのはまずこの一語である。……正彦が国のために人殺しをしたと聞いても、そのままには信じがたいのですが、大杉とその妻については何も申しますまい。三十歳を越した息子の考えには、母の理解の届かぬことも多々ありましょうから……、しかし、宗一という幼い子供までも殺したという、これればかりはどうしても信じられません。

志げにとって、正彦は申し分のない息子であった。長男である彼は家庭内で父に次ぐ上座を与えられ、八人の弟妹の模範であれと育てられた。正彦はよくその期待に応《こた》え、幼年学校、士官学校を優秀な成績で卒業し、足のけがのため歩兵から憲兵に転科した後も、よくぞと思われる精勤ぶりであった。潔癖な性格で、特に父の死後は家長としての責任感が加わり、母親さえ気楽には話しかけられない厳しさを身につけていたが、志げはその奥にある温情を感じとっていた。

志げは夫の位牌に語り続ける。……正彦は特に子供好きでした。罪とがもない子供を手にかけるなど、あり得ないことです。そんな男でないことは、母の私がよく知っております。よくよく調べて、正彦の汚名をそそいでいただかねば……。この母の思いは、のち官選弁護士・塚崎直義に切々と語られる。

事件後、甘粕家を代表して外部との折衝に当ったのは二十七歳の二男・二郎であった。

彼は東京帝国大学（現、東京大学）卒業後、三菱合資会社に勤め、東京市内に一家を構えていた。

東京憲兵隊本部に呼ばれた二郎は、そこで兄の予審調書を見せられた。この裁判記録は散逸しているので、以下、裁判に関する記述はこれを克明に記した山根倬三著「問題の人　甘粕正彦」（大正十三年発行）による。

甘粕二郎は、兄の予審調書を読み始めた。

「（前略）淀橋署特別高等係のものに案内してもらひました訳は、麴町分隊と同所に勤務してゐる東京憲兵隊本部付憲兵曹長森慶次郎が大杉栄の居所捜索のため……」

二郎はひたすら先を急いで読み続けるが、冒頭にすでにこの事件の疑問が隠されている。共犯の森曹長は甘粕大尉の部下ではなかった。

二郎は予審調書を読み続ける。

「……麴町憲兵隊に連れて帰り、階上は使用して居りませんから東京憲兵隊本部隊長室に一時入れて、三名に夕食を致させました。それから同日八時ごろ憲兵司令部の応接室で今使用して居らぬ室へ森曹長が大杉栄だけを連れて行き取調べて居ります時に、私が大杉栄の腰かけて居る後方からその室に這入つて、直ちに右手の前腕を大杉栄の咽喉部に当て、左手首で右手掌を握り後ろに引きましたれば椅子から倒れましたから、右膝頭を大杉栄の背骨に当て柔道の締め手により絞殺致しました。大杉栄は両手をあげて非常に苦しみ約十分間位で絶命いたしましたから、私が携へてゐた細引を首に巻いて其場に倒しておきました。大杉栄は如何なる訳であつたか、絞殺する際少しも声を発しませんでした。

（中略）森曹長には同人が調べてゐる時に私が絞殺するといふ事を示してありましたが、私が絞殺する始めには森曹長がボンヤリして椅子に腰かけて居りましたが、殆ど絶命するやうになつて足をバタバタいはせてゐますので、私が命じて其の足を捕へさせたと思ひます」

このあとに、大杉の時とほぼ同じようにして伊藤野枝を絞殺したことが述べられている。

「（中略）子供は私に馴染み分隊に来てからも附まとひますので、誰か引取つて養育してやる者はないかと冗談のやうに分隊の者にいつた位で、伊藤野枝を絞殺する前に私の許に来ましたから、隊長室の隣りの部屋に入れて戸をしめ一寸待つてくれといひ置きましたので、子供はそれをきき隣室で騒いで居りましたから、伊藤野枝を絞殺すると直ちに隣室に行き、手で咽喉をしめ倒しその後細引を首に巻きつけて置きました。子供を絞殺する際、声を発しませんでした」

「（中略）大杉栄、伊藤野枝及子供の三死体は午後十時半頃、森曹長、鴨志田、本多、平井三上等兵に手伝はせ憲兵隊の火薬庫の傍にある古井戸の中に、菰《こも》に包み麻縄で縛して投込みました」

「（中略）私は平素から読書を致し社会主義者の書物を読みましたが、現在日本の社会状態が完全であるとは思ひませぬが、社会主義者が唱ふる如き状態になるのは望むべき事でなく、就中大杉栄は無政府主義を唱へ頗《すこぶ》る危険な人物でありますから、この災害に乗じ軍隊が撤退したなら如何なる不逞行為に出づるやも知れざるを以て、速に同人を殺害するのが適当であると考へましたから、他の社会主義者の検束は隊長に報告しますが、大杉栄の捜査検束は全然隊長に報告せず、絞殺するのも私一個の考へで致しました」

「（中略）私が大杉栄を殺害しやうと思ひましたのは、憲兵分隊長としての職権でやらうとしたのではなく、一個人として国家の為め殺害する必要があると信じましたからであります。故にその殺害は私自身の責任を受くべきものと覚悟致して居ります」

どの一行《いちぎょう》も、二郎にはとうてい信じられなかった。秩序を重んじ、遵法精神を尊《とうと》ぶ兄が、しかも憲兵である兄が、法を無視して三人を殺害した、というのか。大杉を危険な人物と思ったから、ただちに彼を殺そうと決意した、というのか。兄はそんな単細胞ではない……と、大声で叫びたい思いにつき上げられる二郎に向って、「憂国の至情から発した立派な行為だ」という憲兵隊幹部の言葉が繰り返された。

私が甘粕二郎をはじめ、その弟妹たちと初めて会ったのは昭和四十八年であった。大杉殺害事件からすでに五十年がすぎていたが、彼らはみな事件に対する疑問を重く心底に抱えていた。三菱信託銀行社長を経て、七十八歳のこのとき同行相談役であった二郎は、事件後の兄を回想して、「両極端の虚名二つを背負った生涯でした」と語った。「憂国の志士、国士と呼んで無条件に尊敬する人もあり、幼児までを虐殺して恥じない残虐無道な男と嫌悪する人もありました。だが、どちらも当っていない。二つとも虚名です」

大杉ら三人の殺害は事件当初から多くの人々に疑問を持たれ、その後もなお種々の異説が語られている。その一つ〝麻布三連隊説〟は、公判開始の前すでに被告の一人・森慶次郎曹長の口から出ている。

昭和四十八年五月、甘粕二郎、四郎の二兄弟と私は、東京都下・清瀬の救世軍病院に入院中の斎藤美夫《よしお》に会った。斎藤は憲兵大佐として満洲で終戦を迎え、その後ソ連と中国で合計十九年の抑留生活を送った人である。大正十二年の震災当時、大尉であった斎藤は東京憲兵隊副官を務め、大杉事件で甘粕が軍籍を剝奪された後は、その後任として麴町分隊長になった。

すでに八十歳を越えた斎藤は、弱々しい声で語った。「大杉が殺された数日後、私は代々木の陸軍刑務所で森曹長に会いました。そのとき……」

森は斎藤に向い、「大杉らを殺したのは麻布三連隊だ」と訴えた。だが斎藤は、この期に及んで往生ぎわの悪いヤツだ。何をつまらぬ事をいうか……と一笑に付して、森の話を追及することなく別れた。その後、斎藤はこれを周囲の人との話題にしたことはあるが、一度も公表していない。

斎藤は裏づけをとっていないから、これだけなら取るに足りない話である。しかし判決後に、森慶次郎とは全く関係のない人々から出た「甘粕無罪説」もまた、加害者として麻布三連隊を指している——。

「大正十二年の震災のとき私はソ連にいて、同年の暮に帰国しました」と、荒畑寒村《あらはたかんそん》は神奈川県・茅ヶ崎の自宅で五十年の昔をふり返りながら、私に語った。

翌十三年早々に、荒畑は渋谷に住んでいた池田藤四郎の許へ帰国のあいさつに行った。池田はアメリカ事情に通じその方面の著書もあって、大杉栄とも親しかった。

池田は「甘粕が大杉を扼殺《やくさつ》したという話、あれは嘘だよ」といって、新聞の発表をそのまま信じていた荒畑を驚かせた。「大杉は麻布三連隊の営庭で射殺されたのだ。私の甥の中尉が目撃している」

荒畑は池田を信用している。池田が作り話をするはずもなく、彼の甥がデタラメをいったとも思われない。したがって荒畑は池田の語る〝大杉殺害事件の真相〟を信じたのだが、しかし初めてこの話を聞いた時から一点の疑いを残し続けていた、という。それは中尉の目撃談の中の「殺されると知った大杉は、膝まずいて助命歎願をした」という個所である。荒畑の知る大杉は、そんなことのできる男ではない。死地に追いつめられればいっそう虚勢を張り、傲然と銃口の前に立っただろう……としか想像できない。しかし、これだけで池田の甥の話を否定しきることも、荒畑にはできなかった。事件当日、大杉は一人ではなかった。伊藤野枝と幼い甥・宗一のために、誇りも見栄も捨てて助命を願った……とも考えられる。

次いで荒畑は、大杉ら三人の遺体を陸軍衛戍《えいじゅ》病院へ引取りに行った一人、服部浜次に遺体の様子をたずねた。法医学者の鑑識を待つまでもなく、扼殺か銃殺かはしろうとが見てもわかるはずと思ったのだが、服部は「全身を繃帯で包まれ、腐爛がひどくて、渡された死体が本当に大杉かどうかさえわからなかった」と答えた。

遺体引取りに立ち会った時事新報記者・吉井顥存の記事によると——。

遺族たちは遺体を自宅へ運ぶ予定を変更して、落合村の火葬場へ直行した。火葬場の建物も地震で倒壊し、裏の空地いっぱいに仮設された焼窯から絶えず青い煙が立ち上っていた。その周囲には名前を墨書した白木の寝棺や荒縄がけの坐棺が積み重ねられ、つき添う人もなく灰になる順番を待っていた。陸軍のトラックで運ばれた大杉ら三人の遺体もここでは特別の扱いを受けず、遺族は二日後を約して火葬場を去ったという。

震災による犠牲者は十三万余にのぼった。その中のどれだけが火葬場へ送られたかは不明だが、震災当日からすでに二十五日を経たこの時、まだ荼毘《だび》に付すことのできない遺体は多かった。

震災から五十年後の昭和四十八年、大杉の命日・九月十六日を期して、静岡市で彼の墓前祭が行われた。これに出席した荒畑寒村は、その夜の講演の中で「大杉虐殺事件の真相は不明というほかないが、一大尉の個人的な考えで殺されたのではなく、軍の意図によるものであった」と語り、「大杉を認める者も認めない者も、この思想家を無惨に虐殺した軍を許すことはできない」と結んだ。

〝麻布三連隊説〟の出所は他にもう一つある。生方敏郎執筆発行の「古人今人」一二七号（昭和四十年十月二十五日号）に文芸評論家・生方が発表した記事である。これによると――日本新聞の記者・大石基隆が、彼の従弟《いとこ》に当る畑俊六《はたしゅんろく》（元帥）から聞いたと前置きして――大杉栄ら三人を殺したのは麻布三連隊だが、当時三連隊には秩父宮《ちちぶのみや》がおられたので、宮の名に傷のつくことを恐れ、憲兵隊がこの事件をかぶることになったのだ――と生方に語ったという。生方は、「甘粕は他人の罪を背負い、一生涯口外せずに死んだ忠臣だ。あれこそ義人だ」と書いている。大石記者が生方にこれを語った時期は書いてないが「畑陸軍大将は、この話のあったのち間もなく阿部内閣の陸軍大臣になり……」とあるから、昭和十四年であろう。

ねず・まさしは「日本現代史・四」の中に、生方から聞いたこの話と「寒村自伝」に収められた前述の話を「大杉栄、麻布三連隊で殺される」という見出しで伝聞記述している。そこに「この事実は、敗戦後死んだ畑俊六元帥の『日記』（防衛庁戦史研究室蔵）にもかいてあり……」と記されているが、防衛庁戦史編纂官・稲葉正夫（中佐、大本営参謀、昭和四十八年十月十日死去）は「畑俊六元帥の日記は未整理のまま保存されているが、私は目を通した。日記は昭和十一年から始まっていて、大正十二年の甘粕事件には、回想としても触れていない」と否定した。

三連隊説の中には、新宿・柏木で大杉を検束したのも甘粕たち憲兵ではなく、三連隊の将校が自動車で直接麻布へ連行したという説がある。しかし事件当夜の九月十六日、麴町憲兵分隊に居合せた金沢の憲兵上等兵・中村久太郎が、甘粕に連行されてきた大杉らを目撃しているし、他にも、やはり当時憲兵上等兵であった水谷五郎が宗一少年の手の赤いリンゴまでを記憶している。また憲兵司令部副官であった石田乙五郎大尉（のち中将）も、大杉ら三人を司令部構内で目撃している。

昭和四十八年に広島市在住の石田は、日本陸軍最後の憲兵司令官であった飯村穣（中将）が「生《は》えぬきの憲兵で、憲兵に関することなら何でも知っているはず」と私に紹介した人である。甘粕も憲兵司令部の副官を務めたことがあり、その後任が石田で、甘粕から仕事の申送りを受けたのが二人のつき合いの初めであった。石田は「あの日、ああ、これが有名な大杉栄か——と思ったが、目のまわるような忙しさの中で、ゆっくり大杉を眺めるひまなどなかった。しかし誰もがうす汚れた身なりの時に、大杉夫妻の小ざっぱりと整った服装は印象に残った」と語った。服装についての記憶は中村久太郎と一致している。

以上の目撃者の証言によって、事件当日の午後六時すぎに甘粕が大杉ら三人を大手町の憲兵隊に連行したことは立証された。これによって〝麻布三連隊説〟を全面的に否定はできないが、可能性は非常に薄くなる。いったん大手町の憲兵隊に連行した大杉らを麻布三連隊に移して殺し、死体を再び憲兵隊へ運んで古井戸へ投げこむ——という推定はあまりに無理が多く、不可能に近い。

しかしこれを可能とした推定もいくつかある。いずれも同工異曲で——麹町憲兵分隊に連行された大杉らを麻布三連隊の一部将校が奪取し、射殺した。これを知った戒厳司令官はじめ責任者が善後策として、戒厳司令部と憲兵隊が一切をかぶることで軍全体への責任の波及を防ぐこととし、遺体を憲兵隊本部に運び、甘粕が罪を一身に引き受けた、というものである。しかし憲兵隊が全く関知しない犯罪を背負いこみ、憲兵司令官、憲兵隊長の停職処分という汚名を唯々諾々《いいだくだく》と負った理由は何か——という最も重要な点には、どの推理も触れていない。ここに触れてこないと、推理としても体《たい》をなさない。また当夜、憲兵司令部にいた石田乙五郎大尉をはじめ誰も〝三連隊の一部将校が乱入〟などという騒ぎを知らない。

一方、当時麻布三連隊にいた将校たち、陸士三十期の町田敬二、三十一期の山本政雄、三十五期の松尾新一たちは、いずれも〝三連隊説〟を否定している。三連隊の煉瓦《れんが》造りの建物は震災によって大被害を受け、そこへ多数の避難民が入り込み、警備も厳重をきわめていたので、〝大杉を営庭で射殺〟はもちろん、秘密裡に殺害することも不可能な状況であった。また当時もそんな噂は全くなく、終戦後自由にものの言える時代になっても目撃者などは一人も現われていないという。

結局、伝聞のほかには証拠らしいものさえない〝麻布三連隊説〟は葬り去るほかない。しかし、大杉殺害事件に対する人々の疑惑から生れた単なる噂ならば、麻布三連隊以外の下手人を指す噂もあるはずではないか。斎藤美夫、荒畑寒村、生方敏郎の、全く関連のない三つの話がみな麻布三連隊を指しているのは、これもまた甘粕事件の解けない謎の一つというほかない。

疑惑に包まれたこの事件の挿話の一つとして、石田乙五郎は私に次のような〝余談〟をつけ加えて話した。――死体引上げの指図をする法務官たちが、井戸の位置をたずねもせず、案内もなしに直行したことが、のちに憲兵隊内に疑惑を残し話題になった。井戸は憲兵隊構内と現・日比谷通りの電車道を区切る板塀の内側にあった。事件当夜、板塀の外に深夜まで夜泣きそばの屋台がいた。甘粕が大杉を連行したことを知っている淀橋警察か、または淀橋から報告を受けた警視庁の刑事が変装して見張っていたのだ。そうでなければ、ここに勤務する憲兵でさえろくに知らない、もの陰の古井戸の位置がいきなりわかるはずがない――と、してやられたという感情を混えて話し合ったと、石田は語る。この挿話も、内務省（警察）と陸軍との関係などモヤモヤしたものを感じさせる。

二　軍法会議　大正十二年十～十二月（一九二三年）

甘粕正彦と森慶次郎の第一回公判は十月八日と決定した。公判審理を受けもつのは第一師団軍法会議である。

甘粕の友人、先輩が多数の弁護士を推薦したが、彼はその好意を謝しながらも「自分の信念に基づいて行ったことだから、今さら弁護してもらう気はない」とことわった。その結果、塚崎直義、絲山《いとやま》貞規の二人が官選弁護士となった。塚崎は九月二十八日、代々木の陸軍衛戍監獄で約一時間面会した時の甘粕の印象を「荒々しい軍人かと想像していたが、口調もごく穏やかで、頭脳明晰ながらどちらかといえば文士肌の男」と語っている。

このころ「甘粕は自殺を決意しているらしい」という噂が彼の友人間に流れた。甘粕個人の判断で大杉らを殺害したという点に疑いを抱いていた同期生の一人・侘美《たくみ》浩（のち少将）はこれを聞き「はやまらせてはならぬ。自決を諫止《かんせい》せねば……」と熟考した末、甘粕と共通の先輩たち、山岡重厚（のち中将、善通寺師管区司令官）、永田鉄山《てつざん》（のち中将、軍務局長、相沢中佐に刺殺さる）、東条英機（のち大将、首相、参謀総長、刑死）に相談した。三人の意見はほぼ等しく「甘粕ほどの人物は将来なおなすべきことがある。自決は自己満足に過ぎず、採るべき道でない」というものであった。三人のうちの誰からも「法を無視して殺人罪を犯し、軍の名誉を傷つけた」という言葉は出ていない。この時だけでなく、軍の内部から甘粕を非難する声があがったことはない。

佗美はその時もまだ激しい余震の襲う刑務所の一室で甘粕に会った。「陰惨の気四囲を圧す」と佗美は「追悼余録」に書いている。和服姿の甘粕は平静な態度で「今は考え直すつもりになっている」と答えた。佗美のほかにも、先輩、友人の何人かが直接間接に自決を翻意させようとこころみている。

十月八日、公判の開かれる第一師団司令部の内外、特に正門裏門の二つは多数の憲兵、兵士で固められ、ものものしい雰囲気に包まれていた。大正十年にそれまでの陸軍治罪法にかわって陸軍軍法会議法ができ、軍事裁判にも近代刑事訴訟法の原理が導入され、裁判は公開となった。この日、二百の傍聴席のうち一般に交付される傍聴券は九十枚であったが、前夜からつめかけた人々もあって、早朝には数百人が正門前に並んでいた。この行列の長さに傍聴券入手をあきらめた人々も、ひと目甘粕大尉を見ようとたち去らず、ついに交通巡査が整理に当るほどの騒ぎになった。だが甘粕を乗せた車は、人目を避けて裏門からはいった。〝大臣が乗るような立派な車〟を、軍が甘粕に提供していることが、一部で話題になった。

午前八時三十分、開廷。裁判長判士である第一連隊長陸軍歩兵大佐・岩倉正雄が、勲三等旭日章をつけた軍服姿で中央の裁判長席についた。これに続いて小川関次郎法務官以下の各判士、山田喬三郎検察官らが着席した。甘粕正彦、森慶次郎の二人は被告席に並んだ。また法務官のうしろの特別傍聴席には第一師団長・石光真臣中将をはじめ陸軍省、参謀本部の高官が並び、一般席には甘粕二郎、三郎の二兄弟、友人の遠藤三郎大尉、甘粕の同期生らがいた。

型通り判士長の人定質問ののち、山田検察官が太った体をゆするようにして公訴事実の陳述をした。傍聴人の中には、このとき初めて大杉以外の被害者の氏名と、犯行の場所を知って驚く者もあった。

小川法務官の審理に移った。彼の質問に対し、甘粕は明確な言葉で淀みなく答えてゆく。その内容はすべて予審調書の通りで新事実はなかった。社会主義者、無政府主義者に対する意見を求められると、

「……社会主義はその根本は間違っていても、学者の中には真面目に研究する者もあり、一面聴くべきものもあります。しかし無政府主義に至っては、国家の権力に対し、根本

からこれに反抗し、延《ひ》いては我が国体を蠹毒《とどく》し、大和民族の帰結を害《そこな》うこと甚しきものであります。従って斯《かか》る危険思想は、国家を憂うるものの決然起って排斥すると同時に、建国の大本を無視する獅子身中の虫には天に代って制裁を加えなければなりません……」と昂然《こうぜん》と言い放った。

甘粕に〝獅子身中の虫〟と目された大杉栄は、明治十八年、香川県丸亀に生れた。十四歳で、偶然にものち甘粕が学ぶことになる名古屋陸軍幼年学校に入学したが、学友との争いで退学処分を受けた。東京外国語学校在学中、幸徳秋水《こうとくしゅうすい》、堺利彦らの平民社に加わり、卒業後は社会運動に奔走して数回入獄した。明治四十一年の赤旗事件で一緒に千葉監獄へ送られた時から荒畑寒村と特に親しくなり、大正元年、荒畑と共に雑誌「近代思想」を創刊し、次いで「平民新聞」を発行した。当時の労働運動はマルキシズムとアナーキズムとが対立していたが、アナーキズムの影響力が大きかったのは大杉の力によるこのころから彼は実行力のあるスケールの大きな指導者であった。妻である堀保子、神近市子《かみちか》、伊藤野枝の三女性と多角的な関係を持った彼は、大正五年、神奈川県葉山のかっぽう旅館「日蔭茶屋」で神近に刺された。大杉はまた国際無政府主義運動に力を注ぎ、大正九年には上海へ脱出し、同十二年にはパリのメーデー集会で演説して投獄され、フランスから追放されて七月に帰国した。虐殺されたのはその二カ月後である。

伊藤野枝は明治二十八年、福岡県に生れた。東京上野高女を卒業し、同校の教師であった辻潤と結婚した。大正二年、平塚らいてうの青鞜社《せいとうしゃ》に加わり、翌三年ごろから大杉に近づき、辻と別れて大杉と同棲した。平塚らいてうは「伊藤野枝は三たび夫を変え、二人の子を捨てたが——結局、思想らしい思想は持ち得なかった。日本婦人には珍しいほど、生れつき感情の自由性を持ち……その時々の愛人の思想を理解し、共鳴し、それに同化することによって自分を育てた」と書いている。最後の愛人であった大杉の無政府主義思想を自己のものとした彼女は、それに殉じる形で二十九歳の命を断たれた。

第一回公判での森曹長の審理も、ほぼ予審調書通りに進んでいった。彼は傍聴人が眉をひそめるほど、悽惨な犯行の状況をくわしく語った。ただ一度、小川法務官は甘粕に起立を命じ、

「森の陳述によれば、大杉がもがいたとき足などは押えぬといっているが、どちらが本当か」とたずねた。

「足を押えよと申しましたが、森が押えなかったというのなら、或は押えなかったかもしれません」

甘粕はあっさりと前の陳述を取り消して、席についた。他の被告の陳述のままに自分の前言をとり消す甘粕のこの態度は、最後の公判まで一貫して続いてゆく。

事実審問を終った法務官から弁護陣へ「被告に質問はないか」と声がかかると、待ち

構えていたように塚崎弁護士が立ち上った。

「被告の先祖について、知っているだけのことを述べて下さい」これが甘粕に向けられた第一問である。

「私の祖先は新田義貞から出たものであります。川中島の戦いのとき、上杉謙信の部下となって武名を現わした甘粕近江守がそれで、歴史上現われたのはこの時からであります」

これに続いて、なお二人の間で甘粕の祖先についての問答が続けられた。川中島の戦いは一五五五年で、大杉ら三人の殺害事件を審理する軍法会議の法廷で被告の遠い祖先が語られたことに、大正の人々の生活感情がうかがわれる。現代人の間で四、五百年も前の祖先を話題にするのは単に座談であり、閑話であって、もしそれ以上の意味や誇りをもって語れば滑稽《こっけい》といわれよう。

しかし大正時代には、祖先がまだ人々の意識の中に生きて直接の影響力を持っていた。旅館に泊れば、宿帳の「身分」という欄に士族か平民かを書く時代であった。この裁判の訊問調書にも甘粕は「族称は士族、重太郎従弟」とあり、森は「族称は平民、喜八長男」と書かれている。むろん誰もが四、五百年も家系をたどれるはずはなく、それの出来る甘粕家は特殊の例だが、甘粕は幼い日に名誉ある祖先を誇りとし、その名を汚してはならぬと教えられた。これは彼の人格形成に影響を与えたと想像される。

甘粕の同期生・佗美浩の記述によれば、乃木《のぎ》大将もまた、自宅を訪れた陸士時代の甘粕、佗美にそれぞれの祖先を問いかけている。当時、学習院の院長であった乃木は、今は伝説的な遺品となったあの丸テーブルを隔てて甘粕に向い「ああ、川中島の勇将・甘粕近江守の一族か」とうなずいたという。はたち前の青年であった甘粕に、乃木の言葉が無影響であったとは思われない。

塚崎弁護士もまた、甘粕の祖先崇拝の念とその影響を計算して、特にそれを第一問にとり上げた。塚崎は初めから予審調書の内容に疑問を抱き、法廷で甘粕の感情を動揺させて真実を語らせようと意気ごんでいた。だが甘粕は第一問に対して淡々と祖先を語っただけで、特殊な反応を示さなかった。塚崎は第二問に移った。

「被告は日ごろ子供を愛するそうだが、どういう理由で愛しますか」

「私は子供を持った経験はありませんが、生来無邪気な者を愛します。従って子供もよくなついてくれます。それは悪を憎む反動として、無邪気な子供が自然好きになった事と思います」

「子供（大杉栄の甥・橘宗一——筆者註）に菓子を与えたとのことですが、それはどうした菓子ですか」

「それは隊にあったものを私がもらって食わずに置いてあったもので、可哀そうですからそれを与えたのであります」

「誰か子供を引取って養育する者はないかといったことがありますか」

「そういった事実はあります」

ここで塚崎の語調は急に鋭く、詰問的になった。

「これほど子供を愛する被告が、僅か七歳の橘宗一を殺害するとはどうしても受けとれません。部下を擁護するために、供述を偽っているのではありませんか。

私はあなたの母上から頼まれました。あの子に限って子供を殺すはずはない。この事だけは明らかに事実を述べるよう伝えてくれと、涙を流しての切なるご依頼です。部下をかばう情はわかりますが、ぜひ真実を……」

満廷は声をのんで甘粕の上に視線を集め、塚崎の感傷的な声だけが隅々にまで響いた。

甘粕は蒼白の顔を伏せて動かない。傍聴人は息苦しいほどの静けさの中で被告の声を待った。

やがて顔を上げた甘粕は、一語一語を口から押し出すように答えた。

「私は、すでに母を捨てております。

たびたび申し上げた通り、私が子供を殺したのは事実です。無意識でやりました」

塚崎の第二矢は、はね返された。だが彼はなお第三の矢を用意していた。

「もう一度お考えなさい。裁判は陛下の名に於《おい》て行うものであって、神聖でなければなりません。いわば陛下の裁判であります。従って事実は事実として、情実などは全然排除して、明白にしなければなりません。それが国家を憂うる者の踏むべき当然の道であります。陛下の名に於て行われる裁判に偽りをいわれるかどうか、此際、大義の前に小義を捨つべきが至当と思います……」

甘粕は首を垂れて黙していた。やがてその頬を涙が伝い、果てはハンケチで顔を覆った。そのままの姿勢で、彼はいつまでも口を開こうとしない。

絲山弁護士が立ち上った。彼もまた皇室の尊厳を説き、軍人の服務規律を説明し、天皇の名を繰り返して事実の告白を迫った。甘粕はハンケチを顔に当てたまま、一語も発しない。絲山は声を励まして「憲兵大尉という高等官にある者が罪もない子供を殺害したとあっては、あなた自身の不名誉ばかりでなく、帝国陸軍将校全体の名誉にかかわりますぞッ！」とたたみかけた。だが甘粕は無言である。弁護士たちは彼に熟考の時を与えるため十分間の休憩を申請して、容れられた。

すでに午後三時を過ぎていた。開廷のころの好天はにわかに崩れて、このころから雨が降り出した。被告席の椅子にかけた甘粕は、額に手を当ててうつむいている。

十分間が過ぎた。再開の合図に立ち上った甘粕は、「考えがついたか」という小川法務官の言葉が終るやいなや口をきった。

「陛下の御名をもってされては、嘘を申上げることはできません。ただいま真実を申述べ……」

語尾は突き上げる嗚咽《おえつ》にのまれ、しばらく言葉がきれた。やがて涙の中から懸命にふりしぼった声で、甘粕は陳述を続けた。

「事実、大杉とその妻は、考えがあって私が殺しましたが、部下の者には何の考えもなかったろうと思います。それらの者に罪を負わせるのは忍びませんので、ただ今まで偽りを申立てていました。……実際は私は子供を殺さんのであります。菰包みになったのを見て、初めてそれを知ったのであります……」

言い終ると、ここが法廷であることも、衆目が彼一身に注がれていることも忘れたように、甘粕は顔を覆って泣いた。

この時代の軍人にとって、天皇は絶対の存在であった。精神の基盤を軍人勅諭におく教育で、天皇崇拝の念は少年期から彼らの背骨にたたきこまれる。士官学校へ進むまでの学歴には一般の中学卒と幼年学校卒の二種があるが、甘粕は名古屋幼年学校の出身である。中学卒の者は十八歳前後で初めて軍人養成校の空気を吸うが、幼年学校入学者は十三、四歳のまだ子供のままの精神を、一般社会から隔離された無菌の試験管の中で、忠君愛国の培養液に浸して育てられる。少年の狭く純粋な思考の中で、天皇と国家は完全に一体化し、この一体なるものに身命を捧げて悔いぬ信念を抱いて、中央幼年学校、士官学校へと進む。

中央幼年学校時代の甘粕が、生徒の中でも特に天皇崇拝の念の強かったことを、同期生・佗美浩が「追悼余録」に書いている。宮城遥拝は元旦、祝日だけに行われていたが、甘粕は毎早朝自分の意思で、皇居の方角に向い敬虔に頭を垂れたという。その一日を天皇の心に叶うようにすごそうと誓った甘粕少年の心は、そのまま三十二歳の甘粕大尉のものであった。軍法会議の法廷での嘘は陛下をあざむくもの——と迫られた彼は、泣いて真実を述べた。

甘粕の自供を聞いて、ほとんど軍人で占められた傍聴席のあちこちから、うめきに似た声がもれた。誰もが甘粕の心情に巻きこまれ興奮している中で、この被告の姿に最も深く心をえぐられていたのは甘粕の弟たち、二郎、三郎の二人であった。

彼らにとって、兄・正彦は偶像のような存在であった。二人はもの心つくころから、長男の特権で弟妹に君臨する兄しか見たことがない。弟妹に対し、かりにも弱気など見せたことのない兄が、いま衆目の中で泣きむせんでいる。弟たちには正視に耐えない痛ましさであった。

傍聴席の興奮をよそに、法務官の冷静な声が甘粕に向けられた。

「では誰が宗一を殺したのか」

「私は存じません」

「周囲の事情から、知らんというはずはないが」

「私は全く存じません。誰がやったか本当に知らんのであります」

次いで起立を命じられた森曹長も「全く知りません」と供述した。

塚崎弁護士が甘粕の予審供述をくつがえしたことで、審理の進行は頓挫した。弁護陣は宗一殺しの犯人逮捕まで公判の停止を要求したが、山田検察官は「甘粕が真犯人の名を言わぬ限り、捜査再開の必要は認められぬ」と、本末転倒の発言をして拒否した。

十分の休憩の後、岩倉判士長はこの日の公判を閉じると宣告し、次回の期日を決めて、波瀾を巻き起した第一回公判は終った。


長兄の痛ましい姿を脳裡に焼きつけられて法廷を出た甘粕兄弟は、肉親だけが持つ胸底のうずくような憤りと悲しみを抱いて、秋雨の中を無言で歩いた。二郎は三菱合資会社に勤める民間人であり、二十三歳の三郎は中尉進級も近い生粋の軍人であった。別世界に生きる二人は長兄に対する同じ感情を、それぞれ全く異なる方向へ走らせながら肩を並べていた。

三郎は、法廷で長兄を号泣させるほどに苦しめた塚崎弁護士に対し、憤りをつのらせていた。――部下をかばうため、すべての罪を一身に引き受けようとした兄の決意を、なぜ貫かせないのか。陛下の御名まで出して真実を述べよとつめよるなど、非情の行為だ。軍人の心情を解し得ぬ者が、余計なことをするな――三郎はこの夜、塚崎あてに憤《ふん》懣《まん》をぶちまけた手紙を書いた。

二郎は法廷の塚崎の熱弁に、弁護士としての功名心を多分に感じながらも、やはり感謝した。真相に迫ろうとする塚崎は、公判前から度々二郎に会い話し合いを続けてきた。事件の背後に何かがあると思い、真相を究明することで兄の立場を明確にしたいと望む二郎は、進んで塚崎に協力した。だが二人の言動は憲兵隊幹部に喜ばれず、しばしば厚い壁にぶつかる思いを味わってきた。

第一回公判について、翌九日の朝日新聞は一面トップに次のように書いている。

「陸軍当局に問ふ――八日の公判開廷に依り初めて甘粕事件の真相を知つた国民は、第一に驚愕次に疑惑、最後に憂慮に耐へざるを感じたであらう。（中略）……併し乍ら之を単に甘粕一個人の行為としてのみ見るは果して妥当であらうか。戒厳令下最も多忙なるべき憲兵分隊長が、十五日より十七日に亘る三日間継続した行動を、憲兵司令官、憲兵隊長が関知せざるが如き軍規の弛廃が帝国陸軍にありと信じて可なるか。又不眠不休の活動をなしつつありし憲兵隊が、其の本部、其の司令部構内に於て、宵まだ浅き午後八、九時の頃明皎々たる月下に行はれし此の惨劇を知らずとせば、此の如きに帝都保安の大任を委して晏如《あんじょ》たり得べきか。憲兵隊長、憲兵司令官は、其の本部の一室、司令部の一室に於て行はれし部下の殺人行為を全然知らずとなすか、知つて許容せしか。将又指揮命令を与へざりしか否か。此点に関して明瞭に武人らしき声明をなす必要がある。

（中略）

甘粕某が性質粗暴にして無頼なる将校なりしとせば問題は多少異なるが、彼は温厚を以て称せられ、上長と部下とに信頼されてゐた模範的将校であるが如くである。此の模範将校が国家の為といふ信念を以て殺人の非違をなして恥づ、国粋某々団体の如き之を国士と称揚し……（後略）」

ここに指摘されているように、憲兵隊内で誰一人、大杉ら三人の殺害に気づかなかったというのは、いま考えてもふしぎである。当夜、同所で徹夜で働いていた人々の中からは、「あやしい音を聞いた」という者も出なかったという。戦後になって、目撃談と呼ぶべきものが二、三発表されたが、いずれも記述に間違いがあり、取るに足りない。

朝日新聞の記事は――大杉殺害が甘粕の個人的犯罪とは考えられず、その背後にある憲兵隊が疑わしいから、真相を解明すべきだ――と読みとれる文章である。戒厳令下の報道管制は極度にきびしく、特に甘粕事件については常軌を逸しており、すでに時事新報、読売新聞などが安寧秩序紊乱《ぶんらん》罪で処罰されていた。このときに、朝日はよくこの記事を掲載できたものだが、これによって事件に対する人々の疑惑はいっそう深まった。

第一回公判は宗一殺しの下手人不明のまま閉廷したが、翌九日、鴨志田安五郎、本多重雄の両上等兵が下手人として自首した。次いで十二日には、平井利一伍長も犯行現場の見張り役をつとめたという理由で収監された。

検察官・山田喬三郎の取調べによる鴨志田の自首調書の末尾に、次のように記されている。

「私は大杉栄及び伊藤野枝を殺害するには関係致して居りませんが、男児を殺したのであります。けれども甘粕大尉が若し事件が発覚した時は自分と森曹長とで責任を負ふから汝等は関係ないと懇々云はれましたから夫れを信じて居りました所、昨八日の午後、当師団の軍法会議公判廷に於て甘粕大尉が男児を殺したのは自分でないと云ひ、又森慶次郎も男児の殺害に付ては何も知らぬと申立てましたから、甘粕大尉の言葉を信用して居たのを悔い、自分の為したる男児殺害の事実を唯今申立てました次第であります」

甘粕大尉の言葉を信用して居たのを悔い――と述べた彼には、甘粕に裏切られたという驚きと怒りがあり、これは本多、平井も同じであった。法によって裁かれる覚悟なしに犯罪に加担した彼らの陳述には、当然ながら少しでも自己の罪を軽くと願った跡が見られる。また甘粕一人が大杉ら三人の殺害全部をかぶるものと信じて第一回公判に出廷した森曹長もまた、他の三人と同じ心境であった。これが第二回以後の公判で、各被告の供述がくい違い、二転、三転する原因となった。

この軍法会議は――大杉殺害は甘粕個人の犯罪としてケリをつけ、軍幹部の企図であった事実は秘する――という事前諒解に格好をつけるための芝居だったとすれば、甘粕の宗一殺し否認によって筋書の一部が崩れた。それで出演する予定のなかった鴨志田ら三人が二幕目からひっぱり出されたため、セリフも教えられておらず、しどろもどろの舞台になった――という解釈も成り立つ。

甘粕二郎は勤務を休んで、兄のために奔走していた。憲兵隊幹部は甘粕一家に種々の好意を示してくれたが、事件の真相を究明しようとする二郎の努力には常に非協力的であった。彼の青年らしい直截な言葉を伝え聞いた前憲兵隊長・小山介蔵大佐は「もう二郎には会わぬ」と不快げに宣言した。

東京憲兵隊副官・坂本俊馬は二郎をなだめるように「心配するな。刑はまず十年だろうが、実際には二年くらいで自由の身になれる」といった。だが法科出身の二郎には、不法に三人を殺害したという兄がそんな軽い罪ですむとはとうてい思えなかった。

二郎は従弟・甘粕重太郎の同期生で、かねがね面識のあった山下奉文《ともゆき》少佐（のち大将、第十四方面軍司令官、マニラで刑死）に相談した。当時、軍務局課員であった山下は、甘粕一家の不幸に深い同情を示しはしたが、「正彦本人が、国家のため自分の判断で大杉を殺したというのだから、それでいいではないか」と、繰り返すだけだった。山下は武人らしい武人だが、ずるさというアキレス腱があった、と伝えられている。その言葉も、どうにでも解釈できる。二郎は山下に協力を求めることを断念した。

甘粕の大杉殺害に疑問を持ちながら、上官の訓戒によって真相究明を断念した同期生がある。のち、陸軍最後の参謀次長となった河辺虎四郎（のち中将）である。甘粕と河辺は名古屋幼年学校以来の親友で、甘粕は河辺の才幹、人物を高く評価し、「兄事していた」と同期生の一人・赤柴八重蔵（中将）は語っている。

河辺は著書「河辺虎四郎回想録　市ヶ谷台から市ヶ谷台へ」の中に「九月中旬の某日正午やや前、甘粕は取り調べを受けるためその筋に出頭するという途中、参謀本部に私を訪ね、廊下で立ちながら、まだ何事も知らぬ私に簡単に事の由を語り『別れに来たのだ』と告げた」と書いている。「子供まで殺した」と語った甘粕は「どうにも仕方がなかったんだ」とつぶやくようにいって、急ぎ足で去ったという。

「体に気をつけろよ、といって別れたが、日がたつにつれ甘粕が独断で大杉ら三人を殺したとは思えず、真相をつきとめたいと望んだが、直属の課長・畑俊六大佐からも、また部長・黒沢準少将からも親しく訓戒せられたので、ある時期以後、なにやかやと奔走することをやめ、甘粕に付けられた官選弁護人塚崎直義氏の識量に信託した」と書いた河辺は「私には遂に解き得ぬ謎が残った」とこの章を結んでいる。これも一例だが、軍幹部は常に大杉殺害事件の真相究明に非協力である。

第二回公判は十一月十六日に開かれた。前回二人だった被告が五人に、四人の弁護士が十人に膨張していた。また第一回公判の小川法務官は弁護陣の忌避申請によってしりぞけられ、かわって第四師団の告森法務官が任命された。甘粕への訊問は次第に宗一殺しにしぼられていった。

「子供を殺した事に全然関係ないのか」

「もちろん命令もしなければ、手も下しません」

「森、鴨志田、本多らの予審の供述は甘粕大尉から子供を殺せと命ぜられたと言っているがどうか」

「決して私は殺せと命じません」

「存じません」を繰り返していた甘粕も次第に問いつめられ、ついに「森が鴨志田に子供を殺せと命じたらしい」と述べた。

次に訊問を受けた森は、自分が宗一殺しの命令を下したことを明確に認めた。しかし審理が進むにつれ、宗一殺しは甘粕が自分に命じたものだが、手を下すのがいやだったので、自分が鴨志田に命じた――と述べて、二人の供述は大きく食い違ってきた。このとき傍聴席の後部から大声があがった。

「森曹長、国士甘粕の心情を知れ！」

判士長がこれを制止しなかったことが、のちに批判を受けた。

森の長い供述の後、法務官は甘粕に向って鋭く命令の有無をただした。

「それは、森の言うのが恐らく本当でしょう。命令せぬものをやるはずはないと思います」

「その時の実際を言え」

「私は軍人であります。命じました」

「軍人だから命じたとは何か、前に言った事は間違いか」

「命じなければ、やりませぬ」

含みのある甘粕の言葉がそのまま受け入れられ、宗一殺しの命令は甘粕が出したものとして、その後の審理が続けられた。塚崎弁護士は弁論の中で、この甘粕の言葉を「軍隊における命令関係の将来をおもんぱかるの赤誠」から出たものと解釈している。

甘粕と他被告との供述の食違いは、最後の公判まで何度となく繰り返される。命令系統についての供述もまた両者は対立した。

「いったい被告が森を相手に仕事をしたのは、なぜか」

「個人としてであります。指揮命令するならば自分の部下を使います」

「しからば森も大杉ら主義者をやっつけるという事に共鳴したのだな」

「左様であります」

「以前お前の部下であった事があるか」

「ありません」

「いったい命令はその系統をたどるものでなければ下せまいが、森は命令系統が違っているが、官等上上官であるから命令をきかねばならぬと、森にいったことはなかったか」

「ありません。私は今度の事件はなんら職務上でやったのでなく、私個人の考えでやったのです。もし私がやらなければ森らもやらなかったろうし、いずれも上官の命令としてやったのではないのです」

自分は麴町憲兵分隊長であるが特高課長兼務ではなく、したがって森らは自分の部下ではないと甘粕が主張するのに対し、森らは甘粕を特高課長と思い直属の上官だと信じていたと述べた。これについての憲兵隊幹部の供述は曖昧をきわめた。事件当時の東京憲兵隊長・小山介蔵大佐は「甘粕に特高課長を兼任せよと口頭で伝えたようにも思うが、はっきり記憶しない」と答え、憲兵司令部副官・岩佐禄郎中佐は「麴町憲兵分隊長は特高課長を兼務すると職務規定で決まっているわけではない」と述べた。結局、大杉の殺害に際して、甘粕は森ら四人が個人的に協力してくれたと思っていたにかかわらず、森らは上官である甘粕の命令だから服従した——という結論になった。

事件は、甘粕が麴町憲兵分隊長を兼任してから三週間足らずで起った。この短期間に、大杉ら三人の殺害という大事を個人的に手伝うほどの信頼関係が、甘粕と森らの間に結ばれ得るであろうか。特に震災から事件までの十六日間は、不眠不休の忙しさであった。公判廷の森ら四人の供述からは、甘粕への信頼や献身は読みとれない。のち甘粕が「麴町憲兵分隊長としてまだ日が浅く、部下の掌握は全くできていなかった」と、同期生・麦田平雄に語っていることからも、彼らの間に血のかよった人間関係があったとは思われない。しかし審理はこの点に触れないばかりか、逆に判決文中には鴨志田、本多について「平素正彦を深く信頼せる被告両名は……」と、犯罪幇助を個人的な信頼感で理由づけている。

林秀澄（憲兵大佐、のち日本憲兵史編集委員長）の指摘のように、森以下が東京憲兵隊本部所属であったことから当然その背後関係が問題になるはずだが、審理はそこを素通りして先へ進んだ。

背後関係についての審理が全くなかったわけではない。本多が「森曹長が司令官の命令であるから、絶対に口外してはならぬ――と言いました」と供述した時、また鴨志田が「大尉殿と森曹長殿が上官の命令だからやりそこなうなと話し合っているのを聞きました」と述べた時には、これについての訊問があった。しかし、いずれも他の被告が全面的に否定した。そして、その後の公判で証人として出廷した小山介蔵大佐が「大杉をやれと命令したことはない」と述べ、憲兵司令官であった小泉六一少将が「私は八月六日に就任したばかりで……（中略）不逞鮮人その他不穏な噂が伝わったので、戒厳令に反する者は主義者たると否とを問わず容赦なくやれとの事はいいました。しかし甘粕大尉に大杉らを検束せよとも、これを殺す事も命じた事はありません。憲兵隊に大杉らが連行されて来たことも知らず、九月十八日午後三時、小山憲兵隊長からの報告で初めて知ったのであります」と述べた。この証言で「背後関係はなく、甘粕個人の犯行」として審理は進められていった。

　こうした点が、憲兵隊の事情に精通している林秀澄はじめ多くの人々が「あの軍法会議は初めから筋書の決った芝居だった」と断じる理由の一つである。小泉憲兵司令官は「大杉らが検束されたことも知らず」と述べているが、終戦時の台湾憲兵隊司令官であった上砂《かみさご》勝七（少将）は著書「憲兵三十一年」の中に「大杉の検束は、小泉司令官が甘粕大尉に命じたもの」と書いている。事件当時、上砂は憲兵司令部副官であった。

　警察と甘粕らとの関係についても、審理は至極あっさりと済まされている。予審では甘粕も森も「淀橋署が『憲兵隊で大杉をやってくれ』といった」と述べているが、第四回公判に出廷した淀橋署の松元警部補、滋野巡査部長がこれを否定すると、それ以上の追及はされなかった。

　最終回の公判まで、甘粕は常に他の被告をかばい通した。彼が終始主張して譲らなかったのは「私の個人的犯行」の一点だけである。弁護陣が指摘した通り、甘粕が他の被告の罪を少しでも軽くしようと努めたことは明白であり、また塚崎弁護士のいう「軍隊における命令系統の将来」など〝帝国陸軍〟への配慮も処々に感じられる。だが甘粕の供述が二転、三転した理由は、この二つだけであったろうか――。

　この軍法会議は大杉殺害事件の背後関係をかくすための偽装裁判であった――という仮説を立てれば、罪を一身に引き受けようとする甘粕は、他の四被告の供述が真相に触れることを恐れ、薄氷を踏む思いで公判廷に立っていたであろう。第二回公判では、本多が「司令官の命令」と口走っている。しゃべってくれるな、しゃべってはならぬ——と念じながら、甘粕はできるだけ他の被告の感情を刺激しないように腐心し、自分の不利も構わず、法務官の皮肉な言辞にも耐えて、前言をひるがえしてまで言葉を合せたのではなかったか。こう解釈すれば、甘粕の不自然な供述もうなずける。

十一月二十四日、山田検察官は五被告に対する論告を行い、甘粕の懲役十五年をはじめ全被告に求刑した。

次いで各弁護士の弁論に移った。塚崎の弁論の中には、次のような言葉がある。

「被告等が憲兵の職に在りながら国法を紊《みだ》し、殺人行為を為したは怪しからぬから厳罰に処すという説があるが……憲兵なるが故に、震災後に於ける東京市中の不逞人の情報をつかみ、事ここに至ったのである。私利私欲でなく、国家を憂いて殺人を犯した甘粕に厳罰を以てのぞめば、一般の国民道徳、愛国心に悪影響を及ぼす結果となろう」

「……成程国法は尊重しなければなりません。併し身体あって生理学ある如く、国家ありて始めて国法があるに過ぎない。若し此処に国家重きか、国法重きかと言う大問題に逢着致しましたならば、国家が重きものである、国家が大切なものであると言うことは、三尺の童児と雖《いえど》も之が即答を為すに躊躇しないのである。従って斯様な本末顚倒の議論に対しましては……」

大正十二年当時の日本は法治国家ではなかったのかと疑いたくなるような弁論だが、

あの頃はこれが詭弁であると気づいても暴論と否定されないですむ時代であった。また軍法会議にも当然これを許す空気があった。

一般大衆の中に甘粕支持者の多かったことは、減刑嘆願書の署名の数からも察せられる。塚崎弁護士が法廷に提出した署名は五万（法律新聞）、一般から集められたものは六十五万（山根倬三著「甘粕正彦」）であった。これは在郷軍人などの組織を通したものが大半を占めてはいるが、十月九日付朝日新聞の記事にいう「……街頭に減刑を叫ぶ者が称して国士なりとする甘粕」のために、進んで署名する者も多かった。婦人団体の非難が宗一殺しに集中しているところから、もしこの少年が殺されていなかったら、女性の署名もさらに多かったであろう。

犯行の理由は何であれ、殺人罪を犯した甘粕を、なぜこれほど多数が支持したのであろうか……。一般大衆は当然ながら、大杉殺害事件を新聞に発表される公判の推移のままに信じていた。そして大衆の一部は、社会の安寧を乱すおそれのある大杉を殺してくれた甘粕を〝秩序の擁護者〟と受けとった。予測される大難を、身を張って防いでくれた恩人なのである。事件が初めて発表された時の陸軍当局談にある「自ら国家の害毒を芟除せんとした……」などの弁護が、抜きがたい先入観となっていた。

甘粕支持者に見る大衆と法との大きな隔りはどこから生じたのであろうか——。

甘粕の公判廷での供述をそのまま信じれば、彼が大杉を危険人物と決めたのも、これを除こうと決意したのも、実行に移したのも、すべて個人の判断と行為であった。犯行の動機が私欲、怨恨などであれば当然だが、甘粕の犯行は「国家の安寧維持のため」と説明されている。これを知った大衆に法治国の国民という意識が強ければ、なぜ甘粕は合法的に大杉の〝危険性〟に対処しなかったかと批判するはずである。だが彼らは日本が法治国家であることは知っていても、法によって自分が守られているという実感はきわめて薄かった。したがって甘粕が法を無視し、〝国家の安寧〟を私的行為で守ろうとしたことに抵抗感は湧かない。

　事件から五十年後の日本人一般は法への無知、無関心を自認しながら、それを少しも苦にしていない、と論評されている。大正時代にはこの傾向がいっそう強く、大衆の多くが法について無知だった。法は社会秩序を保つためのものとは知らされていたが、その秩序維持のトバッチリがいつなんどき我が身に降りかかってくるかも知れない陰性なものでもあった。「由らしむべし、知らしむべからず」を国民指導の基本とした明治の延長の時代に、大衆の目に法とは、安物ではあるが長いサーベルをガチャつかせた巡査によって象徴された。彼らにとって法とは息苦しい強権であり、実生活に即した柔軟性がないため急場の間《ま》には合わぬものと感じられた。ことに大杉事件は震災後のパニックの最中であった。そのどさくさに乗じて、どんな危険をもたらすか計り知れない〝主義者〟の害は、急場の間に合わぬ法などで防げるものではなく、甘粕大尉の勇気と非常手段によって初めて機先を制することができたのだ——と、論理はねじれていった。そして彼らは減刑嘆願書に署名した。

しかし甘粕支持者はあくまで大衆の一部であって、言論界は良識に基いた批判を下している。婦人画報（大正十二年十一月号）に千葉亀雄「甘粕事件の批判」、中央公論（大正十三年新年号）に千虎俚人「甘粕公判廷に現れたる驚くべき謬見《びゅうけん》」、婦人公論（大正十二年十一月、十二月合併号）には「『甘粕といふ人間』批判」と題した特集があり、三宅雪嶺「火事場人殺し」、高島米峰「無政府主義を恐れて無政府主義を実行した甘粕大尉」、広津和郎「甘粕は複数か」、高畠素之「石が流れる」、新居格「機械人間の悲喜劇」、柴田勝衞「甘粕大尉の愛国心」があり、それぞれ筆勢鋭くこの事件を批判している。

高島米峰は「（前略）『日本臣民ハ法律ニ依ルニ非スシテ逮捕監禁審問処罰ヲ受クルコトナシ』とある帝国憲法の保障の下に立つて居る。帝国臣民たる大杉君が甘粕といふ一憲兵大尉の、独断専行に依りて、極刑に処せられなければならないといふ理由は、毫末《ごうまつ》も存在して居ないのである。否、甘粕大尉の行為は明に、国家の大権を干犯し、陸軍の重法を無視したもので、無政府主義を恐れて居た甘粕大尉自身が、却て無政府主義を実行した事になるのである（後略）」と書き、「甘粕大尉は、大杉栄といふ実行力を有しない単なる無政府主義者を、馬鹿にエライものとして、後世に伝へさせようがために、この世へ生れて来た人かの感がある」と結んでいる。

広津和郎は「(前略)今度の大災後の戒厳令下に、一人の思想家とその妻とその甥とが何の弁解も許されず、日本軍隊に身を置く一人或は数人の手に依つて、惨酷無比な虐殺を敢てされたと云ふ事実だけがはつきりしてゐれば、誰が下手人であつたかどうかと云ふ事はそれ程問題ではない。何しろ此憎むべき恐しい犯罪が、軍隊の手によってなされた事は、いくら隠さうとしても隠し切れない明白な事実なのである。(後略)」と書いている。

朝日新聞は「当局が社会主義を嫌ふ事甚だしきは事実である。殊に陸軍に於ては、軍隊宣伝を恐るるの余りか、反対宣伝或は過激反動思想を鼓吹する事を是れ努めてゐるが如くである。其の恐るべき結果が端無く戒厳令下の帝都に於て、一事件ならず軍隊軍人の社会主義者虐殺に現れたのである。彼等は社会主義者無政府主義者を憎む事甚だしきと共に恐るる事甚だしきは滑稽である。所謂主義者は人に非ず少くも帝国臣民に非ずとし、其の生命財産の保護はする必要無きは勿論、之を恣《ほしいまま》に殺害するも亦可なりとするが、陸軍全体の精神とは云はざる迄も、軍隊に漲《みなぎ》りし思想なるは、甘粕某等も一大信念を以て国家の害毒を除きたりと称し、亀戸事件も已むを得ざる斬捨御免なりと信じ居るが如きに見て察せられる所である。(後略)」(大正十二年十月十二日)と書いている。

昭和の軍閥時代にはいる前の大正末期は、陸軍に向ってまだこれだけのことがいえる時代であった。このほかにも、甘粕と軍を一体として批判した文章が多い。

判決は十二月八日にいい渡された。それぞれ求刑よりも軽く、甘粕が懲役十年、森が同三年で、他の三被告は無罪であった。

判決文による宗一殺しの要旨は——甘粕は大杉の子供と信じていた宗一の殺害をためらったが、森が少年を殺さねば事件が発覚すると、殺害を主張し、甘粕もやむなく同意、森が甘粕の命令を鴨志田、本多の両上等兵に伝えて殺させた——となっている。鴨志田、本多は、戒厳令公布後はほとんど戦時状態であるから、上官の命令には絶対に服従せねばならぬと信じて宗一を殺したので、〝罪を犯す意なき行為〟であるから無罪、また平井は事情を知って見張りをしたことは証拠不十分として、無罪となった。

この日、傍聴席にいた同期生・佗美浩は「岩倉裁判長が懲役十年の判決を下すや、突然裁判長を目がけて草履を投げつけた者があった」と書き残している。当時の新聞によれば、この和服に袴をつけた男は陸軍中尉で、憲兵に連れ出されながら「ああ、何をかいわん」と号泣したという。最後の公判まで、傍聴席の大部分が常に熱狂的な甘粕支持者によって占められていた。

遠藤三郎大尉もまた傍聴席にいた。無表情、直立不動の姿勢で判決を聞く甘粕を眺めて、彼はひそかに嘆声をもらした。

偉い男だ——。

大地震からすでに三カ月余がたち、平静をとり戻した社会の中で改めてふり返ると、この短期間に何と多くの不法行為が行われてきたことか。朝鮮人の大量虐殺、九人の社会主義者を殺した亀戸事件、王希天斬殺事件――そのどれもが、真の責任者の処罰もなく葬り去られようとしている。それらが迷宮入りの事件であったわけではない。遠藤には、亀戸事件の下手人も騎兵第十三連隊の誰とわかっていた。王希天事件は、自分が亀戸警察に保護させた朝鮮人、支那人の中に王がはいっていなければ殺されるはずもなかったと、直接つながる暗い思いがあるだけに、事件の経過も命令者も手を下した将校の名前も知っていた。だが両事件とも「私がやった」と自首して責任をとろうとした軍人は一人もいなかった。

これら不法事件の真相を熟知している遠藤には、大杉殺害事件も判決文のように〝甘粕個人の考え〟で起ったと単純に信じることはできなかった。しかし傍聴席の彼はこの事件の真相を考えることより、すべての責任を一身に負い、いったんは否認した宗一殺しまで命令したと認めて、罪に服した甘粕への敬意に心を満たしていた。

席を立ちかけた遠藤は、隣席の話し声を耳にして思わずギクリと足をとめた。「大杉事件もこれで終った。……次は王希天か」平服ながら、一目で軍人とわかる男たちの会話である。王希天殺害事件が国際問題にまで発展しないよう軍が苦慮していたこのとき、一般軍人の間でこれが話題になっていることは遠藤を驚かせた。

震災後の支那人誤殺事件について、支那政府は日本政府の調査、報告に満足せず、王正廷を調査委員として日本に派遣し、真相究明に当らせていた。戒厳司令部に呼ばれた遠藤は王希天殺害の真相を述べ、これに基いて軍は対策を練った。その結果――遠藤が王希天に「保護するから亀戸警察に集まれ」というふれ書を渡したが、王は渡米を希望したのでそのまま放した。その後のことは知らない。渡米したことと思うが、あるいは震災後のドサクサの中で間違いが起ったかも知れない。しかし軍はいっさい無関係――これで押し通そうということになった。警察は斬殺のいきさつをよく知っていたし、王の身柄を引き渡したとき将校が書いた受領書も持っていたが、遠藤の言葉を借りれば「エへへ……といっただけ」で、真相を暴露する気などなかった。結局、事件はウヤムヤに終った。「当時はこういう雰囲気だった」と遠藤は語る。また兵の朝鮮人虐殺については「……悪いとはわかり切っているが、しかし当時の兵隊は朝鮮人を一人でも多く殺せば国のためになり、勲章でももらえるつもりだった。それを殺人罪で裁いてはいけない。責任は、兵隊にそんな気持を抱かせ、勝手にやらせておいた者にある。だが甘粕のように『私が命令を下した』といった者は一人もなかった」

傍聴席の甘粕二郎は「懲役十年」という判決を聞いた瞬間、東京憲兵隊副官・坂本俊馬を思い浮かべた。判決は坂本の予想とぴったり一致しているではないか。では坂本の

「実際には二年ぐらいで出獄できよう」という言葉も信じていいのだろうか――。二郎は兄の事件が起って以来初めて多少とも明るい見通しを持ったが、同時に改めてこの軍法会議への疑惑を深めた。この裁判は、初めから刑期までを決めて幕をあけた芝居だったのではないか――。

三菱信託銀行の相談役室で甘粕二郎は語る。「兄の性格を考えると、彼個人の犯行であったとはどうしても思われません。客観的にも、軍法会議の審理の進め方、出獄直後の兄に対する憲兵隊の態度、それに次ぐ渡仏……これは軍から金《かね》が出ています。さらに満洲での兄と軍との関係……どの一つをとっても、大杉殺害が兄の個人的犯行では話がおかし過ぎます。私には、兄が軍の陰謀の犠牲になったとしか考えられません。フランスのドレフュス事件のように……」

一八九〇年に起ったドレフュス事件とは、ユダヤ系フランス人アルフレッド・ドレフュス大尉がスパイの罪名によって長年月を獄につながれ、ついに汚名をそそいで軍籍に復帰したものの、最後まで陸軍の体面を保つ工作のために、すっきりした形をとらなかった事件である。この事件についてエミール・ゾラをはじめ多くの人々が正義と自由のために告発の筆をとり、長い歳月にわたって研究と論議が繰り返された。日本では軍閥時代突入の危機を憂慮する大佛次郎《おさらぎじろう》が、満洲事変の前年に当る昭和五年（一九三〇年）に「ドレフュス事件」を雑誌「改造」に発表した。

もし甘粕正彦が、弟・二郎をはじめ多くの人々が想像したように、軍の意図によって犯罪者になったものであれば、その点に関する限り〝日本のドレフュス大尉〟と呼ぶこともできよう。しかしその推理が当っているとしても、ドレフュス大尉にとっては自分が犯罪者と呼ばれることは寝耳に水の驚きであり、甘粕大尉は軍の意図を知って被告席に立ったという根本的な違いがある。ドレフュス大尉は逮捕の日以後、迫害や好餌《こうじ》に抵抗して無実を叫び続けたが、公判廷の甘粕大尉はすべての罪を〝私個人のもの〟として認め、出獄の後は肉親をはじめ親しい友人にも事件についてはいっさい語らなかった。

甘粕はじめ五被告に判決が下るとすぐ、山田検察官は「不満もあるが上告はしない」と言明し、甘粕事件の軍法会議は完全に終了した。この幕切れの早さが〝臭いものにはフタ〟の感じを与え、山根倬三著「甘粕正彦」によれば、判士長・岩倉大佐は判決直後に次のように語っている。「……私個人としては甘粕、森に深く同情しているが、いっさいの感情を去って公正な気持でやった。私ももし裁判官でなければ、あるいは減刑嘆願書に捺印したかも知れない」

三　獄中　大正十二年十二月〜十五年十月（一九二三〜二六年）

刑の確定と同時に甘粕に対する同情が各方面から寄せられ、物心両面の援助の申出が相次いだ。同期生の中からも河辺、目賀田、大園、石光、麦田、佗美、飯島など親交のあった人々を中心に活発な運動が起ったが、将校たちが服役者の後援をすることは許されず、「甘粕母堂後援会」として発足した。東条英機、永田鉄山などの先輩から醵金《きよきん》があり、財界人の中にもこころよく寄付に応ずる者があって、間もなく目標額が集ったが、ここで同期生たちを驚かせたのは甘粕が多額の借金を背負っていることであった。調べてみると借金はすべて九月以降のもので、職務上の所管内の罹災民救助や、家を焼かれた部下たちの当座の費用に当てられていることがわかった。それを誰にも語らず、個人の借金でまかなっていたことを、同期生たちは「いかにも甘粕らしい」と語り合って、醵金の一部をその返済に当てた。

判決後の甘粕から塚崎弁護士へ宛てた手紙二通がある。

「第一信　大正十二年十二月九日

獄中から謹んで御礼を申上げます。（中略）殊に私が予審に於て述べ又先生に対しては真なりと申上げたことにして、法廷に於て下級者の為めに主張せず、弁論途中に於て武士の心情を解せざる弁護人の問に遇ひ、先生の論旨に反するが如き（然も事実にあらざる）答辞をなせしが如きは、先生に不満不快の感を懐しめ、且弁論を困難ならしめたことと存じ、甚だ申訳なく思ふ所であります。本人たる私としても、事実を曲げ自己に不利な様に申立てなければならなかつたことは、人間として甚だ残念に存ずるところであります。先生の御不満はよくわかります。然し先生に考へていただきたいのは、軍人としての私の苦しい立場であります。誰しも人間としては少しでも自己に利益あらしめんとし、一寸でも己れの苦痛を免れんとはかるものであります。現に醜い例が眼前にあつたではありませんか。然《しか》るに此の陥り易い人間の性情に反して、承知の上で自己に不利なる様に陳述し、今日十年の苦役を甘受せざるべからざりし私の胸中をも、少しく御了察下されて凡てを免していただきたいのであります。既に先生の真情に感じた以上裁判の成行きの如きは問題ではありませんが、私が心中に大なる憤りを蔵しつつも、法廷に於て事実を曲げて公言せざるを得ざりし宗一殺害の真相の一部が、判決に於て認められしは全く、先生が苦しき立場に於て他の弁護人と争ひつつ弁論せられし所論の賜であると存じます。（中略）私は死を決して居りましたが、先輩方の戒めにより、一時の恥と苦痛とを忍び、他日に於て先生の御厚志に報いたいと思ひます。（後略）」

「第二信　大正十二年十二月十二日

（前略）……私は人によく意思の強いものと見られる事がありますが、ほんとは情の人間です。（中略）……そこへ先生の様に至純の情を以てせまられると、うつかりすると私は、ほんとの弱い人間、真の私に帰ります。どうぞ、ここのところは私を強い人間として置いて下さい。非人情にして置いて下さい。

母の心を想ひやりつつも、母との面会を拒否して居るのもこれがためであります。（後略）」

第二信は前日千葉監獄に面会に来てくれた塚崎への礼状である。塚崎は判決後もなお〝事件の真相〟を知ろうと甘粕の胸をたたいているが、何も聞き出すことはできなかった。しかしこの二通の手紙で、甘粕は公判廷で虚偽の陳述をしたことだけは明らかにしている。その虚偽が背後関係についての根本的なものか、または部下をかばうための小部分に過ぎなかったかは不明だが、いずれにせよ甘粕本人が嘘を認めている陳述が追及されることなく、真相として判決文に書きこまれた。甘粕自身が大杉殺害事件に触れたのは、この塚崎あての手紙が最後である。

甘粕を個人的に知る人々、また当時の情況や憲兵隊の事情にくわしい人々は、この謎を含んだ事件をどう見ているだろうか――。

甘粕の同期生の多くが、事件についての推理の内容に多少の差こそあれ、「甘粕個人の犯行ではない」と信じている。その一人・麦田平雄は「甘粕は直接手を下してもいない」と言明するが、その根拠は憲兵であった同期生・飯島満治の言葉だけである。石光憲弌は――大杉殺害を最初に命じられた憲兵が妻子を理由に断わったため、次に独身の甘粕が命じられた――という説を否定して、次のように語った。

「いやしくも軍籍にある者が、上官から秘密をあかして命じられて、妻子などを理由に断われるものではありません。しかも当時は戒厳令下です。私は初めから甘粕が選ばれたと信じています」

事件当時、憲兵司令部副官であった石田乙五郎は「大杉殺しは上層部数人の合作ではなかったかと思う……」と語る。「上下、左右の関係からいっても、一憲兵大尉にすぎない甘粕が、自分一人の判断であんなことをやるはずがない。それに甘粕は付和雷同型でなく、〝おれが〟の気持は強いが熟考型の男だった。私は当時、小泉憲兵司令官の専属副官を務め、同郷という関係もあってかわいがられていたが、甘粕事件については当時もその後も小泉さんから聞かされたことはない。しかし司令官が大杉殺害を命令したか、承認したか、何か事件との関係がなければ、あんなに早い時期に停職という処分を受けることはなかったろう。『応諾』にしろ、何か責任を取らねばならぬ事情があったはずだ。

小泉さんは軍隊用語を使わず、命令などにもよく大衆用語を使った。たとえば『やっちまえ！』などという、どうにでも解釈できる言葉を……。大杉の処置についても、甘粕に向ってあるいはこんな言葉を使ったか、という想像はできる。平時には司令官が隊長をとばして大尉に直接命令することはないが、震災後の非常時だったから、こうした特殊ケースも考えられる」

石田の記憶によれば、小泉はたびたび千葉監獄へ行き甘粕に面会している。また事件後の小泉は常に憲兵の護衛をつけて、身辺を厳重に警戒していたという。

「甘粕が独身だったので白羽の矢を立てられたという説があるが、私は妻子の有無より職務の関係で彼が選ばれたと思う。

あの事件は、その背景となる震災後の東京の混乱ぶりをぬきには考えられない。一般の焼死体のとり片づけもはかどらず、角力《すもう》のようにふくれ上った死体をまたぎながら『おれは生きている』と自分に確かめて歩いたものだった。いったん広がった流言蜚語はなかなか消えず、あちこちで人殺しが起り、私自身、呉服橋のらんかんに人間の生首が並んでいるのを目撃したこともある。それを見る人々に『人殺しは大罪だ、法律違反だ』という気持が極度に薄れていた。

甘粕事件の起った十六日にはもう平静な状態に復していただろうという人もあるが、

なかなかそんな生《なま》やさしいものではなかった。これから何が起るか、東京の治安をいかに守るかということで、われわれ憲兵はハラが胸へ上ってしまった状態だった。大杉殺しが誰の意図にしろ、『やってもバレないだろう』という甘い予測の立つ情況でもあった」

林秀澄は「いろいろな理由から、甘粕個人の犯行とは思えない」と語る。

「森曹長らが甘粕の部下でないことがおかしいし、私は満洲時代の甘粕をよく知っているが、彼はあんなことをやるような性格ではない。大正十二年の私は士官学校を出たての見習士官だったが、事件後に甘粕とほぼ同年の憲兵たち――陸士二十五期の平野豊次（スマトラで自決）や新見英夫（軍務局長・永田鉄山殺害事件時に負傷）、甘粕の同期生で二十四期の五十嵐翠の三人から『甘粕は独身だったから、白羽の矢を立てられた』と聞かされた。

岡山で大地震を知った私が出動命令で横浜に着いたのが九月十一日。朝鮮人暴動のデマはまだ消えず、一般の死体処理も済んでいなかった。先の見通しがたたない中で『無警察状態の東京で、主義者が何をするか』の恐怖が強かった。

小泉少将は憲兵司令官になってまだ一カ月余、おまけに憲兵育ちでないから、事情にはよく通じていなかった。だが、東京の治安維持のため総大将である自分が大いにやらねばと、責任の重大にカッカときていた。大体、新米の憲兵司令官はこわい。士官学校事件などもその一例だが……。

証拠はないが、憲兵隊と内務省との話合いで、この際、無政府主義者を一掃しようということになったのではなかろうか。元来〝憲警協力〟には限界があって、なかなかむずかしい。警察が裏切ることがあるのだが、甘粕事件でも、大杉を尾行していた淀橋警察と甘粕たちとの関係がおかしい。

とにかく、憲兵分隊長だった大尉くらいで、大杉殺害の決意などするはずがない……」

「一大尉の判断で、できることではない」という最後の言葉は、生えぬきの憲兵であった石田乙五郎も力をこめて語っている。大体、組織というものには、それが維持されるための体質が自然に具わるものである。殊に軍という巨大な組織は、その一部が狂えば全体に及ぼす影響は重大なものとなる恐れがあるから、それを防止するための自衛的な体質は特に強かったであろう。それを思うと「一大尉にできることではない」という言葉には実感と重味がある。

また公判廷であれほど部下の将来を案じ彼らの罪を軽くしようと腐心した甘粕が、福田戒厳司令官の更迭、小泉憲兵司令官の停職処分に対して「申しわけない」という気持を、前後を通じどこにも表現していない。一大尉の〝悲壮な〟決意であったとすれば、事件が発覚した時の上司の迷惑を考えただけで、たじろぐのが普通だろう。国家のためとはいえ、個人的犯罪で諸先輩の前途を狂わせたとしたら、甘粕の性質で平然としていられたとは思えない。彼が終始この点に言及しないのは、詫びる必要のない理由が事件の裏に存在した——と考えられるのではないか。

フランスで出獄後の甘粕の世話をした遠藤三郎（当時駐仏陸軍武官補佐官）は次のように語る。

「軍が甘粕の渡仏の費用を出していることだけでも、大杉殺害が甘粕個人の犯行とは思えない。なぜ軍が、そこまで甘粕の面倒をみたか……大杉を殺すように仕向けたのは陸軍当局だろう。

あの事件を、震災直後の東京の混乱と結びつけずに考えることはできない。流言蜚語の世界というか……すべてが異常だった」

遠藤もまた、石田乙五郎や林秀澄と同じく、大杉殺害事件を流言蜚語が支配した異常な状況と密着させて語っている。

朝鮮人、〝主義者〟についての流言蜚語が生れたのは九月一日夕刻とも、二日朝ともいわれる。これが混乱の中から自然発生したものばかりでなかったことが、今日種々の裏づけをもって語られている。では、作ったのは誰か——。

内閣説、内務省または内務省警保局説、陸軍説など、種々の〝官製説〟があるが、どれにも決め手となる証拠はない。しかし源泉がどこにしろ、軍と官憲が全国に伝えたことは確かである。一例をあげれば、九月四日付大阪朝日新聞は次のような記事で大要を掲載している。

「……内務省警保局では朝鮮総督府、……並に舞鶴要港部司令官宛にて……不逞鮮人の一派は随所に蜂起せんとする模様あり。中には爆弾を持つて市内を密行し、又石油缶を持ち運び……」この電報は海軍省の船橋送信所から発信された。

中島健蔵は著書「昭和時代」に「人もまばらになった警察の黒い板塀に、大きなはり紙がしてあった。それには、警察署の名で、れいれいと、目下東京市内の混乱につけこんで『不逞鮮人』の一派がいたるところで暴動を起そうとしている模様だから、市民は厳重に警戒せよ、と書いてあった」と記している。中島はここで、群衆の一人が朝鮮人の頭上にトビ口を振り下ろすのを目撃して、嘔吐をもよおしている。彼は「場所もはっきりしている。神楽坂警察署の板塀であった。時間は震災の翌日の九月二日の昼さがり。明らかに警察の名によって紙が張られていた以上、ただの流言とはいえない」と書いている。こうした証言は、他にも多数ある。

流言蜚語の内容はさまざまだが、まず朝鮮人暴動で始まり、ついでその裏に社会主義者の不穏な動きがあるというのが基本であった。野火のように拡がった流言は各所で朝鮮人虐殺をひき起し、警察と軍隊の動きによってさらに拡大された。それが収拾のつかない状態にまで発展した九月二日の夕刻、内閣総理大臣伯爵内田康哉以下全閣僚の名で戒厳令が布告された。〝地震内閣〟と呼ばれた第二次山本権兵衛内閣が成立したのは、その一時間半後である。

地震発生直後から、臨時首相・内田康哉を中心に全閣僚が対策を協議したが、治安維持の当面の責任者は内務大臣・水野錬太郎と警視総監・赤池濃であった。水野は大正七年の内相時代に米騒動によって大衆の恐ろしさを熟知し、また大正八年の万歳事件直後に朝鮮総督府政務総監となって朝鮮人の日本に対する反抗心を手痛く知らされた。赤池は朝鮮総督府警務局長として、水野と共に朝鮮人を弾圧した経験を持っている。

警視総監・赤池は、警視庁といくつかの警察署の焼失などによって弱体化した警察力だけで治安を維持することは不可能と判断し、九月一日午後四時半、東京衛戍司令官に兵力の出動を要請した。翌二日、水野は赤池と相談の上で戒厳令施行を建言している。

ここに「流言蜚語は、戒厳令の必要を理由づけるためにこの二人、または警保局長・後藤文夫を加えた三人が、捏造したのではないか」という疑惑が持たれている。また「彼らは災害の余りの大きさに罹災民救済に自信が持てず、民衆の不満が政府や支配階級に向って爆発することを恐れて、朝鮮人を〝かたき役〟に仕立て身を守ろうとした」あるいは「朝鮮人の日ごろの不満が暴動化するのを未然に防ぐための意図」ともいわれる。そして、暴動が起るとすれば、陰で糸をひくのは〝主義者〟だという強迫観念があった――と想像されている。

水野、赤池の経歴と、震災直後から〝主義者〟の監視を強化し検束した内務省の態度とが、流言蜚語の源はこの二人ではないかとの疑惑の裏づけとして語られている。だが、二つとも納得させる内容を持ってはいても、断定する証拠はない。

しかし〝朝鮮人暴動〟を報じる警保局長の電報や警察署のはり紙などを「彼らも一時は流言にまどわされたのだ」と素直に解釈はできない。一応分析された情報を持つはずの指導層までが、民衆の中に湧いた流言に振りまわされるほど血迷ったとは考えられない。

朝鮮人犠牲者は三千とも六千ともいわれる。流言蜚語を捏造した人々があったとすれば、彼らにとってもこれは予想外の結果であったろう。九月三日からは警視庁も「朝鮮人暴動は流言にすぎないと判明」と公表したが、布告や関東戒厳司令部の命令の中にはなおまぎらわしいものもあった。それに、いったん大衆にしみこんだ朝鮮人に対する悪感情は簡単に拭えるものではなく、虐殺はその後も数日続いた。こうした状況を踏まえて大杉殺害が企画されたとすれば、甘粕もまた流言蜚語の犠牲者ではなかったか——。

戒厳司令部は報道に対する戒厳令処置として「警視総監及関係地方長官並警察官ハ、時勢ニ妨害アリト認ムル新聞、雑誌、広告ヲ停止スルコト」という発禁命令を出したが、その後も流言を記事にしたり残酷な死体写真を掲載した新聞があり、そのいくつかが発禁処分を受けた。政府は七日に治安維持罰則勅令を公布したが、さらにその取締りを徹底させるため、内務省は十六日に新聞、雑誌などのすべての原稿を検閲する命令を発した。

九月十六日とは大杉殺害事件の当日である。大杉殺害が林秀澄の推理のように軍と内務省の企図であったとすれば、この時期に彼らが〝主義者の暴動〟を恐れたとは思えない。震災直後、朝鮮人と〝主義者〟の暴動説はほぼ同時に発生したが、主義者説の方は間もなく消えている。まして、流言の捏造が内務省のどこかで行われたとすれば、彼らはこれが事実無根であることを初めから知っている。彼らが恐れたのは「震災後の混乱期に大杉が何をたくらむか」ではなく、「強力な指導者である大杉の存在そのもの」であったろう。〝震災後秩序未だ整はざるに乗じ〟ようとしたのは大杉栄ではなく、こちら側であったかもしれない。

事件当時、東京憲兵隊副官であった坂本俊馬は、戦後になってから「大杉事件の直後、宇垣一成陸軍次官（のち大将、陸相、外相）から『甘粕大尉をすぐこちらによこせ』という電話があり、自分がとりついだ」と、「週刊東京」の記者に語っている（昭和三十一年四月一日号）。これは〝軍の企図〟をにおわせる話だが、事件から五十年後では、宇垣が甘粕に何を語ったかを知る手がかりはない。坂本はすでに故人だが、彼も両者の話の内容は知らなかっただろう。

稲葉正夫は「満洲時代の甘粕が〝あほう会〟というヘンな名前の会をつくっていて、私も関東軍参謀のころ何度か招かれた。関東軍の内部では誰も、甘粕が一存で大杉を殺すような無分別な男とは思っていなかった。真相を知っているという者もいなかったが……。あるとき東条さんが『甘粕はしっかりした男だ。軍としては、震災の時の事件を忘れるわけにはいかぬ』と、フトいわれた。私は、東条さんは真相を知っているナと思ったが、何も聞かなかった。軽々しく聞いていいことではないし……」と、私に語った。

かなり広範囲の人々の間で信じられている〝軍の企図〟の全貌は不明だが、大杉殺害が陸軍の計画であったことを正力松太郎が語っている。のちに読売新聞社長、社主となった正力は明治四十四年に警視庁に入り、大正十年六月から同十二年十月末まで官房主事、その後同十三年一月の退官まで警務部長であった。大杉殺害事件は、彼が警務部長になる直前の官房主事時代に起っている。

昭和三十五年十月二十日発行の「自由思想――大杉栄特集二」に掲載された「安成メモ」に次のような正力の言葉がある。

「大正十三年十月四日は、読売新聞編輯局長半沢玉城、文芸部主任加藤謙両氏発起人となり、前編輯局長千葉亀雄氏招待会を築地料理店錦水に開く（午後六時より十時半まで）。集るもの、社長正力松太郎、総務局長小林光政、第一部長伊藤亀雄、第二部長中尾龍夫、第四部長柴田勝衛、第五部長安成二郎、校正主任三苫亥吉、工場長武藤具三、半沢、加藤、主賓千葉。その席上で正力は左の談をなした。

（一）陸軍が十四日（大正十二年九月十四日――筆者註）に大杉を殺すと言つて来た。大杉と吉野作造博士と外の二人、誰だつたか（大山郁夫氏かと僕が聞いた、さうかも知れんと言つて、正力氏は明答しなかつた）四人を殺すと言つて来た。そんなバカなことがあるかと言つて置くと、十六日になつて淀橋署から大杉が憲兵隊に連れられて行つたといふ報告が来た。殺したナと思つたが黙つてゐた。すると、十八日になつて、報知の夕刊に大杉夫妻が子供と共に憲兵隊に連れて行かれたといふ記事が出た。それを見てこれはいかん、子供も殺したのでは必ずわかると思つたので、すぐ湯浅総監（湯浅倉平）に話した。総監はすぐ後藤内相の許へ報告に行つた。すると、内相は復興事業に目を眩してゐて、『自分は手がはなせないから、君から総理に報告せよ』と言つたので、総監はすぐ総理大臣山本権兵衛伯に行つて報告した。総理がすぐ陸相（田中義一）を呼んできくと『知らん』といふ。戒厳司令官（福田雅太郎）を呼んできくと知らんといふ。それから憲兵隊の捜査になつたのだ。

（二）陸軍には甘粕のやうな男はいくらもをる。甘粕がやらなければ外の誰かがやつたのだ。子供が一緒で無ければ大杉事件はまるで知られずに済んだのだ。そして吉野博士もやられたかも知れない。（陸軍に頑固な軍人と浪人組の秘密結社があると中尾氏が口を咏《はさ》んだ。中尾氏は陸軍の中尉で、当時読売新聞の陸軍省詰の記者であつた）その当時、陸軍が後藤内相と湯浅総監を憎んだことは非常なものだ。陸相を出しぬいて直接総理へ話を持つて行つたのが怪しからんといふので、後藤と湯浅を殺さうとする勢ひが動いて、実際危険であつた。（私はやつて仕舞へと言つて陸軍をケシかけたものだと中尾は口を咏んだ）それには後藤さんがヨッフエ（ソ連の外交官、一九二三年、日ソ交渉の全権として来日——筆者註）を呼んで来たこともからんでゐる。あいつ赤だといふことになつたんだ。

（三）『王希天はどうしたんでせう、軍隊では無いでせうが……』と千葉氏が言ふと、正力氏は『王希天か、ハハハ』と笑つて何も言はなかつた。

右、後の記憶のために（大正十三年十月十日夜記）」

甘粕個人の犯行でなく、陸軍説に肉薄する証言である。しかし正力は名うてのクセ者だから、何か意図があってこの暴露的な言辞をろうしたのか。

正力の言葉によれば、軍と警視庁は〝主義者〟に対して共同戦線を張っている。警察が検束した社会運動家たち九人を軍人が虐殺した亀戸事件が思い出される。正力は陸軍が大杉を含む四人を殺すといってきても、それを未然に防ごうとする行動はとらず、大杉が殺されたと察しても、なお動かなかった。彼が湯浅総監に報告したのは、子供も殺されたことを知り、それによって事件がバレると思ったからであった。官房主事であった正力は、大杉殺害が発覚しないと予測し、自分も黙っているつもりであった——と解釈される。

安成二郎は〝メモ〟の前書に次のように書いている。

「（前略）このメモには『陸軍が……殺すと言つて来た』という重大な事実が暴露されている。話を聞いてから七日目にメモをとったのであるが、記憶ちがいはない。陸軍のどういう筋から、誰がそう云って来たか、正力氏は今も記憶にとめて居られるかも知れない。

一九六〇・八・一四」

しかし正力松太郎はすでに故人である。

千葉の獄舎で暮す甘粕とは無関係のことだが、大杉殺害事件は次々と新しい事件を誘発していった。

甘粕の判決から一週間後の十二月十六日、大杉栄の葬儀当日の朝、遺骨は右翼団体大化会の岩田富美夫らによって奪い去られた。大杉は虐殺され、その葬儀まで侮辱されて、大杉の旧同志・和田久太郎と村木源次郎は報復のため、大杉事件当時の戒厳司令官・福田雅太郎大将の殺害を決意した。これを支援したのがギロチン社の古田大次郎、中浜哲、その他である。ギロチン社の田中勇之進は甘粕の第一回公判前の十月四日、中学生だった甘粕の弟・五郎を三重県松阪で襲い、失敗している。

翌十三年九月一日、震災一周年記念の講演会に出席する福田大将を、和田は会場近くで狙撃したが失敗し、その場で捕われた。他の同志たちはその後も事件を重ねたがそれぞれ捕われ、公判ではギロチン社の他の事件も併合審判された。村木は予審中に病死、古田と中浜はギロチン社関係の罪科で死刑、無期の和田は獄中で自殺した。和田久太郎の弁護に当った山崎今朝弥弁護士は「甘粕三人殺して十年、久さん未遂で無期」と嘆いたといわれる。

テロリズムによる革命をくわだてたギロチン社の人々と、革命的な労働組合の力を結集して権力機構にあたるアナルコ・サンジカリズムの方向をとった大杉との間には、根本的な違いがある。また和田、村木ら旧同志は悲壮感から復讐に走ったといわれる。いずれにせよ大正末期のテロリストたちは、大杉殺害に端を発した形で滅び去った。

獄中の甘粕の日課は、下駄の鼻緒のシンにする麻つなぎであった。偶然にも大杉栄、荒畑寒村らも明治四十一年の赤旗事件で、同じ千葉刑務所に送られている。荒畑は「大杉は手先が器用で、看守が大杉のつないだ麻を手本としてわれわれに示したものだった」と、私に語った。大杉は作業時間には誰よりも早く上手に麻をつなぎ、自由時間は語学の勉強に励む獄中生活を送ったが、甘粕は「麻つなぎを天職と思へ、といはれても……此の日本に男と生れて、麻つなぎや溝《どぶ》掃除より外になすべき能がないのかなどと考へる」と、日記にいらだちをこめた文字を綴っている。

獄中日記は「獄中に於ける予の感想」と題して、昭和二年十月、甘粕のフランス滞在中に発行された。〝右翼の巨頭〟頭山満が題字を書き、事件当時の第一師団長・石光真臣中将が、甘粕の人物をほめたたえた序文をよせている。

入獄当初の甘粕は、獄衣のわが身を眺めて、今さらに茫然とする心境であった。大杉殺害事件を境に、彼の世界は一変した。少年の日に幼年学校に入学して以来、甘粕は〃帝国陸軍〃という組織の中だけで生きてきた。軍法会議の法廷でも彼はまだ軍服を身につけていたが、十月六日付で予備役に編入され、十二月八日の有罪判決によって軍籍剝奪となった。獄中の甘粕はまず彼の全世界であった〃帝国陸軍〃から脱落したという現実を自分に納得させ、はだか同然の一服役者として〃生きる目標〃を新たにさぐらねばならなかった。

〃模範憲兵〃の自覚をもって長年緊張の連続に身を置いてきた甘粕は、みじめな一囚人となっても、生きる目標も見定めず、「明日《あした》は明日《あした》の風が吹く」と自分を流してはおけない男である。気をまぎらそうと植木鉢に千日草の種子を蒔けば、芽の出るのが遅いといらだって掘り出してしまう。本をとりよせれば、その内容と広告文との差に腹を立てて「……広告に対する異常なる憎しみも起る。……広告は公許された一種の詐欺だ」と長文を書きつけずにはいられない。「めしに砂、石、ガラスがはいつてゐる」という食事に胃腸を痛め、いらだちを押えて麻をつなぐ甘粕は、日に日に体重を失ってゆく。

やがて彼は「……獄中で死んでも徒死などと思はず、凡て之れ天の配剤……」と思えるような静かな心境に到達したいと望みながら「一方皇国の事を思ふと獄中で徒死したくないと思はざるを得ない」と書く。「日本に生れて君の為めを離れては問題にならぬ」

また「此の小さな無力な私でも、君国のことを一心に思ふ時は一種の力と自信とが出るのを覚える」と、甘粕にとって人生の意義は、軍籍にあった時と同じく天皇と国家のために尽す以外にないと、次第に焦点をしぼりながら日記は書き進められてゆく。

「家族制度と、皇室と、国との関係を考へると、有り難い国だと思ふ。国家なる文字の真意義は、日本にしかないと言ふのは当然である」

「家に在りては己れを空《むなし》うして家長に仕へ、この間に不識の間にも犠牲的精神を養ひ、君国の事に当りては、民族の長たり、政治の首長たる皇室、皇室の有たる日本国に、凡てを空うして仕ふ。族長、統治の長の一致せる国は、我が日本のみ」

祖国日本は絶対至上の国家であると改めて自分にいい聞かせるようなこれらの文章の間に、「……陛下を大御神の顕現とみる私には……」など、彼はすがるような情熱をこめて、ひたすら天皇崇拝の念を書き綴る。明治時代に生れ育った軍人の大部分がそうであり、またそうであらねばならなかったように、三十三歳の甘粕は幼年学校、士官学校でたたきこまれた天皇崇拝の念を、いささかの変化もなく抱き続けていた。

大杉事件を経たとはいえ、獄中生活は憲兵時代と直結した時期であり、現役軍人の精神がそのまま引き継がれているのも当然であろう。だが甘粕の天皇、国家に対する滅私奉公の精神は三年足らずの獄中生活の間にゆるがなかっただけでなく、その後の波瀾の生涯を通じて不変不動であった。

甘粕はまた獄中日記の中に、国家と個人との関係について記している。「『国家は個人の為めのものである』『個人を以て国家の手段としてはならぬ』といふ外国に起つた此の観念を尊重するは可なり。然し我が国に在つては、皇室と国家とは別々に考へることの出来ぬものである。我が国に於ては国家が主であつて、個人は従である。個人あつての国家ではない。国家あつての個人だ」

天皇や国家に対してはもとより、甘粕は個人の愛情や結婚などについて述べる時も、〝犠牲〟という心情、行為を最も美しく尊いものと評価している。「……ホントの愛は最も高い犠牲的精神の上に立つ……」など、〝犠牲〟という文字が随所に見られる。

獄中の甘粕の知ることではないが、大正十三年五月、大杉栄、伊藤野枝、橘宗一の遺骨が静岡市沓谷の共同墓地に埋葬された。三人の遺骨は分骨され、すでに伊藤野枝の郷里・福岡市今宿に墓が建てられていたが、静岡は陸軍少佐であった大杉の父・東が晩年を過した地である。大杉ら三人の墓も、父と同じ鉄舟寺に建てられる予定だったが、この寺の檀家はそれを拒んだ。理由なく虐殺されても、〝主義者〟には世の同情は集らず、三人の遺骨はひっそりと共同墓地に納められた。

大正十四年九月十六日は、大杉の三周忌に当る。この日、甘粕は日記に次のように書いている。

「大杉夫妻の三周忌だ。教誨師さんは忙しいとみえ六月以来一度も来て下さらぬ。お経もあげて貰へない。独りで拝んだ。外では種々な追悼会もあらう。然し私の黙禱に勝る供養はあるまい」

獄中の殺人犯が罪を詫び、被害者の冥福を祈るというような言葉を、新聞の社会面などで読むことがあるが、私はそれらの〝きまり文句〟に空々《そらぞら》しさを感じることが多い。だが、甘粕のこの文章からは全く違った感じを受ける。甘粕は罪を詫びていないが、そうかといって開き直ったふてぶてしさもない。この淡々とした文章は、死者である大杉が事件の裏も表も知り尽した上で、甘粕の立場を了解している——という前提で書かれたものではなかったか。死者には、現世の出来事の真相を見通す力がある——とは、昔から信じられてきたことである。この文章の中の大杉と甘粕との関係には、一つの秘密を共有している人間同士の親しささえ感じられる。そして、陸士同期生・麦田平雄の「満洲時代の甘粕が『大杉は人間として立派だ』と私に言った」という言葉が思い出される。

甘粕の獄中日記には、天皇、国家についての記述のほかは、過去への回想が多い。思考が未来へ向って伸びないのは当然であろう。彼は生きる目標を〝天皇とその有である国家への奉仕〟と見定めはしたが、それをどう実践するか具体的に考える手がかりを持たなかった。大杉事件までの彼は〝帝国陸軍の優秀な憲兵〟であるための努力は人一倍したが、それ以外の世界へ心を向けたことはない。〝出獄後〟という、あてどのない時間、模糊とした空間のために、どんな心構えや準備をしたらいいのか——答の出ないことが、常に彼をいらだたせた。

獄中の甘粕は出獄の時期をどう考えていたであろうか。東京憲兵隊副官・坂本俊馬が「実際には二年ぐらい」と弟・二郎に語った言葉は、もちろん甘粕も聞かされていただろう。しかし判決は懲役十年である。二年と十年との間の不確定な時間は、甘粕の精神に絶えず苛酷な重圧を加えていたであろう。しかも彼は三十代前半の、気負いの強い年齢だった。

獄中日記は弟妹や友人など個人についてはほとんど触れていない。また甘粕には彼の出獄を待つ婚約者があったが、その女性への言葉もない。ただ、母だけが例外であった。

入獄して間もなく、彼は「夜来引き続き一日雪降る。母上が雪降るにつけ私を案じて下さるだらうと思ふと、反つて母上をおいたはしく感じる」と書いている。馴れない洗濯や下着のつくろいをするたびに、かつて彼の身のまわりを世話してくれた母の温かい手を思い浮かべてもいる。その簡潔な文章に、母に与えた深い悲しみを、どれほど重く心に抱えていたかが察しられる。母を思う時の甘粕の回想は、しばしば幼児期にまでさかのぼる。

甘粕正彦は明治二十四年一月二十六日、父・春吉、母・志げの長男として、仙台市北三番町に生れた。当時、父は宮城県仙台の警部であった。春吉は米沢藩、志げは仙台藩の士族である。この夫婦は、やがて六男三女を持つが、父と長男・正彦を中心に家庭は厳格ながら常に円満であった。何事にも折目正しい家風は、いずれも出来のいい子供たちの成長を生き甲斐とする志げの〝武士の娘〟らしい性格の反映であった。

甘粕は大杉事件判決後、塚崎弁護士あての手紙に〝武士の心情〟と書いているが、これは彼が軍人になる前の家庭生活の中ですでに養われていたと想像される。〝川中島の戦いに偉功をたてた祖先・甘粕近江守〟は、父母の口からたびたび彼に語られた。こうした家系は自慢の種として話されたのではなく、祖先にふさわしく〝いさぎよい、立派な男〟にならねばならぬという教えであった。明治二十年代生れの甘粕少年は父母の言葉に反撥《はんぱつ》することなく、それを自分の義務と受けとった。幼時に受けたこの教えの影響か、生来の性格なのか、甘粕は常に苛酷なまでの義務、責任を自分に課して、それをおろそかにすることを許さない男であった。

明治三十八年、十四歳の甘粕は名古屋幼年学校に入学した。三重県津中学在学中の甘粕が軍人志望の決意を固めたのは、大国ロシアを相手の相次ぐ捷報《しょうほう》に、万歳の声が響くさなかであった。明治四十三年、陸軍士官学校入学。ここで甘粕は教練班長・東条英機中尉の訓育を受けた。四十五年、二十四期生として同校卒業。彼の成績は、歩兵科生徒五百五人中の三十四番であった。幼年学校、士官学校時代の甘粕は〝帝国陸軍〟に目もくらむほどののぼせ方で、弟・三郎は兄の心酔ぶりと強制的な口調に反撥を感じ、一時は海軍を志望したという。

大正元年十二月、甘粕は少尉に任官、第五十一連隊付となり初年兵教育に当ったが、そのきびしさと温情とは小柄な彼を周囲に強く印象づけた。この時の初年兵数人は、のち大杉事件公判中に上京して、減刑運動などに奔走している。

大正三年七月、第一次世界大戦勃発。翌四年九月、甘粕は陸軍戸山学校に入学した。ここで彼の生涯の転機となる事件が起る。落馬とも、鉄棒から落ちたともいわれるけがのため、膝関節炎症となり、遂に歩兵としての前途をあきらめねばならなかった。甘粕は教育家になろうと退役を願い出たが、彼の才幹を惜しむ連隊長・竹上常三郎（当時大佐、のち中将）は憲兵になれとすすめた。軍の中で憲兵は特殊な存在であり、甘粕はそれまで憲兵を自分との関連で考えたこともなかった。思い迷った彼はかつての班長・東条英機に「憲兵も軍人ですか」とたずね、力強く肯定されたことで初めて転科を決意した。甘粕は獄中日記に「私は憲兵になつた時、もう靖国神社に祀《まつ》られることがないのかと思つたら淋しい気がした」と書いている。この淋しさを抱いて、甘粕が憲兵として新たに踏み出した道は、彼を大杉殺害事件軍法会議の被告席へ導いてゆく。

大正六年ロシア革命が起った。その翌年、大正七年八月に、甘粕は朝鮮京畿道楊州憲兵分隊長となった。同年八月二日には政府はシベリア出兵を宣言、十一月十一日には第一次世界大戦が終結した。朝鮮に〝万歳事件〟と呼ばれる独立運動が起ったのは翌八年三月一日で、日本が朝鮮を併合した明治四十三年から九年がたっていた。三・一独立運動は朝鮮人の切実な民族的要求のあらわれで、「独立万歳」の声は朝鮮の隅々にまでこだました。総督・長谷川好道は軍隊を出動させ、銃火をあびせて鎮圧した。日本官憲の残虐行為は目にあまるものがあり、五月末までの虐殺七千五百、負傷一万六千、検挙四万七千といわれる。暴動は断続的に年末まで続いた。

全半島に血なまぐさい風が吹き荒れたこの時期、楊州は初期にわずかの事件があっただけで、平穏を保っていた。着任早々から地元の人々との接触に努めていた甘粕が、独立運動に立ち上ろうとする人々を説得した結果であった。この功績を認められた甘粕は、朝鮮憲兵司令官・小島惣次郎中将の副官に抜擢された。東京に帰った甘粕は、大正九年、憲兵練習所に入所し、翌十年、八人中の二位で卒業。同時に大尉に昇進して千葉県市川憲兵分隊長になった。

市川時代に野田争議が起った。甘粕は野田町に出張して十数日泊りこみ、会社側と労働者側の代表を料亭に招いて話し合いをさせ、調停の糸口をつけることに成功した。最後に席を立った甘粕が勘定をいいつけると、すでに会社側が払ったという。彼はそれを会社に返金させ、自分の金を払った。部下のためにもよく金を散じた甘粕は、この時代から〝金離《かねばな》れのいい男〟として通っていた。

野田争議のほかにも、甘粕はいくつかの争議に関係した。大正十年前後は争議頻発の時代である。

第一次世界大戦は日本を好景気に湧きたたせ、〝成金《なりきん》〟が続出した。だが諸物価は高騰し、特に米の値段があがり続けて大衆の生活を圧迫した。大正七年、富山県下の漁民の主婦たちによって始まり、たちまち全国に波及した米騒動は、ロシア革命の思想的影響と共に、日本の社会運動を発展させ、労働者を闘争に立ち上らせる契機となった。戦後の欧米社会にうち出された八時間労働制などに刺激された日本の労働者は、封建的な搾取形態を打破しようと資本家や政府を相手に闘い始めた。争議の目標で最も多いのがこの八時間労働制と賃上げであった。彼らには多くのすぐれた指導者がいた。それぞれの思想の違いを無視して〝主義者〟〝アカ〟などと呼ばれた人々である。

労働運動は友愛会から労働総同盟への発展の中で躍進し、そのあげ潮の中で神戸の川崎造船所の争議や八幡製鉄所のストをはじめ、大小無数の争議があった。また七万五千人を動員した普選デモが行われ、大正九年五月には日本最初のメーデーも実現した。

体制崩壊の危機感に、支配層は民主主義、社会主義に弾圧に次ぐ弾圧で応じた。荒畑寒村によれば――「日本人にこうした経験がなく、支配層は常識では考えられない心理状態になっていた。あのころ『昆虫社会』という本が発禁になった。純粋に自然科学の本だが〝社会〟という言葉でひっかかった。取締る側は、それほどおびえていた。……大正十二年には、この気違いじみた恐怖心が最大限まで来ていた。社会に充満した危険を防ぐには、主義者を殺さねばならんという気持にまでなっていたのだろう。そこへ大地震が起った……」

大正十一年一月、甘粕は東京市の渋谷憲兵分隊長に転じた。

「甘粕大尉は兄の許へ遊びに来ると、烈しい口調で軍を批判していた」と、甘粕の同期生・河辺虎四郎の弟・河辺浩（東洋計量器会長）は思い出を語る。浩は事件発表の新聞の見出しを見た瞬間「甘粕が大杉に同調して事を起し、バレたのだ」と思い、甘粕が大杉を殺したと知った時は「むしろ意外に感じた」という。

また浩は「兄が、不治の病に倒れた愛人のことで、甘粕大尉に相談していたこともあった」と語る。友の恋愛問題では相談相手をつとめる甘粕だが、彼自身は女に関心を持たなかった。獄中日記に「先日来、春のきたのを無闇と嬉しがつたら、はからずも自己の身を省《かへり》みて、春の時代のなかつたのを淋しく感じた」と書いている。

シベリア出兵が世の悪評を受けていたこの時代、その兵たちの中からも反軍的な声があがり、軍は兵営内に〝アカ〟の浸透することを極度に警戒していた。このため新兵の思想調査が厳重になり、争議の頻発と合わせて、憲兵は多忙をきわめていた。甘粕は忙しければ精励することしか知らぬ性格だった。

大正十二年八月末、甘粕は麴町憲兵分隊長兼任を命じられた。大震災の直前である。

四　出獄　大正十五年十月（一九二六年）

甘粕の獄中生活が二年を越したころから、彼の出獄はひそかに計画され、それは弟・二郎をはじめ家族にも伝えられた。懲役三年をいい渡された森慶次郎はすでに一年ほどで出所していたが、甘粕の方はそう簡単にはいかなかった。憲兵隊は報道関係者を極度に警戒していた。いったん長崎の刑務所へ移そうか、極秘裡に三宅島へかくまおうか――などの案が出ては消える中で、甘粕は獄舎で三度目の夏を過したが、仮出所はなお具体化されなかった。

「甘粕の出獄が近い」ことをかぎつけた各新聞社は千葉刑務所の出入口を見張り、差入れの弁当屋にまで手をまわして出所の時期をさぐっていた。また「大杉の旧同志が出獄後の甘粕襲撃を計画中」という噂もあり、憲兵隊は慎重な態度をとり続けた。甘粕はこうした事情を知っていたかどうか、大正十五年十月になっても、彼は日記に天皇と国家について書き続けている。

あす十月九日に仮出所――と、突然憲兵隊が弟・二郎に通知したのは、当時千葉県下で起った鬼熊事件に新聞社の取材が集中しているスキをねらった決断であった。鬼熊事件とは、荷馬車引き・岩淵熊次郎が、裏切った女と巡査を含む七人を殺傷し、四十余日を山中にこもったのち自殺した事件である。大衆の目に圧迫的な権力の手先と映る巡査を殺したことから、人々の日ごろの鬱憤が鬼熊への同情と人気に変じたという特徴を示した。

甘粕と出迎えの増岡賢七大尉、弟・二郎を乗せた車は、新聞記者にさまたげられることなく千葉刑務所の門を出た。この日、甘粕が二年十カ月ぶりで目にした家並は雨に濡れていた。

甘粕は憲兵隊が用意した品川の隠れ家へ導かれたが、「ここは危ない」という増岡の判断で、大森の彼の自宅へ移った。そして翌日は赤坂の小さな待合へ――と転々とした。二郎は健康を害している兄が痛ましく、このやり方が不快であった。なぜ兄は刑事に追われる犯罪者のように、逃げかくれしなければならないのか――。だが甘粕は黙々と増岡の指示に従っていた。そして十二日、二人の憲兵につき添われ、甘粕は東京から連れ出された。

甘粕大尉すでに出獄――と知った各新聞社は地だんだを踏んだ。まんまと、まかれたことがいっそう甘粕のニュース・ヴァリューを高め、各社は躍起になって彼の所在を捜したが、足どりがとれなかった。そこへ報知、国民の二新聞が「箱根山中での甘粕大尉会見記」を派手に掲載した。

これは憲兵隊の愚劣な、そしてシロウトだましの謀略だった。甘粕二郎は「出所後何日たっても各新聞社の追及の手がゆるまないので、憲兵隊は報知、国民の記者に架空の会見記を書かせ、これによって他の新聞社をあきらめさせようとしたのです。その記事の兄の写真は、私が提供させられました。もちろん、古い写真です」と語る。

他社はこれらの記事を、にせと断定した。新聞社の怒りは憲兵隊の思わくとは逆に、甘粕取材競争に油をそそいだ。

そのころ、相変らず憲兵につき添われた甘粕は、東北線小牛田《こごた》駅からさらに陸羽東線《りくうとうせん》で一時間奥の、誰も名さえ知らない宮城県・川渡《かわたび》温泉にいた。朝日新聞の岡見斉《ひとし》記者が四歳の長男を連れて湯治客をよそおい、川渡温泉の高友旅館に数日潜在して、遂に甘粕との会見に成功したのは十一月一日であった。出獄の三週間後である。

最後まで朝日新聞とツバぜり合いを演じた東京日日新聞（現、毎日新聞）の北条清一記者も、岡見とほぼ同時期に川渡温泉の各旅館を調べ始めたが、本社からの電報で東京に呼び戻され、スクープの機をのがした。後日、北条がこの失敗の原因を調べたところ——彼が川渡郵便局から本社へかけた連絡電話を、甘粕につき添った憲兵がさぐり出して東京憲兵隊へ急報した。東京憲兵隊は北条を川渡温泉から遠ざけようと「甘粕、東京滞在」の、にせ情報を流し、それを信じた東日本社が北条を呼び戻した——と、わかった。「甘粕は小牛田駅からさらに奥の温泉にいる」と北条にもらしたのは当時の官房主事・大久保留次郎（のち国務大臣）であったと、北条は書き残している。

大正十五年十一月二日付の朝日新聞は「山深き温泉に隠れた甘粕大尉と初めて会見」と、一面トップの大見出しでこの会見を報じた。だが三週間血眼《ちまなこ》で捜しまわった相手との会見にしては、内容は乏しい。記者の質問が大杉殺害事件の核心に触れると、甘粕は「私の傷にさわってくれるな」とかわし、またつき添いの憲兵が代って答えるなど、どこにも真実の響きはない。

甘粕が率直に心境を語っているのは、同じ新聞の社会面に掲載された「涙ぐむ甘粕正彦」という見出しの記事である。憲兵が隣室に去った後、甘粕と岡見記者とは深夜まで語り合った。大杉事件に触れなければ、甘粕の口はほぐれる。岡見の「もはや憲兵大尉でないあなたは逃げ隠れなどせず、強く生きるべきだ」という意見に対し、甘粕は「自分で自分が自由になるくらいなら、私もこう苦労はしない……」と答えている。憲兵隊の態度を批判する岡見記者の声が高くなると、甘粕は「隣に聞える……」と制し、「将来は全く白紙……できれば出家したい……」と答えた。そして最後に「満洲など誇大妄想狂の集っている所に行きたくもないし、外国語の嫌いな私は外国にも行きたくない」と語っている。だが甘粕は、この記事の八カ月後にフランスへ出発し、三年後には彼の華やかな後半生の舞台となる満洲へ渡ることになる。

川渡温泉にひそんでいた甘粕が朝日新聞の岡見記者に発見されたことで、憲兵隊もようやく甘粕を帰京させ、記者団と会見させる方針を決した。

合同記者会見は十一月三日午後、神田錦町の芳千閣ホテルで行われた。東京憲兵隊長・二宮大佐、大阪憲兵隊長・岩佐大佐（大杉事件当時の憲兵司令部副官）、坂本少佐（事件当時の東京憲兵隊副官）、増岡大尉をはじめ多くの憲兵がものものしく甘粕をとり囲むこの会見で、記者団は大杉事件について納得のゆく答など得られるはずもない。ようやく、報知、国民両新聞の「箱根山中の甘粕会見記」が架空のものと証明できたあたりで、「約束の時間だ」という二宮大佐の一言で会見は一方的にうち切られた。

それでも各新聞社は、この甘粕の記者会見を社会面のトップで大きく報道した。そしてこれが、大正十二年九月以来、日本中に知れわたった〝甘粕大尉〟の名が、新聞紙面に大きく現われた最後であった。大杉殺害事件の主役となって裏道にそれた甘粕は、この日を最後に、その裏道の闇に姿を没した。

大杉殺害事件の真相もまた、このとき闇に没した。事件の直接関係者は堅く口をとざしたまま、故人となった。局外者で、一部なりとも真相を知っている人があったとすれば、事件当時の東京憲兵隊副官・坂本俊馬と、甘粕の同期生で同じ憲兵大尉であった飯島満治ではないかと、私には思われる。戦後「陸軍次官であった宇垣一成と、縛につく前の甘粕との間に密談があった」と発表した坂本は、出獄直後の甘粕と憲兵司令官との会見に同席している。甘粕が渡仏の希望を述べたのは、この席であった。

飯島と獄中の甘粕との間にはたびたび文通があり、出獄後の甘粕は誰よりも飯島に会いたがった。飯島あての手紙も直接事件には触れていないが、「貴公なら俺の心境もわかるはずだ」という気持が行間に流れている。昭和二十年の敗戦で自殺を決意した甘粕は、飯島の自宅へそれとなく別れを告げに行っている。真相を知っていた――と私に思われるこの二人もすでに故人である。

甘粕はもう新聞記者に追われることもなく、逃げ隠れる必要もなくなったが、しかし完全に自由をとり戻したわけではなかった。当時、松山の歩兵第二十二連隊の中隊長であった同期生・佗美浩は、久々に訪ねてきた甘粕に二人の私服憲兵がつき添っていた、と書き残している。佗美が「出所後未だ間もなく……落着かない様子で、神経質に見える」甘粕をくつろがせようと道後温泉で芸者を呼んだ時も、憲兵たちは同じ旅館に泊った。アナーキスト一派の襲撃にそなえての護衛――と説明されているが、常に憲兵がつき添った理由はそれだけであったろうか。そのほかに、憲兵隊は甘粕が誰に会い、何を語るか――に神経をとがらせていた、と想像される。いいかえれば、甘粕は他言してはならない陸軍の秘密をかかえていた、ということではなかったか――。

佗美は甘粕の来訪を「小泉六一師団長からのウナ電で知った」と書いている。「甘粕を北条駅に出迎えよ」という電文であった。大杉事件当時の憲兵司令官で、法廷では「甘粕が大杉を連行したことさえ知らなかった」と述べた小泉の、出所後の甘粕に対することの温かい配慮をどう解釈すべきだろうか。

小泉は大正十二年九月、甘粕事件のため停職となったが、翌十三年一月待命、同二月歩兵第十三旅団長、十四年五月中将に栄進して支那駐屯軍司令官となり、甘粕が出獄した十五年には第十一師団長であった。さらに昭和四年八月には第三師団長という経歴を見ると、甘粕事件による停職処分は少しも彼の栄進をさまたげていない。外部に対する必要から停職処分にしたものの、陸軍には小泉を罰する意志は全くなかった、としか思われない。

昭和二年初頭のある日、母志げを中心にひっそりと暮す甘粕一家に、いつになく喜びの気配があった。正彦の結婚の日である。

表立った挙式も披露宴もなく、服部ミネはひそやかにこの家に迎えられた。新郎新婦という華やいだ雰囲気からは遠い二人の前に、形ばかりの祝いの盃を運んだのは母と妹たちであった。花嫁の羞《はじ》らいに彩《いろど》られているはずのミネの頬は、多難を予想される結婚生活への覚悟にきびしくひきしまっていた。

甘粕とミネが婚約したのは大正十二年八月、その直後に関東大震災が起り、それは大杉殺害事件へと続いた。甘粕は縛につく前、人を介して服部家へ婚約解消を申し入れ、さらに刑確定時と出獄に際して、合計三度同じ申入れをした。だがその度に「婚約を守る」というミネ自身の固い意志と、彼女の兄・服部実の支持によって、甘粕の申出は受け入れられなかった。ミネは甘粕の妻となったとき、三十歳になっていた。

国事に奔走する者は妻子を持つべきでないという理由で、甘粕は三十歳を過ぎても結婚の意志を持たなかった。母の説得と、竹上常三郎中将、吉田豊彦大将ら先輩の配慮で甘粕がミネとの見合いに踏み切ったのは、三十二歳の時である。日本女子大を卒業したミネは、見合いのとき、群馬県富岡女学校の教諭であった。当時の女としては大柄で、甘粕とほぼ等しい身長、骨太のミネは、髪形や服装などに関心がなく、〝いかにも女学校の先生らしい人〟といわれていた。服部実は「妹は無口な、内気な性格で……」また「妹はすこぶる平凡であり、鈍重なかはりに誠実であり、ずいぶん辛抱強い……」と書いている（「婦人公論」昭和七年六月号）。若い日のミネの写真は、この兄の記述をうなずかせる容姿である。また服部は私あての手紙に、甘粕とミネとを「駿馬と鈍牛との組合わせ」と書いている。これは明治に生れ育った服部の肉親に対する謙遜でもあろうが、この言葉に表現された甘粕夫妻の日常生活のリズムの違いは、最後までつきまとっている。

甘粕とミネとは、仲人の家で一度会っただけで婚約した。弟・二郎は「兄があまりむとんちゃくに婚約したので、むしろ不自然な気さえした」と語っている。

服部実の記述にある「受難の婚約者をどこまでも待つ覚悟」を貫き通したミネの強い意志は、どこから生れたものであったか。たった一度会っただけの二人の間に、お互いを理解するほどの話合いはなかったであろうし、ミネは〝一目ぼれ〟をするような性格ではない。まだ結納もすまず、結婚の日どりも未定の時期であった。それを三度ながら、ミネはためらわず「待つ」と答えた。明治の女で、兄も自分も教職につくという堅実な家庭に育った彼女の倫理観が、婚約を守ることを〝女の道〟と思い〝当然の義務〟と信じさせたのであろう。自分の運命に忠実に生きようとする勇気と、〝受難の婚約者〟を見捨てるにしのびない女心とがあったことも否めない。

箱根への新婚旅行に、甘粕は二人の妹を伴った。世を騒がせた〝甘粕大尉〟の妹として世間をせまく暮し、旅行の機会にも恵まれなかった妹たちへの彼の思いやりに、ミネは静かな微笑で同意する新妻であった。

新婚の二人は母の家に同居して、渡仏までの数カ月を過した。この時期に甘粕は出版するために獄中日記を整理し、その「はしがき」に次のように書いている。

「私は或る意味に於て人生の落伍者であり、世人が言ふ通り、まさしく一介の武弁だったに過ぎない。又刑余の病身者である。然《しか》しながら此の病める身と傷いた心を持ちながらも尚日本人として、止むに止まれぬ心だけは捨てる事は出来ない。（後略）」

大杉殺害事件を経て、三年を獄中で過した後もなお甘粕が抱き続けている〝止むに止まれぬ心〟は、ほとばしる方向を与えられぬままに、いたずらに燃えていた。数カ月後に約束されているフランス渡航もまた、無目的、無目標である。

甘粕のフランス渡航については、「三年間の獄中生活に対して、軍が慰安旅行をさせた」また「軍の指示により、いや応なく国外へ出された」などの説がある。甘粕は朝日新聞の岡見記者に「外国へは行きたくない」と語り、それは十一月二日付の紙面に掲載されている。しかし、川渡温泉に着いた翌日の甘粕が弟・二郎に書き送った手紙によれば、最初にフランス行きを提案したのは甘粕自身であった。二郎の手許に保存されている当時の手紙二十二通は、出獄後の甘粕と憲兵隊との関係について、多くの示唆を含んでいる。

「二郎殿　十月十三日

十二日正午過ぎ、川渡村湯坂温泉の高友旅館に落ちついた。（中略）

私が司令官の宅に於て、私の将来の希望について仏蘭西に行きたしと述べしことは、少なからず司令官を動かすに効があつたとは、坂本氏並びに増岡氏の言である。或は実現されるかも知れぬと思つて居る。（後略）」

この手紙によって、甘粕が出獄後の三日間を東京で過した間に、憲兵司令官・松井兵三郎が彼を自宅に呼んで話し合ったことがわかる。甘粕は二十五日付で、再びフランス行きについて書いている。

「(前略)司令官のにえきらざる返事には面白からず思はれます。別にやつて貰はなければ、やつて貰はんでもよいとさへ思はれる。殊に二人でのことに文句を言ふのなら猶ほだ。どうせこちらの心はわかるまいから、鼻の下の長い奴、イヽ気な奴などと思ふことだらう。もし行くとしたら、私としてはこれから先き何年生きるかわからんのだから、連れていつてやらなければ益々相済まんことになつて、気の毒になつて仕方がない。然し一月の結婚はどうも早過ぎるやうに思はれる。然し皆の意見が定まれば文句はいひません。岩佐さんからは温泉宛二回早く〳〵と言つてきた。又十一月中に来阪せいとの催促あり。(後略)」

ミネとの結婚の日どりがまだ定まらない時期で、〝司令官のにえきらざる返事〟は、フランスへミネを同伴したいという甘粕の希望に対するものである。大杉事件が判決文のように〝甘粕個人の犯行〟であったら、憲兵司令官が仮出所直後の甘粕を呼んで将来の希望をたずねたことも、甘粕が新婚の妻を同伴してフランスへ行きたいと希望を述べたことも、不自然ではないだろうか。しかも甘粕の手紙は、そのくらいのことはしてくれて当然――という語調で〝にえきらざる返事〟に不満を述べている。甘粕と陸士同期の澄田睞四郎《らいしろう》(のち中将、第一軍司令官)は陸大を首席で卒業後、大正十三年からフランスに駐在していたが、同期生のトップを走る澄田でさえ単身赴任である。すでに軍籍を剝奪されている甘粕が憲兵司令官に向って、妻同伴の渡仏を希望できたことは、軍が甘粕に対してよほどの〝恩〟または〝負い目〟を感じていたからとしか思われない。

甘粕は岡見記者へ「外国へは行きたくない」と語っただけでなく、昭和二年五月三十一日付で同期生・飯島満治へもその気持を書いている。

「（前略）俺は人に会ふのがいやで東京を出たのではない。外国へ行きたくなくなつて、労働者になつて他日の御奉公をする為に東京を出たのだ。その事件と、貴公達の上京の時期とが丁度一しよになつただけのことだ。（中略）世の中程癪《しやく》に障るものはない」

飯島は甘粕が心を開いて語りかける数少ない友人の一人である。当時、旅順憲兵隊本部に勤務していた飯島は、憲兵隊長会議で東京に帰ってみると甘粕の行方がわからず、心配して書き残した手紙への返事がこれである。弟・二郎もこの時の甘粕の失踪を記憶していて「兄はノイローゼ気味だった」と語っている。出獄から半年以上たったこの時期の甘粕は、憲兵隊と自分との複雑な関係と、それから受ける重圧、また目前に迫った目的のない渡仏への嫌悪感などにさいなまれて、精神の平静を保ちかねていたと想像される。

渡仏は、まだ現実に即してものの考えられない出獄直後の甘粕が希望したものだが、次第に無意味と感じて嫌気がさし、憲兵隊側は逆に、初めは煮えきらなかったが、後には「甘粕を外地へ出そう」という方針に固まってきたと思われる。妻同伴を認められながら、甘粕は何度か周囲に「行きたくない」ともらしている。しかし、もう彼の意思で中止することはできなかった。

フランスへの出発を目前にして、甘粕の気がかりの一つは妹・伊勢子の縁談がまだまとまらないことであった。事件当時の憲兵司令部副官で、甘粕出獄時には大阪憲兵隊長であった岩佐禄郎大佐は、伊勢子を名義上の養女にして縁づけようと努力してくれたが、〝甘粕大尉の妹〟である彼女の縁組はむずかしかった。

五　フランス時代

昭和二年八月〜四年一月（一九二七〜二九年）

昭和二年七月、甘粕はフランスへ旅立った。まず朝鮮経由で中国へ渡り、各地をまわった後、上海から欧州航路の船に乗る予定だった。途中、甘粕は、二郎あての手紙に「天津、北京に行くつもりなりしも身体の具合よくなかりしを以て中止、奉天に一泊し、うるさきため湯崗子《とうこうし》温泉に二泊……」と書いている。奉天では同文書院卒業後、満鉄に就職した弟・四郎に会った。甘粕は四郎の将来について、温情のこもった手紙を東京の二郎あてに出している。数多い弟妹に対して、甘粕は常に父親兼兄の愛情を抱いているが、表現の不器用さと生来のきびしい性格が重なって、相手を温かく包む雰囲気は持ち得ない。奉天の次の宿泊地・湯崗子温泉は、のちの甘粕が、奉天特務機関長・土肥原賢二《どひはらけんじ》大佐（のち大将、刑死）らによってひそかに天津から連れ出された清朝の廃帝溥儀《ふぎ》を護衛して、旅順粛親王府に落着くまでの数日間をかくまった場所である。満洲建国直前の関東軍が演出した大舞台の、緊迫した一幕であった。

パリに着いた甘粕は飯島満治あての第一信に「八月三十日巴里に着いたが、もういやになつた」と書いている。

このころのパリは一途に秋に傾いてゆく。それも、冬の暗さを想像させる秋だ。夜明けに音も聞えぬほどの雨が降り、人がカーテンをあける時刻には道と屋根が、濃いねずみ色に濡れている。街路樹のプラタナスはまだ緑だが、マロニエの葉は黄金色に色づくのが早く、意外に冷たい雨に散らされている。

囚人であった時より、私には一層みじめに感じられる甘粕のフランス生活がこの時から始まる。

マルセイユからパリのリヨン駅に着いた甘粕を誰が迎えたのか、それとも出迎える人もなかったのか、そしてどこのホテルに落着いたのか、今では調べる方法もない。ただ一つわかることは、リヨン駅から市中のどこへ向おうと、旅行者は必ず「パリとは何という陰気な街だ」という第一印象を受けることだ。この駅は、そういう地域にある。

甘粕が川渡温泉で岡見記者に語った「外国語の嫌いな私」という言葉を思い出すと、不健康な体でインド洋経由の長い船旅をしたあとの彼が、ひたいに深いたてじわをよせて、陰気に沈黙している顔が想像される。フランスへは行きたくないという気持をつのらせながら、行きがかりから否応なしに押し出されてきた甘粕である。

幼年学校、士官学校で習ったフランス語が、パリで通じるはずもなかった。出獄後、日本で自分の意思を無視されていた時期より、もっと悪い状態だった。不器用にはき出すフランス語に、相手が「どうしようもない」といわんばかりに肩をあげて見せる困惑の微笑は、劣等感となって甘粕の心を刺した。パリの人間に感じるものは違和感だけであったし、市街の造形美を観賞する余裕を持たぬ甘粕に、パリはただ冷たく陰鬱な石の街でしかなかった。パリについての暗い不快な印象は、甘粕の二年近いフランス生活を通じて変わらなかった。

甘粕は弟・二郎あての手紙に「兵隊は沢山来てゐるが、わざと逢はない。差別待遇をされるのも癪だから」と書いている。彼はフランスに順応できないばかりでなく、いじけ切った感情で自分から日本人との接触も拒否した。しかし、さし当っての部屋探しなど一人では動きがとれず、人を頼るとなれば、やはり軍人以外にはなかった。パリに着いてすぐ、甘粕は陸士同期の澄田睞四郎をたずねている。当時少佐だった澄田はフランスの陸軍大学を卒業していた。

「甘粕と私は幼年学校も別だし、陸士の兵科も違うので、若いころのことはよく知らないが、パリでは同期生らしく親しくつき合い、できるだけの世話もした」と澄田は語る。「甘粕はもともと無口で、面白おかしく談笑する男ではなかった。フランスについての知識を得たいという気もないらしく、私の雑談を暗い顔つきで黙々と聞いていた」

市内を案内したほか、澄田は一日がかりでヴェルサイユへも甘粕を伴った。ルイ王朝という時代に関心の薄い日本人にとって、ヴェルサイユは一応行っておかねばならぬ名所というだけで、実は退屈するのである。甘粕は疲れて一層不機嫌になっただけであったろう。

甘粕は多くの場合、一人で外出した。妻・ミネは、片言もわからないパリの宿に一人とり残され、夫の帰りを待つことだけに、じっと時を過していた——ということであろう。

彼女は妊娠していた。ミネと甘粕との生活がどのようなものであったか、二人は何を話し合っていたのか、彼女は一人きりで何を考えていたのか、今日それをうかがい知る手がかりは全くない。ミネがフランスで書いた手紙はただ一通、甘粕の母あてに小包の礼を述べたものが残っているだけである。娘の甘粕和子も、ミネと親しかった義弟・四郎の妻・満寿子も、そのころのことは何も聞いていない。ミネは独房のようなホテルの部屋から何も訴えなかっただけでなく、その後日本に帰ってからも、満洲時代も、フランスの生活については石のようにおし黙って通してしまったと思われる。

甘粕は甘粕で、何のために自分はこの異国にいるのか——というトゲのような問いかけに、絶えず心を刺されていた、と想像される。ことの行きがかりで、来たくもないフランスに来てしまったのだが、ここには何の目的もなく、果たすべき義務のひとかけらもない。

パリにはどの時代にも、さまざまな過去を背負って祖国を離れ、この寛容な都会に魅せられて、身を捨てるように埋もれた外国人がたくさんいる。その中に、数は少ないが日本人も混っている。大杉殺しの主犯という甘粕の過去は、その一人になるのにうってつけなのだが、しかし彼は、パリの寛大さに身をまかせることのできる男ではない。自分に束縛と緊張を強いることによって、初めて自分を支え得る典型的な日本人だった。甘粕にとって、フランスは自由の国である前に他人の国だった。関係のない国で無為に暮さねばならぬことは、彼に苦痛とあせりをもたらし、罪悪感さえ伴う耐え難い時間であっただろう。

日本をたつ前のことだが、甘粕は飯島満治にあてて「俺は身体さへ療れば斃れる迄御奉公するつもりで居る」と書き送っている。彼にとって、これが唯一無二の生きる道なのである。〝御奉公〟という日本的精神によって初めて体が決まり、〝君国〟のために役立つと信じることにひたむきな努力を傾注する緊張だけが、甘粕にとっては生きていることの証拠であり快感であった。しかしパリでは場違いというほかない。彼はいらだった。

澄田は甘粕がパリに着いた三カ月後の十一月に、陸大教官に内定して帰国した。その前に、本格的にフランス語を学びたいという甘粕の希望に添って、パリから百キロ離れたオルレアンに部屋を探してやった。

そのころ甘粕は弟・二郎あての手紙に「せっかく来たのだから語学だけでも物にして、死ぬ前に事をする為役立てたいと思ふ」と書いている。〝御奉公〟と同じ精神の発揚であるが、ようやく甘粕は自分と他人の国とをつなぐ糸口を得たかに思われた。澄田の世話でオルレアンに移ったのは、こうした動機からだった。トゥール、オルレアンなどロワール河流域の都市のフランス語が最も正統といわれている。

しかしオルレアンの生活は短く終った。パリを離れたのは九月末かと思われるが、十一月に澄田をシェルブールに見送って間もなく、甘粕は再びパリに戻っている。二郎あての手紙に「オルレアンは嫌な所だ」と書いてあるだけで、なぜ嫌な所なのかを知ることはできない。よそ者には、とりつく島もないような単調でひっそりした地方都市の、日ごとに日が短く暗くなってゆく冬のかかりは、甘粕の病的な神経では耐えられなかった、ということもあり得る。

ミネにとっても、いっそう辛抱を強いられる生活だったに違いない。パリではとにかく街に出れば色彩の変化ぐらいは彼女の心をまぎらしたであろうが、オルレアンでは、どこの辻をまがっても街は灰色だった。兄・服部実に「鈍重」と評されたミネと、頭の回転が早く、特に神経質であったこの時代の甘粕とでは、感情の歯車が嚙み合わなかったであろう。それが、密室のような地方の小都市の暮しではきわ立った、と思われる。

これも甘粕を息苦しくして、早々に引きあげる原因になったのかもしれない。

パリに戻ったのがいつか、正確にはわからないが、十二月半ばと推定される。朝は九時ごろまで暗い季節で、学校へ行く子供たちが朝の暗闇の中に白い息をはきながら小走りに行く。ミネは妊娠七カ月になっていた。

パリに帰るころから、甘粕は急に弟・二郎あてに送金依頼の手紙を書くようになる。澄田が帰国した後の甘粕は遠藤三郎を頼り、彼の世話で翌昭和三年一月半ばからは費用の安いルアンの下宿に住むことになるのだが、このころの手紙によると、金の無心はオルレアンの末期に始まり、パリ、ルアンと続いている。

次の手紙はいずれも二郎あてである。

「昭和三年二月九日

越中と同様、何もかも当て外れだ。足手纏《まと》ひはあり、金はなく、旅行も出来ず、思ひもせぬ子供は出来る。金はかかる。すぐ帰りたいにも動けず、トンダ目だ。私には人のやうに気永に月日を過ごすことができない。（中略）子供の出来ることを思ふと、目の先が暗くなる」

「二月十三日

旅に出て金のないのは心細い。帰らうかと思ふが、出産で動けない。又このまま帰ったのでは何しに来たのかわからなくて馬鹿々々しい。どんなにしてても来年一年位勉強してゆきたい。当て事はみな越中ふんどしだ。あと二千円ほど一時融通して貰へまいか。心細くてかなはぬ。出産にはどうしても千円位かかるらしいので参つてゐる。

金は至急に御願ひしたい。巴里宛なら日仏銀行、正金でもよい。ルアン宛ならトーマスクック。名は服部太郎としてでも送つて貰ふか」

この依頼状によって二郎からの送金が届いた時、甘粕は思いがけない困難にぶつかる。

「先日の為替有り難く存じ候。当方ウッカリして変名にてと申せしため、旅券か在留証明なければ受取れず、それらは本名なる為め、未だに受取れず閉口いたし居り候。あの分未だならば本名かミネの名にて御願ひいたしたく……（中略）少しは勉強してと思ひしも語学も物にならず、金もなければ……（後略）」

送金を受けとるには旅券などによって身分を証明する必要がある――という外地居住者心得のイロハさえ甘粕は知らなかった。これほど外国事情にうとく、語学力も弱かった甘粕の日常生活は、大小さまざまな困難の連続であったろう。

二年足らずのフランス滞在を通じて甘粕を苦しめた生活費欠乏は、どこに原因があったのか。フランスに向う途中、香港から二郎へ出した手紙によって、甘粕が半年分の滞在費を確保していたことはわかるが、その後の彼はなぜこれほどの貧窮に追いこまれたのか。これについて、フランスで甘粕と親しかった友人たちにたずねた。

「私が甘粕とつき合ったのは最初の三カ月ほどだが、彼が金に困っている様子は見えなかった」と澄田睞四郎は語る。「軍が甘粕の渡航費を出したという噂は聞いているが、それが本当かどうか私は知らない。かりにそれが本当だとして、私の帰国直後ごろから甘粕が金に困り出したというのなら、そのころの本省の人事異動と関係がありはしないか。軍の機密費を握る陸軍次官あたりが変ったとすれば、新次官のハラ一つでこのような性質の機密費はうち切られることもあろう。私ものちに駐仏武官を務めたが、その経験から考えて、甘粕へ渡る機密費が出先機関によって左右されたとは想像しがたい」

甘粕が渡仏した時の駐仏陸軍武官は武田額三大佐である。甘粕は二郎あての手紙に何度か武田夫妻の好意を書いているから、武田が機密費をうち切ったはずはない。また武田は昭和三年五月に急死したが、甘粕が弟に送金を依頼し始めたのはその半年ほど前だから、彼の窮乏と武官の交代とは無関係である。

機密費の最高責任者は陸軍大臣であり、次に陸軍次官、軍務局長、そして実際の事務を扱うのは軍事課長である。当時の人事異動を見ると、昭和三年八月に陸軍次官は畑英太郎（畑俊六の兄）から阿部信行に変り、軍務局長は阿部信行から杉山元に変り、軍事課長は古荘幹郎から梅津美治郎《うめづよしじろう》になった。以上三つの異動はいずれも昭和三年の夏であり、昭和二年末に始まった甘粕の窮乏とは関係がない。だが甘粕の渡仏が決定したとき陸相であった宇垣一成は昭和二年四月にやめて、白川義則の陸相時代になっていた。

防衛研修所戦史室編纂官・森松俊夫はこれについて「宇垣陸相がひと声かけて、甘粕の渡航費、滞在費が出ていたのではないだろうか。正式の書類などあるはずもない性質の金なので、次の白川陸相時代になって、ひき継がれないまま消滅してしまったのか、とも考えられる」と語る。

「大杉殺害事件直後に宇垣が甘粕を呼んで密談した」という当時の東京憲兵隊副官・坂本俊馬の証言もあり、宇垣は大杉事件の黒幕の一人に擬された人物である。宇垣が昭和六年の三月事件の黒幕で、そのために辞職した人物であることは、大杉事件との関連を臆測する上で特に興味深い。

遠藤三郎は「甘粕の滞在費が〝打ち切り〟になったとは考えられない」と語る。「甘粕夫妻をフランスへ行かせた軍が、彼らの滞在費を途中でうち切るようなことをするとは思えない。楽に暮せるほどの金額ではなかったかもしれないが、ちゃんと甘粕の手に渡っていたはずだ。彼がたびたび家族に金の無心をしていたとは、今まで私は知らなかったが……。甘粕は生活費を競馬に注ぎこんでしまったのではないだろうか。彼はたびたび私に金を借りに来たが、ウソのつけない男で『面目ないが、競馬で大金をすった』と正直にいっていた。私は彼をたしなめた上で、金を貸した記憶がある」

昭和初期のパリには、競馬やバカラと呼ばれる公許のトランプ賭博に熱中して、生活を破綻させた日本人が相当にいた――とは、当時を知る人々が一様に語ることである。甘粕もまた、賭博にのめりこんでいたのであろうか――。

〝模範憲兵〟であり、特に意志力、責任感が強いと評されていた甘粕が、賭博の魔力などにひきこまれるはずはない、とも考えられる。しかしそのように生きてきた男であり、「人のやうに気永に月日を過ごすことができない」と書く彼の硬質の精神は、案外壊れやすかったのか、とも想像される。それとも、日々繰り返される烈しい自虐のムチで、彼自身が壊したのか……。

オルレアンからパリに帰り、翌年一月に遠藤が探してくれたルアンの下宿へ移るまでの二カ月ほどの間に、甘粕は理解のできない〝おかしなこと〟を二度繰り返している。日本への通信に、自分の住所を書き違えているのだ。一度は陸軍武官室気付で手紙をくれと書きながら、番地に付記する ter という字を落している。一つの番地に、稀なことだが建物が三つある場合、bis（……の二）、ter（……の三）と付くことがある。それを絶対に書き落せないことは、私のようなポッと出がパリにいった時にも、真先に覚えたことだ。もう一度は「次の住所に手紙をくれ」と書きながら、彼が住んでいた十六区のモリトール街の町名だけ書いて、番地を落している。モリトール街は長い通りだし、たとえ短くても番地なしでは手紙は配達されない。その結果、日本からの郵便物が来ないので、甘粕は怒ったり、ひがんだりしている。

フランス事情を何も知らずに渡航するのは、当時としては当り前のことだった。しかし番地の重要性などはイの一番に覚えることで、甘粕がそれを覚えていながら抜かしたとしても、また覚えなかったというならなおさら、おかしな話だ。遠藤の語る〝甘粕の競馬〟と、この〝おかしなこと〟を結びつけると、甘粕の頭は一時的ではあったが壊れていた……という方向に私の想像は走る。

甘粕は昭和三年一月から翌四年一月早々の帰国まで、一年一カ月足らずの間、ルアンに住んだ。彼のフランス滞在は一年五カ月足らずだから、大半をここで過したことになる。甘粕は弟あての手紙の中でも、また後に誰かに話した言葉の中でも、ルアンの生活の実情や感想を一言も伝えていない。誰も知らない甘粕の一年がここにある。ルアンの一年は甘粕の生涯にとって非常に重要な時期であったと、私には思われる。それは、彼がここで何か重要なことをした……という意味ではない。この一年の間に、甘粕は全く何もしなかった。何もすることがなかったのだ。現実的な合理主義者で、積極性と実行力に富む甘粕が、一年間を無為に過したということは、それだけで彼の生涯の異常な時期といえよう。

この時期が、甘粕の一生という道程を遮断する深い裂目であった——と私には感じられる。いま私が想像の中でその裂目をのぞいてみても、まっくらなだけで何も見えない。甘粕は無残な姿でこの深淵に落ちたのだが、彼はその底で何かを見てきた。これは後年の満洲の甘粕と思い比べて浮かぶ想像である。しかし〝何かを見た〟といっても、それは彼の精神に何かを与えた、または啓示を受けたというような、道学的なものでも宗教的なものでもない。これもまた、のちの甘粕を見ればわかることなのだ。だがルアンの底で彼が見たものは、満洲と甘粕という現実と照合すると、心理的に非常に大きな動機になるものであったと、私には思われる。

この時期の甘粕を知る手がかりは、ルアンについては何も具体的に書いてない手紙があるだけで、あとはルアンの街、特に甘粕が住んだあたりに立って、その情景の中に当時の彼を想像するほかはない。

パリから北西へ約百四十キロメートル、ノルマンディー内陸のルアンは濃い灰色の街である。十三世紀以来のカテドラルを中心に、数えきれぬほどの聖堂の塔から鳴りわたる鐘の音は、フランス人にはおそらく彼らの人間的本能と呼べる宗教的な感動を誘い、魂の躍動を感じさせるものであろう。しかしそれはこの鐘の音と血肉の関係にある歴史、習俗、感性などを持つフランス人の精神の問題である。

全くの異邦人である日本人には触れることのできない世界だ。殊に甘粕はフランスの伝統や文化にあこがれを持たず、教養として少しでも理解しようとする意思もなかった。このカテドラルを描いたクロード・モネは、おととし死んだばかり……というような卑近な話題にさえ関心を示したとは思われない。むしろ、そんなことも知らなかった、という想像の方が当っているのではないか。この街の住人たちは、ルアンと縁の深い、世界的に有名な画家の死をしばしば話題にしたであろうが、〝にが虫〟百匹を嚙みつぶしたような表情の甘粕に、手間ひま構わずモネの死を教えた人がいたとは、私には考えがたい。そうとすれば、甘粕にとってルアンは灰色の街以外の何ものでもなかったろう。

私がルアンを訪れた昭和四十九年（一九七四年）春の旧市場広場は、古い建造物が全部とり払われ、赤土をむき出しのまま臨時の駐車場になっていた。ここは一四三一年に、宗教裁判によって邪教徒と断じられたジャンヌ・ダルクが、火刑に処された場所である。聖ジャンヌ・ダルク教会と、火刑台と、火焰に包まれたジャンヌ像を中心に、現代造形の粋を凝らした新広場につくりなおす計画が、進行中であった。取り壊された旧市場広場は、敷石のデコボコしたカビくさい一角だった。

その薄ぎたなく古びていた旧市場広場は、私が見た時も、甘粕が見た時も、観光客と車の数を消してみれば、同じであったろう。広場の一隅から、甘粕の旧居の方向へ向うコーショアーズ通りが出ている。この道の両側は、柱やハリやスジカイの木材を壁の表面に現わした、ノルマンディー造りの古めかしい家並だ。かたむいて道にのり出すような、それらの家の階下は、すでに場末と、はっきりわかる小商いの店である。

この道は不規則な円形のコーショアーズ広場につながる。古い地図によれば、この広場は城壁の外である。その一端から、甘粕の住んだルナール通りが一番地から始まる。しばらくは三、四階建てのノルマンディー風の家もまじっているが、それらもコーショアーズ通りよりずっと見すぼらしい。やがて、外壁の装飾などいっさい考えたこともないという体裁の貧しい家並に変るが、それも八四番地でと切れた。修理工事や労働組合事務所など、多少の人けのあったのもそこまでである。八四番地から先の右側は広く開かれて、新築の看護婦学校の敷地になり、左側は土地の人がシャトー（城館）と呼んでいる石塀をめぐらせた屋敷あとで、今は幼稚園になっている。

その先は急に道幅が狭くなり敷石もゆがみ、家が低くなったうえ、屋根の高さも不揃いな、全くのいなか道である。ここに立つと、リュー・デュ・ルナール——狐通りの由来がわかるように思えた。フランス北辺の長い冬の間、隣接の森から餌をあさりに町はずれをのぞきに来る狐の通り道だったのであろう。この道は右手に続く丘陵地帯から左手に並行するセーヌ河へと広い谷を形づくる斜面の中腹の、等高線をたどっている。ルナール通りと交差して右へ折れる道は、いずれも岡への登り坂で、今は点々と住宅が見えるが、近年まで森があったことがルアンの地誌に書かれている。

リュー・デュ・ルナール右側の偶数番地をたどるうち、甘粕の住んだ一三四番地を間近の一三〇番地で、家並が切れた。熱心に聞いていた話を突然やめられてシーンとしてしまった……という感じである。

その先は新しく造成された土地で、中に七階から九階建ての白っぽい集合住宅が建ち

「レジダンス・ボヴァリー」と表示されている。ルアンは「マダム・ボヴァリー」の著者フロウベールが一生を過した土地で、いま歩いて来た道からも注意深く探せば、文豪の生家の屋根が見おろせたはずなのだ。

この小規模な住宅団地から、ルナール通り添いに空地を隔てて百メートルほど先に、現在の一三四番地があった。しかしそれは、広いガラス面の反射がよそよそしい、新築の五階建ての集合住宅「レジダンス・フロウベール」だった。甘粕が住んでいた古い家はもはや存在しない。

いずれにせよ、ここは甘粕が住んだ時から四十六年後のこの時でさえ、ルアンの場末というより、ルアンをはずれた外である。現在の一三四番地の五階建ての裏から鉄道線路が現われ、その先は鉄道用地の雑草の土手である。

その土手の上をパリ・ディエップという標示板をつけた列車が走り過ぎていった。英仏海峡への鉄道である。線路沿いの片側道になったルナール通りは、三百メートルほど先で交差するガードの下へ消えている。雨が降っていたからでもあろうが、人っ子ひとり通らない。

近所にそれぞれ一軒ずつある貧しげな乾物屋、八百屋、カフェなど、とにかく人の気配の感じられる店で、私は老人を探し出しては一人一人に質問して歩いた。甘粕が住んだ家の隣に当る一三二番地にはシャトーがあって、コント(伯爵)・ド・ラ・シャペルという小さくひからびた老人が住んでいたことまでは、わかった。親切なカフェのおばあさんが孫娘を走らせて、古いルアン市年鑑を探させてくれた。そのほこりだらけの一九五七年版で、ようやく、一三四番地には二家族が居住する家があったことがわかった。ルブランとボラルという二人の戸主の名が記載されていた。

一三〇番地まで続いてきたような、小さな暗い家であったろう。このへんの家を見ると、一、二階に区切るか、縦割りの二軒長屋か、どちらかである。こうした場所に住むことに必然性を持つフランス人ならともかく、フランス事情に通じない日本人にはとてもなじめる家ではない。その小さな一軒の中に、甘粕は妻と、そこで生れた赤ン坊と共に、食事つきの間借りをしていたのだ。

甘粕のためにルアンに家を探したのは、フランス滞在中の彼の面倒を見た遠藤三郎である。「できるだけ安いところを探さねばならぬ事情だった」と遠藤は語る。だが事情は事情として、甘粕がこのもの悲しい狐通りのはずれの陰気な一室に、一年も住み続けたという事実は、私にはやはり異常と思われた。それも一月から翌年の一月まで、ふた冬を過している。そのうえルアンは雨とモヤの多い土地である。よくこんな所に住んでいられた……というのが私の実感である。

妻ミネの生活は、甘粕のそれよりもいっそうみじめであったろう。女の足で旧市場まででは十五分かかる。〝人里離れた〟といえる狐通り一三四番地の暗い家で、心のかよわない夫と、言葉の通じない家主にはさまれて、彼女は暮していた。甘粕の手紙の中で〝足手まとい〟と呼ばれていることを、ミネは知っていただろうか。彼女は夫が、やがて生れる子供について弟・二郎へ「子供の出来ることを思ふと、目の先が暗くなる」と書き送ったことは知らなかったかもしれない。しかし、わが身さえもて余し、子供の誕生を耐え難い重荷としか感じられない夫であることは、いやというほど知らされていただろう。

狐通り一三四番地付近の情景を思い浮かべ、ここに一年間住んだ甘粕を想像して、私は強い衝撃を受けた。大杉殺害事件で甘粕は獄へ送られたが、事件の影響に最も深く心をえぐられたのは囚人時代よりルアンであった、と想像される。他人から加えられる害ならば抵抗のしようもあっただろうが、甘粕の精神を深淵につき落したのは彼自身であった。この陰惨な時期が跳躍台となって、やがて彼は〝満洲の甘粕〟へ飛翔した——と私には思われた。

パリの陸軍武官室のアドレスを書き違えたため、しばらく日本からの通信を受けとれなかった甘粕は、自分の過失が原因だったと知らされた日に、弟にあてて次のように書いている。

「子供が生れたので心で苦しんでゐるのだが、子供が生れたと言つて手紙を出しても、家の方からは何とも便りがないので、私も家のものとも愈々離れねばならぬのか、だが何も言ひたくない、ただ手紙をこちらからも出さねばよいのだ、世の中の事を忘れられるだけ忘れればよいのだと、心にひとり思つてゐた」

夜明け前のルナール通りには、農村からルアンの市場へ荷を運ぶ馬車の、ひづめと鉄輪が石だたみをたたく乾いた音が響いて、甘粕の眠りを破ったであろう。「世の中の事を忘れられるだけ忘れればよいのだ」と、みじめな想念の中にのめりこむのは、こういう時間ではなかったか。セーヌ河からは、太々とした汽笛が余韻を引いて聞えてきたはずだ。

「どこへ行つても心が平らかなることを得ない」と書いたのは、ルアンの街を歩いたあとだったろうか。立ち並ぶゴチック以来の建築群から、甘粕が感じるのは石の冷たさと圧迫感だけであったろう。美しいといわれても、そうは見えず、関心が持てないばかりか、不快、ときには不安感さえ襲ってくる街を歩いて、無為の苦痛を一層強く感じたに違いない。

無為の苦痛は獄中から続いているが、囚人の無為は強制されたものだと、自分をなだめることもできた。ルアンの甘粕は自由の身である。自由でありながら、小さな目的一つすら持てないことは、甘粕をいらだたせた。目的なしには生きられぬ甘粕が「他日、何事かをなす時のため」と想定して始めたフランス語も「ものにならぬ」と投げ出した今、ソルボンヌで思想問題の聴講をという望みも無謀であったと思い知らされた。甘粕にとって、目的の持てない自由は悲哀であり、苦痛であった。「自己の愚を識ると益々淋しくなる」と彼は書いている。

甘粕の後半生にとって暗示的な事件が、そのころ起った。その年——昭和三年六月の張作霖爆殺事件である。だがルアンの狐通りに落ちぶれて暮していた彼がこの事件を、パリへ行ったついでにでも知ったかどうか、また、知っても関心を持ったかどうかも、あやしいものである。昭和三年といえば、その年の十二月にはイタリアのファシストが独裁制を国会に承認させた。これも甘粕の前途に影響を持つ事件だったが、フランス語の新聞を読む努力もいとうようになっていた彼は、おそらく知らずに過したであろう。

夏にはアムステルダム・オリンピックがあった。弟あての手紙に何度か「旅をしたいが、金がない」と書いた甘粕は「近い所にゐてオリンピツクも見ないでは、又、遠征の士の戦を応援してやらないではと思ひ」無理な金の工面をしてアムステルダムへ行った。「一人旅はつまらぬ。同行を求めてもお役人たちは体よくハネツケル。こちらの邪推かも知れないが。眼が小さくなり心がスネテ、益々自己のつまらなさを思ふ。もうとても駄目なやうな気がする」旅先から弟・二郎へ宛てた絵ハガキの文面である。どの社会からも締め出され、誰からも相手にされない男なのだ——と被害妄想に陥りながら、甘粕はアムステルダム行きの三等車に揺られてゆく。

「日本の選手が勝つと、涙が流れた」と彼は二郎へ書いている。この時のオリンピックは、陸上競技では織田幹雄が三段跳びで優勝、人見絹枝が女子八百メートルで二位、水泳では鶴田義行が二百メートル平泳ぎで優勝、高石勝男が百メートル自由型で三位になり、四回日章旗が掲揚された。甘粕がどの競技を見たのかはわからないが、国際競技というものは、殊にそれを外国で見ると、感情的な愛国心をかきたてられる。まして〝祖国のために生きる〟ことだけを思う甘粕は、日本選手の使命感や誇りをわがものに感じて、真剣に勝利を祈ったのであろう。

同行者のない彼は、スタンドでも一人だった。右も左も、言葉さえろくに通じない異邦人である。日本選手が勝っても、その喜びを分け合う相手のない甘粕は、近眼鏡を押し上げてハンカチを目に当てながら、感激をじっと胸に抱いているほかはない。そして彼は、アムステルダムの思いがけない寒さにカゼをひき、ルアンに帰り着いた時は発熱していた。

オリンピックについて弟あてに書いたルアンからの手紙も、終りは「残りの金を送つて貰ふのを今日か明日かと待つてゐたが、待ちきれなくなつたので電報をうつた。今の私に二百十二法《フラン》の電報代はこたへたが」と、例によって送金の催促である。

混迷から必死に逃れ出ようとする甘粕は、具体的な目標を探す中でブラジル渡航を考えてもいる。

「……語学も物にならず、金もなければ、来春早々帰るべくも、ここから直ぐブラジルへでも行つてやらうかと思ひ頼みしも、反対されし為一先づ帰るべく候。今になつて思へば何の為に来たのやら、わけがわからず候」

一般にこの時代のブラジル移住者の目的は、金をためて故郷に錦を飾ることであった。だが甘粕はそれを望む男ではない。彼は弟あての手紙に「日本の刻下の急務は人口問題と食糧問題の解決にあり」と書き、獄中日記にも何度かこの問題をとり上げている。ルアンでブラジル渡航を思った時の甘粕は、国策に沿う移民となって地球の裏側から祖国に貢献しようと夢想したのであろう。しかし平素の甘粕ほど真剣ではない。

「反対されし為」甘粕はブラジル行きを断念したのだが、反対したのは誰であったのか。この時期の甘粕の行動に決定権を持つのは、やはり〝陸軍〟であったとしか考えられない。彼は駐仏陸軍武官と連絡をとる義務を持ち、引き続き軍の機密費をもらっていたのであろうか。この年の六月にはフランの平価切下げが行われている。外貨で安いフランを買って生活する外国人にとっては、経済的に非常に有利な時期だった。それにもかかわらず窮乏を訴え続ける甘粕は、軍の機密費支給を打ち切られていたのか、それとも遠藤三郎の「甘粕は軍の金をもらってはいたが、競馬その他のギャンブルで大半をすっていたのではないか」という想像が当っているのだろうか。

暗い手紙ばかりの中でただ一つの例外は、妹・伊勢子の婚約を知らされた時の返信である。いつもの通り簡潔な文章だが、その行間に甘粕の喜びと安堵がにじみ出ている。〝大杉殺しの犯人〟を兄に持つ伊勢子の結婚を、甘粕がどれほど案じていたかが察しられる手紙である。しかし彼は、その心情がそのまま母や妹に伝わるような表現のできないたちで、数カ月前にも母あてに「伊勢子の結婚に高望みをするな」と、叱りつけるような手紙を出している。

昭和三年の秋、帰国の時期も近づいた甘粕は、遠藤と旅の計画を立てた。北アフリカ沿岸の港々に寄港し、当時はまだ要衝であったジブラルタルを通過してスペインをまわる旅程である。

「このときも甘粕は競馬で旅費をすってしまったので、私が二人分の船賃を払った」と遠藤は語る。旅も終りに近く、スペインのガダルキビール河をセヴィリアに向けてさかのぼるころになっても、甘粕は相変らずイライラと不機嫌な顔を続けていたという。

ガダルキビールの、血の色といってもいいほどの赤褐色の河面を進む船上に立ち、アンダルシアの荒寥とした風景に囲まれて、甘粕は何の目あてもない帰国後の生活を思い暗澹とした心境であったろう。遠藤との間で、一六〇〇年代の初めにこの河をさかのぼった支倉《はせくら》六右衛門が話題になっても、甘粕の心は沈むばかりである。支倉の八年にわたる旅がどれほど苦難に満ちていても、彼には伊達政宗の正使としての使命があったし、帰国後失意のうちに死ぬのも、なすべきことをなした後であれば、かえって美しく思われた。それにひきかえ、無用の人間でしかない自分に、甘粕は耐え難かった。

一カ月近い甘粕の旅行中、おそらくギリギリの生活費を渡されてルナール通りの一室に残されたミネの思いは、秋というより冬の気配の濃い北フランスの空のように暗く重かったであろう。ルアンには一人の日本人も住んでいなかった。彼女が語りかける相手は、生後間もない赤ン坊だけである。夫がいても話相手のないことは同じで、救われるわけではなかったのだが。

　こうした実情であったにかかわらず、フランス時代の甘粕はフリーメーソンに関係していた、または日本人メーソンであった――という説がある。大東会編「甘粕正彦先生の年譜」（昭和四十年発行）にも「パリーではＦＭのグレート・トリアント・フランスに入社、ヨーロッパの枢要地を視察……（後略）」と書かれている。グレート・トリアント・フランスとは Grand《グラン》 Orient《トリアン》 de《ド》 France《フランス》 のことだろうが、これはフランスのフリーメーソンそのものを指す名称だから「ＦＭの」という記述も正確でない。

　国際的秘密結社フリーメーソンの存在が確認されたのは十八世紀初期のフランスとイギリスだが、やがて全ヨーロッパに広がった。十八世紀の啓蒙主義精神を尊重し、超人種的、超階級的、超国家的、相愛的、平和的人道主義を奉じ、会員の中には各国の王侯をはじめ、政治、学問、芸術上の著名人も多い。大杉事件という過去を持つ元憲兵・甘粕とフリーメーソンが結びついたとすれば興味深いが、滞仏中の甘粕の世話をした澄田睞四郎、遠藤三郎の二人は「噂を聞いたこともなく、信じられない」と言う。

「武官時代にフリーメーソンを調査し、本省へ報告書を出したことがある」と語る澄田は、この秘密結社に精通している。彼は「あの当時の甘粕が近づけるような結社ではない。彼の語学力を考えただけでも不可能だ」と語った。〝陸軍きってのフランス語使い〟といわれた澄田は、幼年学校入学以来特にフランス語に力を注ぎ、陸大を首席で卒業後に渡仏したが「フランスの陸大入学当初は、講義などまるでチンプンカンプンだった。ようやくノートがとれるようになったのは二年目から……タクシーの運転手に行先をいっても、発音が悪いので通じないこともあって、つくづく軍人の語学はダメだと思い知らされた」という。

昭和四年一月十日、甘粕は帰国の途についた。パリのリヨン駅で彼を見送った遠藤は「子供を抱いた甘粕夫婦が、労働者や学生が乗る三等車で帰国したのは気の毒だった」と語る。

出発前にまた甘粕から金を貸してくれと頼まれた遠藤は、餞別としてその金額を贈った。甘粕は二郎への手紙に「みやげは何もないと家族に伝へてくれ」と書いているし、実際にそうであったろう。だが「追悼余録」に同期生・佗美浩は「日本をたつ前の甘粕からフランスみやげは何がよいかと聞かれ、冗談半分に『小型六倍の望遠鏡』と答え、本人の私は忘れていたが、帰国後の甘粕からその品が届けられて驚いた。信義を守る男だった」と書いている。佗美はフランス時代の甘粕の窮乏を知らなかったが、その望遠鏡は血の出るような金で買ったものであろう。遠藤から贈られた金を使ったのかもしれない。甘粕は出獄後の自分を温かく迎えてくれた佗美の友情に報いたかったのであろうし、またいったん約束したことは、たとえ相手が忘れても、〝知らん顔〟を自分に許せない男であった。

六　満洲へ渡る　昭和四年七月（一九二九年）

昭和四年二月末に帰国した甘粕が、初めて満洲に姿を現わしたのは同年七月である。この年六月に満洲で結婚した甘粕の弟・四郎は、その直後に前ぶれもなく公主嶺の新居に兄・正彦の訪問を受けた。四郎の妻・満寿子は、満洲の邦字新聞が掲載した「かの有名なる甘粕大尉渡満――新婚の弟夫妻を訪問」という記事を記憶している。だが甘粕が弟の結婚を祝う目的だけで満洲へ渡ったわけもなく、彼はこのころから板垣征四郎（大佐、のち大将、第七方面軍司令官、刑死）をはじめ関東軍の参謀たちと交渉を持っていた。板垣は、張作霖爆殺事件のため退役処分となった高級参謀・河本大作の後任となったばかりであった。

甘粕と満洲とを結びつけたのは大川周明だと伝えられているが確証はなく、甘粕に満洲という舞台を与えようとした一部の軍人が彼を大川に紹介した、という説もある。いずれにせよ、甘粕はフランスから帰った直後から、大川が理事長を務める東亜経済研究所（当時、東京市麴町区内幸町、東拓ビル）にしばしば姿を見せていた。この事務所の調査範囲は満洲を中心に、中国と東南アジア全域に及んでいた。

昭和四年秋、甘粕は妻と共に渡満、奉天に家を持った。大正十五年十一月、出獄直後の甘粕が朝日新聞の記者に「満洲など誇大妄想狂の集っている所へは行きたくない」と語ってから三年が過ぎていた。この三年の間に、満蒙問題は急速に緊迫の度を増していた。

奉天軍を率いて北京に拠る張作霖は、蔣介石に率いられた国民党の北伐に脅かされながらも、昭和二年この地で大元帥になった。国民党は内紛を続け、そのため北伐も一時中止されていたが、いったん下野を声明した蔣介石は昭和三年一月、国民革命軍総司令に復帰し、四月には北伐を再開した。五月、両軍の決戦間近という情勢下で、張作霖の敗退が見通されていた。

こうした情勢の中で、首相兼外相・田中義一は張作霖に対しあいまいな態度をとり続けていたが、関東軍は完全に張を見離していた。張作霖は関東軍の支援によって権力の基礎を築きながら、その態度は次第に対日依存から自主独立へ、そして抗日へと変り、日中関係は険悪化の一途をたどっていた。在留邦人は既得権益の侵害を叫び、日本内地の世論も硬化していた。

蔣介石の北伐再開後の四月、関東軍は陸軍中央部に対し、「奉天軍または南方革命軍の武装軍隊が山海関を越えて東三省、すなわち満洲に侵入して来る時は、武力を用いてこれを阻止し、必要とあれば武装解除ののち通過を許可することにしたい」と意見具申した。両軍に対し厳正中立の態度をよそおっているが、関東軍の真の意図は「奉天軍を武装解除し、張作霖を下野させる」ことであった。

日本政府は五月十五、十六日と閣議を開き、ほぼ関東軍の意見に沿う内容の「満洲地方の治安維持に関する措置案」を決定し、張作霖と蔣介石に覚書を交付することになった。

十七日、北京の芳沢公使は張作霖に覚書を手交し、関外（満洲）への即刻引揚げを強く勧告した。張はあくまで北伐軍との決戦を望んだが、日増しに不利を告げる戦況と、厳しい日本側の引揚げ勧告に抗しきれず、遂に北京を離れる決意に追いこまれた。「措置案」の内容を知った関東軍は、これによって、いったんは錦州への独断出兵を決意した。だが奉勅命令が下ることを信じて日を延すうち、田中首相の引延し策に乗ぜられて機を失し、地団駄を踏む結果となった。奉勅命令にこだわったこの時の関東軍の態度は、のちの柳条湖事件――満洲事変の時と大きな隔りがある。この時の苦い経験が「中央部の意向に従っていては何事もなし得ない」という気持を強め、のちの関東軍の代名詞とされた〝独断専行〟を生む一因となったかと思われる。

六月三日、張作霖は大元帥としての威儀を整え、軍楽隊の吹奏のうちに特別列車で北京をたった。この列車は奉天駅間近にさしかかった翌四日早朝、爆破された。高級参謀・河本大作の仕掛けたテロであった。

張作霖は即死に近い重傷だったが、「負傷」と発表されただけで、その死は十九日まで公表されなかった。彼の爆死が日中両軍の衝突を誘発するおそれがあると、とっさに判断した奉天省長・臧式毅《ぞうしきき》の処置であった。主謀者・河本の、戦争を挑発して一気に満蒙問題の解決を計ろうとの意図はついえた。

関東軍はあくまでも張作霖爆殺の犯行を否定した。しかし次第に真相をあばかれて、第三国からも非難の声があがり、日本の議会でも「満洲某重大事件」に対する内閣の責任が追及されて、遂に田中内閣は総辞職した。

翌四年五月、河本大作は退役処分となり、八月には関東軍司令官・村岡長太郎中将もまた待命となった。直接の責任者は河本だが、張作霖爆殺は関東軍が企図して果し得なかった「奉天軍武装解除、張作霖下野策」を非常手段で遂行した工作であることと、事件後に軍内部に対してさえシラを切った関東軍の強硬な態度とを思い合せると、司令官をはじめ多くの幹部が河本の工作を黙認した――という印象を受ける。

張作霖死亡後、その子・学良は一時は日本の支援を求める動きを見せたが、昭和三年十二月、易幟《えきし》革命を断行して蔣介石と手を握った。学良の排日政策により、日中関係はいっそう悪化した。

昭和四年、甘粕が奉天に居を定めたころの満洲は、こうした情勢下にあった。その時から満洲事変勃発までの二年間、甘粕は満洲で何をしていたのか……。弟・二郎をはじめ家族たちや、当時の甘粕と交渉のあった同期生たちは、甘粕の行動を具体的につかんでいない。

甘粕の同期生・麦田平雄は「追悼余録」に次のように書いている。

「昭和四年七月、私は突然、満洲大連の寓居に君（甘粕）の来訪を受けた。君は白色の瀟洒な洋服に眼鏡をかけ、大連憲兵隊の首藤少佐と同行していた。数日、久しぶりの交歓が続いた後、君は奉天に出発し、間もなくまた大連に帰ってきた。『奉天では満鉄の経済調査会の支部を担当するのだ』と君自身いった」

麦田が仕事の内容をたずねると、甘粕は「なに、月に一回報告を出してよし、出さずともよしさ」と答えたという。だが昭和四年当時の満鉄には、調査課はあったが調査会というものはなく、調査委員会ができたのも満洲事変後である。麦田は「甘粕は東奔西走、文字通り席の暖まるひまもない活躍ぶりだったが、その内容については決して語らなかった。当時から国家的規模の目標を持っているとは察していたが、満洲国建国以来表面に現われた甘粕を見て、私の想像が当っていたことを知った」と書いている。

「甘粕の奉天の家は、彼に頼まれて私が見つけた」と語る井上藤次は、大正八年からの三菱書院留学生時代に北京で甘粕二郎と知り合い、以後、甘粕一家と親交のあった人である。井上は中国の事情にくわしく、中国語を流暢に話した。甘粕は渡満後の二年間、井上と親しくつき合った。

「甘粕は『〝自由、平等、博愛〟などという言葉を、日本から駆逐せねばならぬ』と語っていた。ほかのことは忘れてしまったが、この言葉だけはあまり度々聞かされたので、今でも覚えている」と井上は語る。

〝自由、平等、友愛〟(甘粕は博愛といった)はフランスの国民標語だが、甘粕はそのすべてを否定している。否定の理由は井上が了解している通り「日本の国体を危うくする」と甘粕が危険視したためであろう。だがその裏に、二年足らずのフランス生活の挫折に対する彼の強い屈辱感が、重ねられてはいなかっただろうか。

甘粕は獄舎から、世界で最も個人の自由の確立しているフランスへ直行した。まず彼はフランスについての基礎知識に乏しかった。そのうえ、多くの日本人同様、肉体、精神ともにこの国に順応する素質を持っていなかった。民主主義に基づく共和制の基本は自由、平等である。それを何よりも尊重して暮すフランス人に、彼が反発し、嫌悪感を抱いたとしてもふしぎはない。それは甘粕が〝世界で最も優れた国体〟と信じ、誇りとする天皇制国家とは全く相容れない社会であった。

〝大正デモクラシー〟と呼ばれる時代に続く昭和初期の日本の自由思想は、甘粕にとって、天皇を絶対の長とする国体の原理を崩す腐敗にほかならない。「〝自由、平等、博愛〟

を日本から駆逐せよ」という甘粕の言葉は、彼の獄中日記の「我が国に於ては国家が主であつて、個人は従である。個人あつての国家ではない。国家あつての個人だ」という一節を思い出させる。甘粕は世界の変化、歴史の流れに背を向けたまま、「天皇とその有たる日本帝国」という彼の信条を頑守する。彼は本質的には精神的鎖国主義者で、日本から一歩も出られない男であった。

建国までの時期、張学良を中心とする排日運動、板垣征四郎、石原莞爾《いしわらかんじ》（のち中将、第十六師団長）に代表される関東軍の満蒙対策、それと気脈を通じる中央の一部の将校たち、軍上層部、政府、特に外務省の意向、排日運動に生活をおびやかされる在留邦人の憤懣などが入り乱れ、荒波にもまれる満洲で、甘粕は常に波の底に沈んで行動した。

昭和四年から満洲事変勃発直前までの甘粕は、服部正男と名乗って、奉天憲兵分隊構内の軍属官舎内に起居していた……と、当時同隊に勤務していた印南武雄（当時上等兵、のち憲兵少佐）、原巳代次（当時上等兵、のち憲兵中尉）、森木陸（当時上等兵、のち憲兵少尉）の三人が、昭和四十九年夏、日光で催された元奉天憲兵隊戦友会の席上で語った。甘粕が用いた「服部」という偽名は、妻ミネの旧姓である。だが北京、天津などの中国人から届けられる封書や郵便物には「奉天日本憲兵隊気付　甘粕国士閣下」と書かれていて、隊内ではみなが彼を〝大杉事件の甘粕大尉〟と知っていた。甘粕は奉天憲兵分隊長・三谷清（当時少佐、のち奉天警務庁長官）と密接な連絡をとり、東奔西走していたという。

「甘粕さんが具体的に何をしたか知らないが、軍にとってのじゃま者を押えるのが、彼の重要な仕事の一つであったことは確かだ」と井上藤次は語る。当時は、〝満洲浪人〟と呼ばれる人々をはじめ、多数のクセの強い男たちが、〝日本のために〟それぞれ勝手な動きをしていた。それが、次第に満蒙対策を煮つめている軍にとって非常にじゃまになった。しかし軍が表面に立って彼らを押えては、何かにつけて都合が悪い。そこで甘粕がこの任に当った、と井上は語る。

甘粕が渡満した昭和四年は、関東軍にとって「満蒙問題に対する根本的態度が固まり、ひそかに具体的な準備を始めた」という重要性を持っている。

昭和四年六月三日から、関東軍は北満参謀演習旅行を行った。統裁官は板垣征四郎大佐、補佐官・石原莞爾中佐をはじめ数名の参謀や部付の佐久間亮三大尉らが参加した。石原資料によれば、この北満旅行に石原はかねがね彼が抱いていた満蒙問題解決構想を書類にして携行した。しかし石原は旅行中に講述した「戦争史大観」のプリントだけを配布し、満蒙問題の方は折にふれて語っただけである。満蒙問題の書類は「国運転回ノ根本国策タル満蒙問題解決案（第三日於車中討議）」「関東軍満蒙領有計画（第〇日於満洲里説明）」の二項目から成る。

北満旅行の第二日、長春（のち新京）の宿舎で、板垣、石原の二人は、佐久間大尉と伊藤主計正（大佐相当）に「今後は満蒙占領地統治の研究に専念すること」を命じた。

これは石原が満洲里で説明するため準備した「関東軍満蒙領有計画」の末尾に書きこまれていた。のち伊藤主計正は任務の都合でこの研究に参加できず、佐久間大尉だけが石原との討議を重ねながら一年後に完成した。稲葉正夫は「史録・満洲事変」の中に「三宅参謀長は『ああ、立派なものができた。これが役に立つ時が来たらいいがなあ』といいながら一頁も見ずに捺印したそうだが、石原参謀は『これでよし、あと二年』と満足の意をもらしたとのことである」と書いている。

北満旅行とほぼ同時期の昭和四年五月、東京で一夕会が生れた。会員は十五期から二十五期にわたる将校たち約四十人で、会の主旨三項目の第二項は「満蒙問題の解決に重点をおく」とある。加入の時期に前後もあり、会員が常に東京にいるわけではないが、大部分が満洲事変に重要な役割を果した。板垣、石原をはじめ、土肥原賢二もメンバーであった。満洲事変勃発の時期まで、彼らはしばしば東京に来て、陸軍中央部の人々と会談している。

当時、参謀本部・支那課勤務であった今井武夫（のち少将、支那派遣軍総参謀副長）は、「私と甘粕との交際は満洲事変直後からだが、事変の前、板垣、石原の両参謀が上京した折の会合の席で、甘粕を見かけたことがある。甘粕はほとんど口を開かず、一座の話を黙々と聞いていた」と語る。当時から甘粕は、板垣、石原に代表される関東軍の満蒙領有構想に共鳴し、彼らと深くかかわっていた。

昭和五年三月一日、石原中佐は満鉄調査課の希望によって講演した。その内容は、第一項「日米戦争ハ必至ノ運命ナリ」に始まり、第四項は「満蒙問題解決ノ唯一方法ハ満蒙ヲ我有トスルニアリ」とある。石原が講演をした目的は、彼の満蒙構想に対する満鉄調査課の全面的協力の期待であり、懇請であった。当時の関東軍はまだ小規模で人手が足らず、石原は諸種の研究調査の必要を痛感しながらも思うに委せなかった。

当時の調査課長は佐多弘治郎博士で、法制係主任は松木俠《たもつ》、ロシア係は宮崎正義であった。稲葉正夫は「史録・満洲事変」の中に、石原の講演の結果を「佐多課長の共鳴を得て全面的協力の快諾となった」と書いている。満鉄は満洲事変後も軍に協力したが、常に独自の立場を守るための苦慮がつきまとった。

新満洲政権の統領に、清朝の廃帝宣統帝溥儀を迎えようという構想は早くからあった。昭和五年九月には、当時すでに予備役であった河本大作が軍務局長・小磯国昭（のち大将、首相）の諒解のもとに、板垣、石原の意を受けて、天津の廃溥儀帝を訪ねている。溥儀打診の第一歩であった。

河本は張作霖爆殺の責任者であり、満洲事変後に天津を脱出した溥儀の護衛に当った甘粕は、真相はともあれ、〝大杉殺しの主犯〟であった。関東軍は、この殺人の影を負う二人を溥儀の許へ送ったのだ。

張学良が蔣介石と結んだ後、中国の主権回復の動きは加速された。背後に民族運動の燃焼があり、アメリカ資本の支援もあった。中国側は満鉄線と並行する打通線、吉海線を建設し、また葫蘆《ころ》島に港を築いて日本が租借する大連港に対抗した。このため満洲奥地の物資は満鉄線を使わずに南満に輸送されることになった。満鉄の業績が低下しただけでなく、在満日本人一般の受けた心理的打撃も大きかった。彼らはすでに日貨排斥運動で生活をおびやかされていたが、さらに高い地租を課され、居住や旅行の制限まで受けた。排日行為は次第に駐留軍隊にも及び、行軍演習の実施を妨げられるまでに至った。

中国側にとっては日本の対支二十一カ条要求を呑まされた屈辱への抗争であり、一方、二十一カ条のいきさつなど頭にない在満日本人は、正当な権益の侵害として、排日を不当視した。既得権の正当化を主張する張本人の関東軍が、幣原《しではら》外相の協調外交を〝軟弱外交〟と罵る声は日ごとに高まっていった。

幣原外相は軟弱外交のそしりを甘受して、「交渉」「対話」によって諸懸案の処理を計った。しかし中国側からすれば、幣原個人がどうであれ、現実には日本帝国主義の窓口である幣原と、まじめな交渉をするはずもなかった。

満洲事変の年・昭和六年の、日中関係にかかわる主な事項を、すでに繰り返し書かれたことではあるが、ここで述べておきたい。

三月、桜会の橋本欣五郎（中佐、のち大佐、A級戦犯）を中心に、大川周明も参加して武力クーデタが計画されたが、不発に終った。桜会は昭和五年、国家改造を目標に中佐以下の現役将校をメンバーとして結成された。当初から満蒙問題に強い関心を持ち、のち橋本は具体的なかかわりを持つに至る。

同じ三月、関東軍調査班が設置され、昭和五年に「占領地統治の研究」を完成した佐久間亮三（少佐）をはじめ優秀な班員が揃ったことは、石原莞爾を深く喜ばせた。板垣、石原の両参謀はこれら幕僚に対し、彼らの意図を徹底させ、〝決行〟に際し一致即応の態勢を強化するため指導をおこたらなかった。石原の思想と施策の根源である「現在及将来ニ於ケル日本ノ国防」と、昭和四年の北満参謀旅行で彼が講述した「戦争史大観」が再印刷され、班員一同に配られた。

五月下旬、内地から新たに交代してきた第二師団の部隊長会議で菱刈軍司令官の訓示のあと、板垣が「満蒙問題について」という講演をした。その内容は、関東軍司令部内で研究討議し、「満蒙問題処理案」として成文化していたものとほぼ同じであった。その草案の第三項には「東北四省内部ニ謀略ヲ行ヒ利用スヘキ機会ヲ作成スル案」とあり、それについての記述中に「非常ノ場合ニ於テハ関東軍独断ヲ以テ学良政府ヲ顚覆シテ満蒙占領ヲ企図スルノ覚悟アルヲ要ス」と書かれている。

六月十一日、陸軍中央部では陸軍省の永田鉄山軍事課長、岡村寧次補任課長、参謀本部の山脇正隆編制課長、渡久雄欧米課長、重藤千秋支那課長らを内密に委員に任命し、建川美次《たてかわよしつぐ》参謀本部第二部長を委員長として、すでに参謀本部がまとめていたこの年の「情勢判断」への対策決定を命じた。同十九日、「対満蒙方策」の原案ができ上り、さらに検討を重ねて、「満蒙問題解決方策の大綱」と名づける成案ができ上った。この「大綱」は満蒙問題解決の時期を明七年春以降としている。約一年の準備期間をおいて内外の理解を求める努力と、細部用兵上の計画準備を完了することを、主要局部長以上の決定としたものである。しかし関東軍は解決の時期について「直チニ着手スルヲ要ス」と決意しており、軍中央の方針と食い違っていた。

関東軍はすでに具体的な準備を進めていた。その一例として、稲葉正夫は次の挿話を伝えている。

奉天城攻略には、その城壁の堅牢度からみて、小口径火砲はもちろん野戦重砲でも破壊力不十分と判断され、どうしても攻略重砲が必要であった。

七月、現地軍の希望が入れられ、二十四糎《センチ》榴弾砲二門が極秘裡に東京から奉天へ運ばれた。できるだけ細かく分解しても、長さといい重量といい、巨砲二門を極秘裡に移動させるのは至難のワザである。神戸からはわざと貨物船を避け客船で大連に輸送、船艙から直接埠頭の地下室に揚陸された。砲兵将校など二十人が苦力《クーリー》に変装して、揚陸と列車搭載に従事した。砲身の箱は高官の柩、砲架や架匡などは石碑の台石や風呂桶などと呼んで、周囲の目をごまかしながらの運搬であった。

巨砲を奉天の独立守備隊第二大隊兵営内に運び入れ、木蔭に遮蔽《しゃへい》してからも、なお困難は山積していた。巨砲は長く東京の兵器廠に保管されていた在庫品だったので、故障が多く、この種火砲の権威者である松本正文大尉が人目を盗んで修理しなければならなかった。備砲直前には、その地域全体を巨大なトタンぶき小屋で覆い、松本大尉らはその中で作業をした。備砲は一般の日本兵にも秘さねばならず、そのため毎夜午前零時から重労働が開始された。

備えつけられた砲の射撃上の諸元は、あらかじめ測定され、目標ごとに砲側に記録された。これらの諸元をそのまま目盛りに合せるだけで、実射できる準備である。イザという時は所在の守備隊歩兵が操砲することもあり得る、との想定から、特定の歩兵に対し一応の射撃訓練が施された。

以上が稲葉の記述の要旨である。だが民衆の支援を受けた軍隊、政治機関、ゲリラ集団などには、どんなにかくそうとしても情報はつつぬけだ、というのが世界の常識である。この巨砲も関東軍は大まじめで秘密にしたつもりだったが、奉天の張学良軍には知られていたであろう。

満蒙問題解決に気負い立つグループの一つに「満洲青年連盟」があった。これは昭和三年に大連新聞社の呼びかけで設けられた「満洲青年議会」が改組されたものである。その第二次宣言には「今や我等の聖地満蒙は危機に瀕す。この国家存亡の秋に当り、朝《ちょう》に対応の策なく、野《や》に国論の喚起なし。坐して現状を黙過せば、亡国の悲運祖国を覆うや必なり。是れ我等が起ちて、新満蒙政策確立運動を起す所以なり」と書かれている。

中国側の満鉄線と並行する鉄道の敷設や築港など、事あるごとに「満洲青年連盟」は在満邦人の世論を喚起した。彼らの言動は当然中国側を刺激し、排日気勢に油を注ぐ結果になっていた。

七月、「満洲青年連盟」は本部理事・岡田猛馬、長春支部長・小澤開作など数人の代表を遊説のため日本へ送った。彼らは各地で講演を行ったが、その時期が満蒙問題に一般の関心の集る事件の発生と重なって、予期以上の反響を呼んだ。小澤開作は、指揮者小澤開作の実父である。

「満洲青年連盟」は、のちに甘粕が総務部長を務めることになる協和会の母体である。

関東軍が奉天に二十四糎砲を備えつけ、「満洲青年連盟」が日本へ遊説隊を送った七月、〝満蒙問題解決の時期〟を一挙に短縮するような事件が相次いで起った。

七月一日、二日の両日、長春（のちの新京）から約三十キロの万宝山付近で、中国農民数百人が、かねがね用水路工事で争っていた朝鮮人を襲撃して銃を発射、日本側警官も機関銃で応じた。双方に死者はなかったが、事態は重大化した。

だがこの事件で最も問題になったのは現地の争いよりも、これが原因で朝鮮に住む中国人に対し、朝鮮人が行った報復行為であった。中国人犠牲者は百人を越えた。しかもこの虐殺の動機となった号外は、日本側機関の流したデマであったと判明した。

中国側は日本政府を激しく非難し、ただでさえ燃えさかる排日運動をあおった。結局この問題は局地的解決はむずかしく、林奉天総領事と張学良、重光公使と国民政府の王正廷外交部長の間で数度の折衝が行われたが、難行するばかりであった。日本国内にはこの万宝山事件をきっかけに、改めて幣原外相の〝軟弱外交〟への批判も起り、日中間の緊迫感はさらに強まった。

こうした情勢の下で、中村震太郎大尉殺害事件が起った。のち調査の結果、中村が殺されたのは六月二十七日と判明したが、関東軍の参謀たちが事件を知ったのは七月中旬であった。

参謀本部作戦課勤務の中村震太郎は、実査未了地域の踏査を命じられて興安嶺地区内にはいり、この難にあった。奉天、ハルビン両特務機関の中村大尉捜索範囲がほぼ興安屯第三団地区にしぼられた七月二十四日、関東軍は片倉衷《ただし》大尉（のち少将、第二百二師団長）に本格的な捜査を命じて、洮南に派遣した。片倉と中村は陸士三十一期の同期生で、片倉は興安嶺地区へ向う中村の旅行準備に協力している。片倉は支那服を着て汽車の三等に乗り、目的地へ向った。

片倉がほぼ事件の核心をつかんで旅順に帰った後、関東軍は奉天特務機関に奉天軍憲との交渉開始を命じた。真相調査には、ハルビン特務機関宮崎繁少佐のめざましい活動をはじめ、関東軍将兵の憤りに裏づけられた熱意が注がれた。奉天特務機関長・鈴木美通少将、花谷正少佐の中国軍憲に対する交渉も峻烈をきわめ、参謀本部からは森赳少佐が特派された。

当時、関東軍は歩兵二大隊、砲兵一大隊、装甲列車などを基幹とする強力な捜査部隊を編成して、出動を準備したが、軍中央部はこれを認めなかった。八月九日、中央部から「中村事件の交渉は軍中心を打ち切り、外交機関に移す」との電訓を受けた日、片倉は手記に「痛憤極まりなし」と書いている。また石原莞爾は軍務課長・永田鉄山あての書簡で、現地の〝やむにやまれぬ心情〟を訴えた。

八月十七日、外交交渉が開始され、重光公使は王正廷外交部長に、林総領事は奉天政権に抗議し、中国側の真相調査を要求した。これと同時に軍中央部と関東軍司令部は、事件の大要を公表した。これは地元満洲はもとより、日本国内にも強い反響を呼び、事件早期解決を求める声が高く、万宝山事件の解決とも関連して、〝軟弱外交〟糺弾はかつてない盛上りを見せた。

昭和六年八月十八日付朝日新聞は、社説で次のように書いている。

「（前略）今回我が現役将校外一名に対する未曾有の暴虐極まる惨殺事件が満洲の支那官憲の手によってなされ、その驚くべき事実が暴露するに至ったのは、支那側の日本に対するけう慢の昂じた結果であり、日本人を侮べつし切った行動の発展的帰着的一個の新確証であるのだ。（中略）今回の出来事は、平和の日に、土賊鎮圧の任務を有しつゝ同地方の開こんに当つてゐる鄒《すう》作華部下の正規兵によつて行はれたもので、日本側は旅行券の所持はもちろん、条約上からいつても旅行の上に何等手落は無かつたのである。然るに不法にも捕縛銃殺、所持品全部を略奪した上、罪跡をおほふため、死体を焼くに至り、土賊といへども敢てせざる残虐をほしいま、にしたのである。（中略）支那側に一点の容赦すべきところは無い。わが当局が断固として支那側暴虐の罪をたゞさんこと、これ吾人衷心よりの願望である」

大連では市長らが発起人となって、中村大尉追悼演説会が開かれた。真相調査に当った片倉大尉の講演に、聴衆は興奮の叫びで応じた。

折衝の初めには中村大尉殺害を否定するなど、全く誠意を示さなかった中国側も、日本側がさしつける確証と強硬な姿勢に屈し、九月半ばになって遂にその事実を認め、下手人である第三団長代理・関玉衡を奉天に召還し軍法会議に付すと発表した。こうして中村事件は、満洲と日本国内の国民世論を沸騰させ、満洲事変への起爆剤の役を果す結果となる。

八月四日に行われた軍司令官・師団長会議の席での南次郎陸相の訓示が、その日の夕刊に発表され、各方面から反響が巻き起った。この訓示案は、先に「満蒙問題解決方策」をまとめた五課長が決定したものである。

八月五日付朝日新聞の社説は次のように陸軍を非難し、政府の無気力を難詰している。

「（前略）……そこには満蒙問題に対する陸相の確固たる認識が表現されてゐる。その説の当否は別問題として、かかる重要なる満蒙時局観を公言するに当つて、それは一体閣議を経たのであるか、少くとも外相と打合せ済みであるのか。仮にその手続きが済んで居たにせよ、軍人が単純に軍務の打合せをする師団長会議において、同様に軍人たる陸相の口からかくも堂々たる満蒙論を吐かせて、それで果して政治の綱紀は乱れないものであるか。（中略）かくも公々然軍人の会議に政治が論ぜらるゝ以上、不問に付し難いと思ふが内閣はどう思ふか。

満蒙情勢の重大化が、永続的現象なりと断じて置いて、卒然殊更軍人に向って『熱』と『誠』とを要求する陸相の訓示には、そこに多大の暗示、見方によつては危険極まる暗示を包蔵しないか。それは例の、満蒙外交を軍人一流の考へ通りに引きずつて行かうとあせる意図の現れだと解されても、まさに弁解の辞はないではないか。（中略）政党内閣から治外法権の地位に居る軍人たる陸相が、帝国外交に重大関係を有つ時局の観察と、その処理方針の暗示に関し、師団長会議に臨んで一種の政治演説をなしたのは明かに権限を越えたものであり、これを黙つてなすに任せた政府は無気力であると思ふ」

与党である民政党も陸相の訓示を問題にしたが、陸軍は高姿勢で、新聞班は「軍人の政治干与問題」について「国防に関して意見を述べることは、政治干与ではない」という見解を発表した。この問題で政府と陸軍が表だって衝突したわけではないが、客観的には明らかに両者の対立であった。

姫路の第十師団長であった本庄繁《ほんじょうしげる》中将が、菱刈大将に代って関東軍司令官に就任の内示を受けたのは七月二十日であった。彼は三十一日朝、姫路で板垣征四郎の来訪を受け、二人は一緒に上京した。翌八月一日、軍司令官親補、その後の三日、四日の会議に出席した二人は、大問題を引き起した南陸相の訓示をともに聴いた。

東京滞在中の板垣はたびたび新軍司令官・本庄と会い、特に八月九日の三時間にわたる要談の折に、満蒙問題処理に関する関東軍の決意を語った――と推測されている。またこの時期、板垣が必要と思う将校たちに関東軍の決意を訴えたことも、いくつかの裏づけがある。特に当時参謀本部ロシア班長であった橋本欣五郎はその手記（中野雅夫編「橋本大佐の手記」）の中に次のように書いている。

「昭和六年夏、板垣大佐上京す。板垣と石原は関東軍を代表する同志なり。予は直ちに彼を偕行社新館宿舎に訪ね、来るもの重藤大佐、遅れて根本中佐来る。茲に於て満洲処理の決心確定す。

而して関東軍には軍事行動を一任し、予は必要なる軍資金及政府に於て追従せざるに於ては『クーデター』を決行すべく約す。（後略）」

八月二十日、本庄は旅順に着いた。本庄は渡満前、参謀本部、陸軍省、外務省の各首脳から満蒙問題に対する中央のハラを十分に聞かされてきた。殊に「満蒙問題解決方策の大綱」に定められた「武力解決は昭和七年春以降」を体して、関東軍の手綱をひきしめるよう示達されたはずである。だが、九月三日の「駐箚《ちゆうさつ》師団長、独立守備隊司令官ニ対スル懇談事項」を読むと、本庄は板垣、石原の説く急進論をかなり支持していた、と推測される。

九月三日、本庄は関東軍部隊の二大支柱である駐箚師団長、独立守備隊司令官らと懇談した。その内容は、記録によれば「……第一線の部隊は常に環境の変化に留意し、事件の突発に際し決して不覚を採らざるの覚悟と用意とを必要とすべく……」「……乗ずべき好機は直に之を捕ふべきは敢て論議の余地なき所……」などと攻勢であるが、同時に「満蒙問題に対する結論（領土的解決、日支戦争）は軍部躬《みづか》ら主唱することなく、国民をして叫ばしむる如く仕向くること」という一項も含まれていた。中村大尉殺害事件を機に日中間の緊張が極度に増していたこの時期、中央と現地との意見の相違をいかに調節して、関東軍の進退を決するか——が、新軍司令官・本庄に課された任務であった。

片倉衷は、次のような記憶を残している。

八月下旬、板垣は片倉を伴って旅順の官邸に本庄を訪れ、中村大尉事件についての中国側との折衝を説明した。要談後、板垣は本庄に向い「閣下は満洲で事件突発の際、請訓によって事を処せられますか、それとも、その任務に従い、独断事を断ぜられますか」と質問した。本庄はしばらく無言であったという。この時期に、この板垣の質問は極めてきわどいものであり、本庄の返事は重大な意義と影響力を持つことになる。熟慮ののち本庄は「自分は着任前、南陸相から刻下の満洲の事態に鑑み、慎重事を処する如く指示せられて来た。従って可及的慎重に事に当たりたい。しかし、突発事件等に際会せば、自分の負荷する任務に従い、独断事を決するに躊躇《ちゅうちょ》するものでない」と答えた。

「帰り道で、板垣参謀は私に『やはり本庄将軍は菱刈大将とは違うな』といい、二人の軍司令官を比較して、至極満足そうだった」と片倉は語る。「あれは板垣さんが本庄将軍のハラを読んだ重要なポイントだったろう」

当時の片倉の手記「牛歩録」の八月十一日には「近来周辺に謀略進行の臭があり、私等を除外されてゐるのは憤慨の至りだ」と記されている。板垣、石原の謀略は、側近の参謀たちに感じとられるまでに熟していた。そして板垣の決意は、本庄打診の確かな手ごたえによっていっそう固まったと想像される。

板垣が上京して新軍司令官・本庄と会った八月から九月にかけて、甘粕は東京にいた。八月の異動で陸士中隊長から都城二十三歩兵大隊長に転出した同期生・佗美浩は、「追悼余録」の中に次のように書き残している。

「私が東京を出る少し前、甘粕は陸軍省へ寄った帰り道だと云って、突然陸士中隊長室の私に面会に来た。そのとき彼は『かねて計画していた朝鮮鉄道から手を退き、大川周明氏とも全く離れた。近く満洲の方で面白そうな仕事ができたからだ。当分会えないから自重せよ』と云う訣別の挨拶で、私はちょっと変だと思った。

満洲事変は九月十八日、柳条溝（ママ）の鉄道爆破に端を発し、関東軍破竹の進撃が始まったので、私は甘粕の言葉の謎が解けた。やがて満洲国が発足し、皇帝を迎えて新帝国となった。その蔭には、甘粕が幾度も死線を越えて活躍した偉大な功績のあること明らかである」

橋本欣五郎の手記に甘粕の名が現われるのも、この時期である。

「満洲事変直前数日、甘粕上京し携行せる一品を示し之を売却し金一万円の調達を依頼す。遂に調達し得ず。帰るに臨み金に窮せるを知る予は僅かに五百円を与へたり。当時甘粕満洲に於て何事かを成さんとする雄心ありしものの如く、若し多額の金を調達し、事件を勃発せしむるに於ては板垣と約束せし事件を事前に惹起し事を破滅に導くなきやを憂ひ、特に奉天迄帰還する必要ある金を与へたる次第なり。後満洲事変突発し、事後れたる感を抱きし甘粕は哈爾賓《ハルビン》に至り領事館特務機関等の爆撃を決行し、我軍を北満に導くの固を作れり。彼の言行力の旺盛なる、かつ勇敢なるは感服に値す。爾来彼と盟友となる」

橋本は甘粕と板垣とを無関係として扱っているが、甘粕が早くから板垣、石原と結んでいたことには多くの証言があり、またそれでなければ奉天特務機関長・土肥原賢二が天津から脱出させた廃帝溥儀の護衛という大任を、板垣が甘粕に与えるはずもない。橋本の手記にあるハルビンの工作も、甘粕がハルビン特務機関と連絡を保ちながら行ったもので、片倉衷は「戦陣随録」の中にそれを明記している。

昭和四年の渡満から満洲事変までの二年間の甘粕の行動を誰も正確に把握してはいないが、同期生の麦田、佗美は二人とも「席の温まるひまもない活躍ぶり」といっている。「追悼余録」の文章だから美化されているにしても、彼らはその甘粕の烈しい行動をむしろ当然と眺め、驚きもいぶかしさも感じてはいない。彼らの知る現役時代の甘粕は活気にあふれた模範憲兵であった。その甘粕らしさが、排日の嵐の荒れ狂う満洲で、いっそう強く発揮されている——と彼らには感じられたのだ。誰もフランス時代の甘粕を知らず、まして彼がどんな手紙を弟あてに書き送っていたかを知らない。

「もうとてもだめなやうな気がする」と書かれたルアンの手紙からは、心身共に疲弊した男の、うつろなため息が聞えるようである。強気一筋で通し、仮にも弟などに弱音を吐くことのなかった甘粕の性格を思うと、フランス時代の彼のあわれは更に深い。手紙にある通り、常に「心はスネテ」自分の世界を狭め、自虐にのめりこまずにはいられなかった甘粕と、帰国後間もなく満洲に現われて、旧友を感嘆させる活力を見せた甘粕とは、同一人物であることがいぶかしいほどの変り方である。

甘粕はいつの時代も「君国に尽す」ことだけが生き甲斐であり、「斃れるまでご奉公」することが念願であった。獄中日記に彼は次のように書いている。

「生き甲斐は、民族の長たり、政治の首長たる皇室、皇室の有たる日本国に、凡《すべ》てを空うして仕ふること……」

「……陛下を大御神の顕現とみる私には……」

「今日は乃木さんの日だ。乃木さんのしりへに従つて乃木さんの凡ての基礎たりし天皇教に向つて、私も向上の道を追ふ」

甘粕自身が〝天皇教〟と書いているように、天皇崇拝の念は彼にとって理屈ぬきの信仰であったろう。弟・二郎は「兄は現実的な、合理的な男だったが、その天皇崇拝は、民間人の私には滑稽と感じられるほどだった」と語っている。これは終生変らなかった。

甘粕が彼の人生観や皇室崇拝の念について書いたものは獄中日記だけである。昭和四年の渡満より五、六年前に書かれたものだが、その後も甘粕の精神の基盤に変化のなかったことは、敗戦直後に自決した彼の遺書によってもわかる。甘粕は遺書の中で自分を〝不忠不尽の者〟と呼んでいる。〝忠〟の対象は当然ながら天皇である。甘粕は常に天皇を思考の中心に捉え、天皇と〝その有である国家〟にとって自分がいかなる存在であるかを問い続けた。こうした甘粕は板垣征四郎に深く信頼され、その後澄田睞四郎、片倉衷、今井武夫など旧軍人をはじめ、古海忠之《ふるみただゆき》（満洲国総務庁次長）、武藤富男（国務院総務庁弘報処長、のち明治学院長）など満洲時代の甘粕をよく知る多くの人々に「私利私欲がなかった」「信頼できる、純粋な男だった」といわれているが、同時に〝満洲の甘粕〟の限界もまたここにあった。

軍人であった時の甘粕は「……朕は汝等を股肱と頼み……」と軍人勅諭に示されているように、天皇と直結していた。軍務に精励することで、天皇に〝ご奉公〟しているという実感を持つことができた。だが軍籍を追われ、仮に彼が「俯仰《ふぎよう》天地に恥じぬ」としても、当時の言葉でいえば〝人殺しの前科者〟になってからの甘粕は〝君国に尽している〟と自認できる生き方を求めることが、いかに困難かをイヤというほど思い知らされた。そして、目標も持てず無為に時を過す苦痛にさいなまれたあげくの帰国であった。

その甘粕が満洲という舞台に乗り、そこで石原莞爾の「満蒙問題ノ解決ハ日本ノ活クル唯一ノ途ナリ」という理念と出会った時、彼に迷いはなかったと想像される。甘粕は〝日本ノ活クル唯一ノ途〟に一身を捧げることを、〝我ノ活クル唯一ノ途〟と断じたのであろう。甘粕が帰国したころの日本は、経済不況がどん底の様相を呈し、農村疲弊、失業問題の中で、政治の腐敗がいっそう絶望感を深めていた。これが、のち軍人による数度のクーデタの背景でもあるが、みずから〝一介の刑余者〟という甘粕も、こうした祖国の姿を黙って見ていられる男ではなかった。

満洲建国までの甘粕について、同期生・佗美は「幾度も死線を越えて活躍した」と書いている。多分に〝伝説〟の臭いはするが、いくつかの命がけの行動も伝えられている。事実と認定できないことは書かないが、この時代の甘粕は、度胸を競う暗躍組の中でもひときわ勇敢であったろう。それはフランス時代の暗くいじけた彼を前提として、浮かぶ想像である。甘粕はようやく目標をつかみ、生き甲斐を見出したのだ。

満蒙領有をもくろんだ人々を動かしたものは、国家的な理想実現への使命感、それを理念化した中で自己の能力や運をためそうとする野心、権勢欲、名誉欲、物欲、またはそれらの複合など、種々雑多であった。その渦中にあって、甘粕は〝君国に尽す〟ことだけを希求した。彼にとって天皇と国家と我とは一体であった。

その甘粕には何の肩書も資格もなく、また裸一貫と見栄を切るには〝前科者〟という過去が邪魔をした。板垣、石原の「満蒙問題解決案」に同調し、この二人と同志的行動をとっていても、甘粕の動きは常に影の中である。表向きには関東軍と無関係の甘粕には、身分の保証はない。このころ、もし甘粕が謀略の失敗で死んでも、理由も明らかにされぬまま葬られたであろうし、成功しても報いられはしない。だが彼には〝斃れるまでご奉公〟する願いしかなかったのだ。

昭和六年九月十五日、参謀本部第一部長・建川美次少将（のち中将、駐ソ大使）は極秘で旅順の関東軍司令部へ向った。この出張の動機について、参謀本部作戦課の「機密作戦日誌」は「外務省谷亜細亜局長ガ陸軍省軍務局長ニ対シ関東軍ノ少壮士官ノ間ニ満洲ニ於テ支那軍ヲヤッツケル計画中ナリ真実ナリヤト質問シ来レルニ基因ス」と書いている。谷亜細亜局長の情報は外務省出先機関からのものだが、奉天特務機関・花谷正少佐(のち中将)が、独立守備隊の若い将校相手にやった放談が、その火元の一つであった。このため花谷は石原に敬遠され、柳条湖事件の数日前に片倉に向って「計画は中止となり、俺は除外された」と酒盃を棄てて慨嘆するようなハメになった。

関東軍参謀長・三宅光治少将(のち中将)から建川へあてた「中央政府が正しい認識を持つために、満洲の現状を視察されたい」という電報も、建川出張の動機の一つであった。こうして建川は現地の情況視察に出向いたのだが、主目的は陸相、参謀総長の意図する「なお一年の隠忍自重」を説いて、関東軍の暴走を封じることにあった。軍中央が、関東軍の企図する「満蒙問題武力解決」に反対だったわけではない。目標には同意しながらも、認識の相違と、対内、対外問題などへの配慮から、すぐにも武力で押し切ろうとする関東軍とは同一歩調がとれなかったのだ。満蒙問題解決に、軍中央と関東軍はまぎれもなく一つの車の両輪であったが、車輪の半径が違っていた。

建川の出張目的を知った橋本欣五郎は、板垣あてに「事暴れたり、直ちに決行すべし」と打電した。建川にクギをさされる前に、やってしまえ——と打電した橋本は、事変勃発を期待して連絡を待ったが、建川が奉天に着くはずの十八日が暮れても、なお何事も起らなかった。

建川は十八日夜、予定通り奉天駅に着き、板垣と花谷に迎えられた。板垣は建川を料亭菊文に案内し、「話はいずれ明日」と、十時少し前にここを出ている。奉天駅北方約七キロ半の柳条湖付近で、満鉄線が爆破されたのはその直後であった。

昭和六年九月十九日付朝日新聞は「奉軍満鉄線を爆破　日支両軍戦端を開く　我鉄道守備隊応戦す」の大見出しで次のように伝えている。

「（奉天十八日発至急報電通）本日午後十時半北大営の西北において暴戻《ぼうれい》なる支那兵が満鉄線を爆破し我が守備兵を襲撃したので我が守備隊は時を移さずこれに応戦し大砲をもつて北大営の支那兵を砲撃し北大営の一部を占領した」

満洲事変から日支事変へと泥沼にはまり、昭和二十年の敗戦まで続く十五年戦争の発端である。極秘で奉天の独立守備隊内に据えつけた二十四糎榴弾砲は、事変勃発直後から戦果をあげている。

柳条湖の満鉄線爆破は、張作霖爆殺と同じく、またも関東軍の軍人の謀略であった。しかし張作霖爆殺の時とは違い、内外ともにそれを重大視しなかったのは、日中関係がもはや爆発点に達していた当時、どちらが口火をつけても自然発火と受けとられる条件を具えていたためであろう。この爆破は板垣、石原によって決行されたもので、当夜の実行の責任者は現地にいた板垣であり、実施したのは今田新太郎大尉（のち少将）をはじめ川島中隊の二、三の将校たちであった。戦後、防衛庁戦史編纂官となった稲葉正夫は川島正（柳条湖事件当時大尉、のち大佐）ほか関係者から証言をとって、右のように確信している。

一度は十月と予定され、事件の直前までは九月二十八日と予定されていた決行日が急に十八日と早められたのは、建川の渡満を知り、彼の〝説得〟前を狙ったためである。板垣は奉天駅で建川を出迎え、そのまま料亭に送りこんだが説得などするひまも与えず立ち去り、その直後に満鉄を爆破した。

片倉衷は「私は八月初めごろから謀略のにおいを嗅ぎつけ、その圏外すれすれの所にいた」と語る。「九月十八日の深夜、旅順で事件発生を知った時、とっさにヤッタナ！と思った。板垣、石原両参謀が、われわれ若手参謀を度外視して決行したことが無念だった」

事件勃発の知らせを受けて、片倉と共に司令部へかけつける新井匡夫、武田寿、中野良次ら各参謀の思いも同じであった。誰一人、満鉄線爆破を支那兵の暴挙などと思ってはいない。四人は参謀長官舎前の柳の木の下に立ちどまった。「こうなっては、協力する以外にないでしょう」と、いちばん若輩の片倉がいった。「今度もまた、河本が張作霖をやった時のように納められてしまったら、それこそ日本の総退却です」三人は深くうなずいた。この機をのがさず、満蒙問題解決まで一気に押さねばならぬ……と決意を固めて、彼らは軍司令部にはいった。

「この〝寸刻の決断〟は、板垣、石原の両参謀がなくなられるまで、遂に話さずじまいだった」と、片倉は三十代になったばかりで遭遇したこの歴史的な日を、静かな口調で語った。

当時の片倉の手記には「板垣は胆略の人、石原は智略の人」と書かれている。この二人はなぜ軍中央の「一年は隠忍自重」という意図に反してまで、鉄道爆破に踏み切ったのか――。中村大尉殺害事件による世論の沸騰をまたとない好機とし、この潮に乗って強引に中央をひきずろう――という企図であった。一万そこそこの兵力しか持たず、孤立する危険も予想される関東軍にとって、張学良とその主力軍隊が反蔣動乱のため満洲の外に出動していたことも、見のがせない好機であった。第一次五カ年計画の途上にあるソ連は立たないだろうし、世界恐慌の中で英米も積極的な干渉はしないだろう、と彼らは判断した。こうして板垣、石原は満鉄線を爆破した。

石原は戦後になっても、柳条湖事件を「永久の謎」というだけで、それ以上は語らなかった……と、稲葉正夫が私に話した。石原と板垣の二人が能力のすべてを傾け尽し、練りに練った謀略であったろう。板垣がA級戦犯として処刑された後も、石原は柳条湖の真相を二人だけのものとして胸にたたんでおきたかったのであろうか。

関東軍司令官としての着任から一カ月たったばかりの本庄は、九月十八日午後十一時過ぎ、旅順の官邸で、奉天の板垣高級参謀からの電話で柳条湖の日支軍衝突を知らされた。板垣は「独断で独立守備隊と駐箚連隊を出動させた」と報告してきた。

軍司令部に本庄を迎えた石原参謀は、かねて準備の作戦構想を述べ、作戦命令の決裁を求めた。だが、本庄は即答しなかった。奉天特務機関発の第一電を見ても、本庄はなお決断を下してはいない。十九日午前零時半、第二電がはいった。

「北大営の支那軍は満鉄線を爆破。其兵力は三、四中隊で、逐次兵営に遁入した。虎石屯中隊は十一時過ぎ北大営に在る敵兵五、六百と交戦中。その一角を占領したが敵は機関銃、歩兵砲を増加しつつある。中隊は目下苦戦中。野田中尉は重傷」

この電報によって石原はさらに進言し、遂に本庄は決断した。彼は幕僚たちに「全線全関東軍同時出動、奉天軍攻撃」を下令した。また軍司令部の奉天出動を決し、朝鮮軍司令官・林銑十郎《はやしせんじゅうろう》中将（のち大将、首相）へ増援を要請した。

午後三時半、本庄は奉天へ向って出発、列車の中から陸相、参謀総長へ決意を報告した。朝鮮軍からは「かねての作戦協定に従い、赴援する」との返電を受けた。各地から次々に勝報がはいってきた。

車中の本庄は「この情勢ではハルビンまで出兵の必要があろう」と決意を語り、幕僚たちを感激させた。片倉衷は「戦陣随録」中に「この軍司令官の決意と沿線歓呼の市民の声援とは、必ずや満蒙問題解決への基礎となるべしと感ぜられた」と、興奮気味に書いている。

満鉄線爆破の主謀者であり、板垣と共にこれを決行して満洲事変勃発の口火をつけた石原が、「ハルビンまでも」という本庄の言葉に強い感動を覚えなかったはずはない。ハルビンへの出動は、石原の切望するところである。その実現のために、このさい打つべき手を打とうと、このとき彼は決意した――という想像は、その二日後の九月二十一日の、甘粕の行動と結びつけて浮かぶものである。

本庄は十九日正午、奉天に着いた。この日の軍司令官日記には「払暁我軍北大営ヲ占領シ正午頃奉天城占領、次イデ東大営迄占領。此日長春ノ攻撃戦闘最モ激烈」と書かれている。関東軍各部隊の指揮官は、特務機関の通報や満鉄駅員の情報によって独断行動を開始し、十九日一日で満鉄沿線の張学良軍主要部隊を掃蕩し、その本拠を覆滅した。関東軍命令は、彼らの行動開始のあとから来た。機敏といえば機敏だが、命令系統無視のフライングであった。それが発端から是認された。

奉天到着後の本庄は改めて陸相、参謀総長に打電、時局が重大化した以上、一挙に満蒙問題を解決しなければ悔いを百年に残すとし、積極的に全満洲の治安維持に任ずるを緊要と信じ、平時編成三個師団の増援を必要と認める、と献策した。だが午後六時ごろ、陸相、総長から「政府の不拡大方針」を伝えてきた。林朝鮮軍司令官からは「参謀総長は本職再三の意見具申にかかわらず、強て増援隊の差遣を差止めらる」との連絡があり、その結果、飛行隊の一部だけが来援、他は新義州以南に待機となった。

石原は、朝鮮軍の来援がなければ河本の張作霖爆殺事件の二の舞だ、またもや解決を見ぬまま、うやむやに納められて、やがて日本は総退却か……と、大荒れに荒れた。彼は、軍司令官はじめ幕僚の宿舎と定められた瀋陽館の板垣の部屋で、参謀たちの前に大の字に寝てヤケの大声をあげた。「俺はもう作戦主任参謀などやめたッ。片倉、貴様やれ！」

参謀たちはそのかたわらで対策を協議した。石原は、片倉の「いま奉天に建川少将がいる。同少将と懇談してみては」という提言を受け入れた。だが「迎えに行け」と言われた片倉には、建川の所在がわからない。片倉は板垣の指示で花谷をたずね、ようやく、前夜板垣に料亭菊文へ案内されたまま、その奥座敷にいる建川を捜し当てた。

十八日夜、板垣が立ち去った菊文で、建川は柳条湖事件の砲声を聞いたはずだが、その後の一昼夜、彼はここを動かなかった。今さら真相を割り出すことはできないが、建川のやり方を想像することはできる。東京では、十九日午前五時ごろ、急を聞いて参謀本部にかけつけた今村均（当時作戦課長、のち大将）は、総務部長・梅津美治郎と共に関東軍からの電報を整理しつつ、当然あるはずの建川発の電報をさがしたが見つからなかった、と「私記・一軍人六十年の哀歓」に書いている。菊文から一歩も出なかった建川が、電報など打つはずもなかった。

今村均は同じ「私記」中に、九月二十二日朝、満洲から帰った建川が「まるで子供の使いのような間抜けたことになってしまった。（中略）宿で会食して寝てしまったらあのさわぎだ。急に現場に馳せつけようとすると、宿の前にはもう衛兵が配置されており『あぶないから出て行っては困る』と云い、通そうとしない。俺に干渉されるとでも思っての軟禁だろうが、道を心得ないやりかただ。が、こう火が廻ってしまっては、消防夫を咎めだてしているわけにはいかない。むしろ中央が全責任を取ってやるより仕方あるまい」と語った、と書いている。また今村は同著の中に、建川が「その後永い間の述懐中にも〝軟禁〟された夜の不快を口にしていた」と書いてあるが、はたしてこれが建川の本音であっただろうか……。

橋本欣五郎は手記の中に、参謀本部の昭和六年度情勢判断について「本情勢判断の特異とする処は、例年の情勢判断が世界一般の情勢を判断し、月並的結論に終りしに反し、満洲を中心として判断が構成せられし事なり。此功績は一に部長建川の卓見に依るものと云はざるべからず」また「建川予に意見を求む。予は直ちに満洲に事変を惹起したる後、政府に於て之に追従せざるに於ては軍を以てクーデターを決行すれば満洲問題の遂行易々たるを論ず。他の者唖然たり。唯唖然たらざるものは建川のみ」と書いている。

これは単細胞の橋本の勝手な解釈であったとしても、九月半ば、関東軍説得のため渡満を命じられた建川は、橋本に乞われるままに建川＝板垣間の暗号帳を貸している。橋本はこの暗号で板垣に「事暴れたり、直ちに決行すべし」と打電した。これは、広範囲に信じられている「建川は渡満前から事変勃発を知っていた」という説の裏づけの一つに数えられている。

複雑な頭をした建川の、料亭菊文の一昼夜はいろいろに考えられる。関東軍が、柳条湖をやった以上、ここで建川に邪魔されたくないと〝軟禁〟した――のは事実かもしれない。軟禁に当ったのは花谷のいる奉天特務機関であろう。だが建川がその気になれば、現場でも軍司令部でも、行きたい所へ行けたはずだ。軍は肩章《けんしょう》がモノをいう世界であり、建川は参謀本部第一部長の少将である。しかも、猛者《もさ》ぞろいの関東軍を説得するには温厚な人物ではだめだと考えた陸相、総長が、〝積極家として知られ、口喧嘩にも負けぬ〟といわれた建川に白羽の矢を立てて、満洲に派遣した……と、当時の作戦班長・河辺虎四郎が著書「河辺虎四郎回想録」中に書いている。その建川が、なぜ菊文前の衛兵の阻止を一喝で片づけなかったのか。〝留め役〟の建川はわざと出てゆかず、関東軍の思うままにやらせたのだ――という臆測が生れるところである。

のちに、片倉は「建川部長はおそらく事変勃発を予知して渡満したのだろう。建川の〝根本的支持〟があるからこそ、板垣、石原両参謀は鉄道爆破に踏み切れたのだと、私は想像している」と語っている。

菊文の経営者・田中徳二郎、イト夫婦が語ったと伝えられる十八日夜の建川の行動も、建川が事変を予知し、これを支持していたことを裏づけている。菊文は関東軍幹部が会合に使っていた料亭で、田中夫婦は彼らに深く信頼されていた。

十八日夜、柳条湖事件の砲声で目覚めた建川は、すぐ田中イトを呼び、色紙を持ってこさせた。彼はまず一枚に「巨砲一發　滿蒙開發」と書き、しばらく考えてから、二枚目の色紙に「轟砲夢を破り只々我不明を恥ぢる」と書いた。それをイトに渡しながら、建川は「おかみ、これは顔向けさ」と微笑を含んでいった、という。

田中家には今もこの二枚の色紙が保存されている。終戦の翌年、日本への引揚げの時、田中徳二郎はかつて菊文を訪れた人々――東条、小磯、土肥原、板垣、建川、甘粕など――の色紙を薄くはがし、新聞紙に巻きこんで中国軍の目をのがれ、無事に持ち帰った。

それはそれとして、柳条湖事件勃発から二十四時間後の十九日夜、建川は片倉に導かれて菊文から瀋陽館へ行き、二階応接室で、板垣、石原、花谷、片倉と会談した。この時の建川は毅然としていた。

板垣は「今日の事態を機として一挙に全満の解決を必要とし、わが領土とすることが得策」と述べた。石原もまたこの際南北満洲の一体不可分解決の要を説き「現下の国際情勢、とくにソ連の軍事力、英、支の軍事態勢、米国の軍事力、とくに海軍力は何れもこの際実力交渉の力なく、国際連盟も実力的干与困難であり、今こそ、日本の国防、満洲の防衛、はたまた東亜の保衛上からも天与の好機であり、日本は断乎たる決意が必要」と主張した。

この二人の意見に対し、建川は「日本軍部の準備、日本政府の状態は対ソ戦突入の決意なく、また成算もない。今日の段階は親日政権による権益擁護の実施の時期である」と述べ、縷々《るる》と説明して譲らなかった。建川案は「親日政権を樹立するが、それは支那中央政府の主権下におく」というもので、板垣、石原は、それでは何の解決にもならぬと反撥《はんぱつ》した。

また兵力の使用について、建川は「西の方、山海関まではさしつかえなかろうが、北方は対ソ静謐の関係から、拉林河、洮南を結ぶ線以北への進出は断じて同意できない」と強く主張した。

以上は、この会談に列席した片倉の記述の大要である。

この夜、天津の溥儀廃帝についても意見が交換された。前年九月に河本大作が溥儀打診を行ってはいるが、関東軍が正式に溥儀を議題にしたのはこの夜が初めてである。建川も関東軍側も「溥儀以外にはあるまい」という結論に達し、新政権か独立国家かは未定だが、いずれにしろ宣統帝溥儀を起用することはこの夜の会談で決った。激しいやりとりに終始した瀋陽館の会談は午前一時まで続いたが、「溥儀起用」以外は遂に意見の一致を見ず、相互になおよく考えることにしてうち切られた。

建川が渡満後初めて軍司令官・本庄に会ったのは、その翌日の午前である。建川は「(一)東支線の性質と、現下一般の情勢に鑑み、長春以北は兵を派せざるを可とすべきも、吉林、洮南等は一刻も早く打撃を加うるを有利とする。(二)現東北政権を潰し、宣統帝を盟主とする日本の支持を受くる政権を樹立するを得策とする」との意見を述べ、これを陸相、総長あてに打電した。建川は依然として親日政権案を主張しているが、前夜の会談より数歩関東軍案に近づいていた。また関東軍参謀側も、この会談後は占領案の構想に変化を見せ始めた。

二十日夜、三宅参謀長以下の全参謀会議で吉林派兵を決し、司令官に建言した。しかし本庄は同意を与えない。建川との会談で吉林派兵は諒解ずみではあるが、十九日夕の陸相、総長からの「不拡大方針」を伝える電報が本庄を拘束していた。吉林出兵は事件不拡大の中央方針に反するものであり、また南満洲鉄道沿線をガラアキにする大冒険でもあった。吉林軍撃破の大義名分は軍の自衛、邦人保護であったが、石原の腹の底はこれを〝拡大〟への第一歩とし、同時に朝鮮軍を越境増援に踏み切らせることにあった。

本庄は慎重で、まず石原の起案命令を却下した。次いで「軍がここでグラついては……」という板垣の発言に憤然とした本庄は、石原以下の参謀を退席させ、三宅、板垣だけを残して三者会談に移った。すでに二十一日である。片倉の「戦陣随録」によれば、この三者会談は午前三時から二時間続いた。その結果、本庄は遂に独断吉林出動を決した。

本庄はこれを中央に報告すると同時に、林朝鮮軍司令官に重ねて増援を要請した。林は統帥権を冒し、独断により、新義州に待機する混成第三十九旅団を、二十一日午後一時、奉天に向け越境させた。

柳条湖事件勃発以来、中央省部の将校の多数が関東軍を支持し、満蒙問題の解決に邁進すべしとの意見に傾いて、興奮していた。だが事件勃発直後の十九日の閣議で南陸相は増援派兵を発言し得ず、金谷参謀総長も天皇に増派しないと言明した関係から、経過は不手際をきわめた。二十一日には、朝鮮軍の越境について允裁《いんさい》を仰ごうとした金谷総長が、政府のさしがねで拝謁をはばまれ、これが軍部の独断越境黙認論をあおった。結局二十二日午前の閣議で承認され、その直後、允裁のうえ関東軍に伝達された。これにより、すでに越境していた部隊も事後承認の形で、正式に関東軍司令官の指揮下にはいった。

吉林派兵と朝鮮軍増援容認という新事態は、満洲事変拡大の転機になった。関東軍はこれらを踏まえて、北満処理と、遼西地区に残る張学良政権の打倒を目指した。

関東軍は増援朝鮮軍と協力して、間島と北満のハルビンへの侵入を計った。しかし中央の不拡大方針は変らず、吉林派兵を認めた建川さえ、ソ連を刺激するであろうハルビンへの出兵は絶対に容認できないと主張している。

独断越境の朝鮮軍が奉天に到着した二十一日夜、関東軍のハルビン派兵をうながすような事件が現地で起った。昭和六年九月二十二日付朝日新聞は次のように報じている。

「〔ハルビン二十二日午前零時三分発電通〕二十一日午前八時ハルビン鮮銀支店に爆弾を投じ、ついで九時二十分我総領事館にも爆弾が投下された」

これに対し日本総領事館は厳重な抗議を発した、と書かれているが、事件はその翌日も起きた。

「〔ハルビン二十二日発聯合〕ハルビンの在留邦人四千名は二十二日朝十一時に至り、突如危険にひんするに至つた。

ハルビン日本総領事館裏門と正金銀行支店に爆弾を投じたるものあり、時刻は朝鮮銀行支店、ハルビン日日新聞と同時であるが、幸ひに爆弾は不発であつた」

これら一連の爆弾事件は、ハルビン派兵をあせる関東軍の謀略であった。またも関東軍演出の〝反日行為〟である。その実行の中心は甘粕正彦であり、彼はハルビン特務機関と連絡のうえ、ナンバーのない車で夜のハルビンに出没して爆弾を投じ、ある時はピストルを乱射したという。

九月二十三日付朝日新聞は「〔長春二十二日発聯合〕中野ハルビン領事代理の要求により我第〇師団主力はハルビン方面に向け出動に決定した」と報道した。しかし日本政府はこれを認めなかった。同日付紙面は「ハルビンの事態が急迫したので同地領事代理からも在留法人保護のため幣原外相に派兵を要請してきたが、二十二日の閣議では今後事態を拡大せしめざる方針の下に、同地には事態が急迫するも軍隊を派遣して現地保護を行ふ事なく、いよいよ在留邦人にして危険にひんする場合には、居留民を安全の地点に引揚げしめることに方針を決定した」と伝えている。

関東軍から中央に何度かハルビン出兵を要請し、大橋ハルビン総領事も外相にあてて居留民保護のため関東軍一部兵力のハルビン出動を要請したが、軍中央も政府もこれを認めなかった。また、中央の方針を伝えるため奉天に急派された兵務課長・安藤利吉大佐（のち大将）は、閣議の席上で幣原外相が「陸軍の謀略ではないかと疑念を抱き、林総領事の電報を朗読した」と、関東軍をヒヤリとさせる情報を伝えた。片倉の手記によれば「関東軍は長恨の憾を呑んで」ハルビン出兵を断念し、満鉄沿線を中心として軍主力を集結した。

ハルビン派兵が不可能と決定してからも、現地では甘粕の執念を語るように爆弾事件が続発した。九月二十六日付朝日新聞は「二十五日午後七時四十二分頃ハルビン、モストワヤ街日本居留民会と料亭布袋との間に爆弾を投げたものあり……（中略）続いて午前八時頃又もや新市街地中日文化協会に爆弾が投ぜられたが幸ひ人畜に被害はなかつた。住民は極度の不安にかられ……」と報じている。そして「支那共産党はハルビンに於ける邦人経営の電灯会社、北満電気会社を爆破すべく計画を進めつつあり」と、現地特務機関が流したであろうデマを伝え、「支那側警察署長は二十五日午後八時四十五分日本警察側を訪問、二十五日爆弾を投げた犯人数名を捕へ取調中であると言明した」と報じている。

中国側の警察力がいかに弱く、また甘粕は常に特務機関と連絡を保っていたとはいえ、彼が中国の警察に逮捕されないという保証はなかったはずだ。甘粕は表向き関東軍とは無関係だが、もし逮捕されたら、中国語もできない彼が日本人であることをかくせるとは思えない。ハルビン市の治安維持に当る中国側警察へ、日本総領事館は再三抗議しているが、もし爆弾事件の犯人が日本人だと判明したら、中国側はここぞと日本の謀略を宣伝し、第三国への影響も大きかったと想像される。

「もし甘粕が捕えられたら……」と、稲葉正夫は私に言った。「おそらく、自爆する覚悟だったでしょう、爆弾はいつも持っていたのだから。甘粕は妙にいさぎよいところのある男だったし、自爆に備えてふところにシナ語の命令書ぐらい入れていたかもしれない。柳条湖事件では、シナ人を鉄道爆破の下手人に仕立て、その死体から出たと称する命令書を、日本の新聞が写真入りで発表した時代だった」

稲葉は、当時を知る関東軍の将校から「甘粕は命を捨ててかかっていた」と聞いたという。憲兵としての訓練を受けながら軍籍を持たず、肩書きもなく、生命に執着しなかったという甘粕は、このさい手段を選ばず一挙に満蒙問題を解決しようとする板垣、石原にとって、得がたい男であったろう。

爆弾事件が終って間もなく、甘粕は憲兵下士官ら五人を率いて、ハルビン市内の紅葉館を借上げ、ここに特務機関を開設した。「内藤機関」と呼ばれていたが、内藤とは甘粕の母・志げの旧姓である。この機関の任務は「馬《ば》占《せん》山《ざん》軍対策」が主であったと、当時の要員の一人・倉垣寅義（当時上等兵、のち憲兵少尉）は語る。倉垣自身は郵便物の検閲、銀行での金の動き、満洲要人の動静調査に当ったという。

当時の甘粕は、勤務を終った部下に十円を与え、彼らが遠慮すると「これは俺が与える金ではない。天皇陛下が下さるのだから、いただいておけ」と言った……と倉垣は思い出を語る。再び天皇と直結した甘粕の喜びが感じられる言葉である。甘粕にとって、軍の金は「国民の血税」であるよりも「天皇のもの」であり、それ故に尊く感じられたのであろう。

建川帰国後の二十二日、関東軍は改めて陸相、総長あてに「満蒙問題解決策案」を打電具申した。この策案は石原自身が筆記、整理した資料が残されている。その「第一、方針」には「我国ノ支持ヲ受ケ東北四省及蒙古ヲ領域トセル宣統帝ヲ頭首トスル支那政権ヲ樹立シ在満蒙各民族ノ楽土タラシム」と書かれている。板垣、石原の持論であった満蒙占領案は、中央はもとより、関東軍支持の建川さえ不同意であったため、一歩後退して、最も実現の可能性の大きい親日政権樹立案をとったのである。

関東軍幹部は新政権樹立のため機敏に手を打った。まず天津軍司令官に打電して、宣統帝、羅振玉《らしんぎょく》、除良らをその保護下におくことを要請した。その他、板垣が張景恵の決心を促したのをはじめ、溥儀側近の人々との折衝、張海鵬への帰順説得、蒙古軍挙兵の支援、さらに宇垣朝鮮総督に側面協力を懇請した。しかし中央とは相変らず足並みが揃わず、二十五日には陸相から「満洲に新政権を樹立せんとする運動に関与するを禁ず」とクギをさされた。その陸相は閣議の度に、政府、特に外務省の攻撃の矢面に立たされていた。

九月二十七日、東京の靖国神社で、王爺廟《おうやびょう》付近で中国の屯墾隊に銃殺された中村震太郎少佐（死亡当時大尉）の陸軍葬が行われた。事件がくわしく報道されて以来、広く同情が集っていたが、この日、遺児を抱いて喪主席に坐った若い未亡人の姿は、さらに人々の感情を刺激した。葬儀の席に持ちこまれた血書の大のぼりについて、橋本欣五郎は次のように書いている。

「……桜会の連中は此葬儀を以て国民亢奮を極度の高調に達せしめ、以て将来の工作に資せんと考へ、桜会員中、某所に集り血書を以て『忠魂を弔ふ』の大弔旗を記す。葬儀に於ける異彩たり」

このころから国内では関東軍の信念に対する共感が高まり、満洲問題についての世論の動向が急速に変り始めた。満洲事変は、経済不況、失業問題など八方ふさがりの暗い世相に射しこんだ強烈な希望の光に見え、やがて国民多数の満洲建国支持へと進んでゆく。

軍中央部は九月二十日すぎから「関東軍が軍事的に占拠すべき範囲」について討議を重ねていた。陸相と総長の意見が合わず、いったんまとまった二十三日案は葬られた。そして、満蒙問題処理の根本案もまだ確定していない二十四日、「関東軍に中央の現状を伝え、指導せよ」という命を受けた参謀本部第二部長・橋本虎之助少将（のち中将）は、軍事課の西原一策少佐、作戦課の遠藤三郎少佐、支那課の今井武夫大尉を伴って渡満した。橋本ミッションと呼ばれる一団である。

「二十八日に奉天に着いたが……」と今井武夫は語る。「鼻息の荒い関東軍は、東京から行った我々の話などまじめに聞こうともしなかった。私は甘粕が関東軍に協力していることは前々から察していたが、彼がハルビンはじめ軍の謀略に加わって働いたという具体的な話は、このとき初めて聞いた。甘粕は軍籍を追われた身だが、軍人に対する態度には少しも卑屈なところがなかった。これはその後も終始一貫している。甘粕といえば誰もが大杉事件を思い出すが、上官からヤレといわれたり、また暗示を受ければ、その通り実行し、責任を一身に引き受けて生涯黙って通す……というのが当時の軍の教育であり、常識だった。だから軍人の中に、大杉事件について甘粕を『ひどいヤツだ』なども悪く言う者はいなかった」

また今井は「板垣という人は太っ腹で、人の使い方がうまかった。甘粕とは終始互いに信頼し合って、親しくつき合っていた」と語る。両者の関係については、片倉、稲葉も同じ見方をしている。満洲の暑い夏の夜、板垣、甘粕の二人がフンドシ一つであぐらをかき、酒を飲みながら談笑している姿は印象的だったという。

軍中央部では、橋本ミッション出発の翌二十五日、課長委員間で起案された「満洲新政権による解決」を骨子とする時局対策案が、省部首脳会議で採択された。続いて九月三十日には「満洲事変解決に関する方針」が成案となり、さらにこれを基礎とした「時局処理方案」が三長官会議で決定した。事変勃発以来、関東軍の手綱をひきしめようと努力を重ねた中央部だったが、遂にひきずられ、あと追いの形で、「溥儀を頭首とする新政権樹立」を目標とする陸軍の方針が決定した。

十月四日付朝日新聞は「宣統帝を擁立し独立運動急転せん――天津の日本租界で不遇をかこつ廃帝」という見出しで、それまで日本の大衆にはなじみのなかった清朝廃帝の動静を伝えている。当然ながら、日本陸軍、特に関東軍の意図には触れず、東三省を失った張学良との関連において「……特に支那側某方面の満蒙独立国建設計画はこれを契機として急速度を以て進展すべく……」と、他民族の自主的な独立運動として報道している。

事変解決に一役買うため上京を決意した満鉄総裁・内田康哉は、十月六日、八日の両日、関東軍司令官と会談した。「内田満鉄総裁に対する本庄軍司令官よりの懇談要旨」の第五項中には、

「此の新政権樹立のためには次の原則に準拠するのを有利と信ずる。

(一) 満蒙を支那本土より全然切り離すこと

(二) 満蒙を一手に統一すること

(三) 表面支那人により統治せらるるも実質に於ては我方の手裡に掌握せらるること」

と書かれている。

また軍司令官から陸相、参謀総長へあてた十月九日の電報には「(前略) 又伯 (内田――筆者註) ハ政府軟弱ノ原因カ宮中方面ニ在リトノ風聞アルニ就キ其立場ヲ了シ西園寺公牧野内府等ニ十分満蒙ノ実相ヲ説明スヘク約束セラレタリ (但此点ハ特に極秘ヲ要望セラレタリ) (中略) ……滞京中若槻首相幣原外相等ニ引摺ラレサル如ク軍部ニ於テモ積極的ニ活動セラルル如ク配慮セラルルヲ得策トスヘシ」とある。内田康哉は、大正十二年九月の関東大震災の時の首相代理で、問題の戒厳令発令の署名者であった。

橋本ミッションの四人は、奉天の関東軍司令部に一室を与えられてはいたが祭り上げられたような居心地の悪い滞在を続けていた。十月八日の錦州爆撃も、彼らは外国通信社のニュースで知るという有様だった。奉天を失った後の張学良は錦州に仮政府を設け、

ここが対日反抗の拠点となっていたので、関東軍にとって錦州攻略はぜひとも決行したい作戦であった。またこの時の爆撃は幣原外相の〝軟弱外交〟を粉砕し、同時に国民政府に関東軍の決意を示そうという重大な狙いもあった。十二機編隊の一機には、石原が搭乗していた。

橋本ミッションの遠藤、今井らは錦州爆撃について、その日のうちに石原に質問したが「ちょっと視察に行ったら敵が撃ってきたので、やむを得ずこちらからも……」というトボケた返事であった。橋本虎之助は錦州爆撃について司令官に意見を述べたが、あまりよい顔はされず、今井らはこのころから帰国を考え始めた。この爆撃が中国大衆を殺傷したため、アメリカを含む列強と国際連盟の対日世論は悪化した。軍中央は外務省から抗議を受け、関東軍へ訓電を発した。

橋本ミッションの一行は、関東軍参謀となる遠藤三郎を残して、十七日奉天をたった。その一員・今井武夫は帰国の翌早朝、思いがけず新聞記者たちの訪問を受けた。〝革命〟について矢継早の質問を浴びせられたが、今井にはその意味がわからない。記者たちは今井が十月事件に連座して軟禁され、それを解かれて帰宅した——と誤解していた。

十月事件とは、橋本欣五郎を中心とする陸軍在京部隊の一部将校が、関東軍の行動を利用して、荒木貞夫中将（のち大将）を首班とする軍部内閣を樹立し、国内武力改革を図ろうとした未発のクーデタである。一味が保護検束された後、今村均が入手した計画書は、それを点検した永田鉄山が「こんな案で、大事を決行しようと考えた頭脳の幼稚さは、驚き入る」と嘆声をもらすほどズサンなものであった。

しかし十月事件の政治的影響は意外に大きく、また彼らの放言による関東軍独立説は軍中央部を狼狽させた。板垣が主謀者・橋本欣五郎をはじめ、十月事件とかかわりを持つ重藤千秋、根本博と親しかったことも、中央に浮説《ふせつ》を信じさせた原因の一つであったろう。十七日に関東軍が入手した中央からの至急電報は「我々は満蒙問題の根本解決のため必死の努力を重ねているから、この熱意を信頼して、帝国軍から独立して満蒙を支配しようとするような企図はさし控えよ」という内容であった。乱暴な息子の機嫌をとり、なだめすかして、事なく納めようとする、うろたえた老父を思わせる電文である。

寝耳に水の関東軍は、司令官以下一丸となって中央に対し強く抗議した。両者の電報応酬の中で、中央は長老・白川義則大将（当時軍事参議官）に今村均を随行させて奉天に派遣した。十月二十一日の軍司令官・本庄の日誌には「午後一時白川閣下を停車場に出迎へ引続き司令部にて、関東軍、中央部と離脱に付会談。馬鹿気たる話」と記されている。

この機会に、参本作戦課長である今村と、板垣、石原ら関東軍参謀との間で、満蒙問題解決につき懇談が行われた。その中心議題は、中央の主張する新政権樹立と、関東軍の独立国家建設とのくい違いであった。酒席では、石原が「何ということか、中央の腰の抜けかたは」と今村に浴びせて、立腹させる一幕もあった。

奉天市長の職を趙欠伯に譲って解放された奉天特務機関長・土肥原賢二は、十月二十七日、天津地方に派遣された。彼は、謀略によって北京、天津地方を攪乱し学良政権の崩壊を推進する秘命と、天津日本租界宮島街の張園に隠棲している溥儀を満洲に脱出させる大役を帯びていた。溥儀かつぎ出しは幣原外相の絶対反対があり、その訓令を受けた天津総領事は溥儀の脱出を阻止するため厳重に監視していた。

関東軍はこの時期までに、天津軍からの連絡や旧清朝帝制派の打診などで、溥儀に脱出の意思があると察知していた。十一月四日、土肥原からも「溥儀は満洲側へ脱出の志望があり、吉林に政府を樹立したい企図を有することほぼ確実」と打電してきた。

溥儀の「自伝」によれば――溥儀と会見した土肥原は「関東軍は満洲に対し領土的野心はなく、誠心誠意、満洲人民が自己の新国家を建設するのを援助する」と述べた。清朝復辟を熱望する溥儀の「共和制か、帝制か」という質問には、まだ日本側がそれを決定していないにもかかわらず、「もちろん帝制です」と確答した。こうして溥儀は天津脱出の決意を固めた。

十一月八日夜、天津に暴動が起り、街は混乱状態に陥ったため、在天津部隊が出動して日本租界を確保した。北京武官の永津中佐さえ、これを中国側の反日行為とみて関東軍司令部へ打電したが、この擾乱はまたもや日本側の謀略であった。第一天津事件と呼ばれるこの暴動は、主謀者・土肥原の報告にある通り、実施に手違いがあって溥儀脱出の実現とならず、不成功であった。さらに資金、人員を整えて再行を期すとの連絡に接した司令部は「時期尚早」と判断したが、土肥原からは続いて「溥儀は十日天津を脱出、十一日塘沽発、十二日営口に上陸の予定」と打電してきた。土肥原・溥儀会見は極秘のはずだったが、翌日、天津の新聞は一斉にこのニュースを流し、土肥原の訪問の目的まで暴露されていた。この事態に、土肥原と天津軍とは溥儀脱出の機会を逸することを恐れて、関東軍の指令にかかわらず、決行の断を下したのである。十日、天津には再び暴動が起り、戒厳令が布かれた。

十一月十日夜の天津脱出を、溥儀自身が次のように書いている。なお脱出は十日、十一日、十二日の三説がある。

スポーツカーのトランク・ルームにかくれて静園を脱出した溥儀は、料亭・敷島に導かれ、そこで日本の軍服を着せられた。天津軍司令部の車で白河の埠頭に運ばれ、軍の小蒸気船「比治山丸」に乗船した溥儀は、約束通りそこに鄭孝胥《ていこうしょ》父子を見出して安堵した。このほか従者として上角利一はじめ数人の日本人と、十人の日本兵が護衛のために乗っていた。十一日未明、出航した比治山丸は土嚢《どのう》と鉄板で装備されていた。この時の従者の一人・工藤忠が「文藝春秋」(昭和三十一年九月号)に発表した記事によると、この船にはガソリン入りのドラム缶がかくされていて、もし中国軍に発見されて逃げきれない場合はそれに点火し、日本の謀略の生き証人たち全員を消す計画であったという。溥儀はドラム缶から三メートル足らずの位置で、皇帝となる日の近づいた喜びにひたっていた。

外国租界を過ぎ、中国軍の勢力下にはいってから約二時間の後、突然岸から「停船！」の声があがった。船は速度を落して岸に近づき、船室の日本兵は甲板にとび出し土嚢のかげに伏せて射撃の姿勢をとった。溥儀は生きた心地《ここち》もない。急に電灯が消え、岸からは銃声が起り、船は機関のうなりと同時に岸をかすめてスピードをあげた。こうして、比治山丸は逃げおおせた。

深夜になって塘沽港外に着き、ここで溥儀一行は「淡路丸」に乗り移った。溥儀の記述によれば十三日朝、船は遼寧省営口市の満鉄埠頭に着いた。淡路丸船上の溥儀は、この瞬間をいろいろに想像していた。東北の民衆が清朝の末裔である彼をどのように迎えてくれるか――民衆の大歓呼が埠頭にどよめくであろうし、かつて天津日本租界の小学校で見たように、小旗を振って万歳を叫ぶ子供たちの列もあるだろう――と彼は想像していた。だが、朝の営口埠頭はひっそりと静まっているばかりである。

上陸した彼らに近づいてきたのは小人数の一団で、それも意外なことに日本人ばかりであった。先頭の小柄な男が溥儀の数歩前でピシリと両脚を揃えて立ち止り、一礼した。

長身の溥儀を見上げるように、丸い鉄ぶちの眼鏡の下から向けられた視線に、溥儀は一瞬圧迫を感じた。彼はかつてこのように、迎合の色のみじんもない視線を浴びたことがない。溥儀の前に現われたのは、彼の護衛のため関東軍がひそかに派遣した甘粕正彦であった。

甘粕は溥儀と鄭孝胥父子を馬車で駅へ導き、一時間余り汽車に乗り、さらに馬車に乗せた。途中一言の説明もなく、溥儀は馬車が「対翠閣」と書かれた旅館の前に停ったとき、初めて湯崗子温泉に連れてこられたことを知った。ここはかつて、フランスへ向う甘粕が、弟・四郎と共に訪れた温泉である。

満鉄経営の対翠閣は、堂々とした日本風の洋館であった。溥儀は二階の最上の室を提供され、ここで羅振玉らに会った。

上機嫌の溥儀が冷水を浴びせられる思いを味わったのは、翌朝、ふと思いたった散歩を阻まれた時である。侍従は困惑の表情で「外出は許されておりません」という。対翠閣は封鎖され、外部の者が近づけないばかりか、溥儀一行のいる階上と階下の行き来も遮断されていることが、ようやく溥儀にもわかった。にわかに不安が湧いた。

従者の上角はどの質問に対しても「いずれも板垣大佐から連絡があるはず……」と繰り返すだけで、要領を得ない。上角のいう「新国家については、なお討議中」とは、どういう意味なのか。土肥原は、溥儀が帝位につくことに、問題はない、と明言したではないか――。溥儀の不安はさらにつのった。

溥儀はまた、日本人が自分に対して、天津時代ほど敬意を払わなくなったことにも気づいた。だが溥儀は不安や疑念を押えて、板垣からの連絡を待つほかはない。甘粕はめったに溥儀の前に現われなかった。だが厳重な警戒態勢の指揮者が甘粕であることは明白であった。

湯崗子の溥儀は、昭和六年十一月十八日、板垣の指示で旅順へ移された。旅順の大和ホテルでも、湯崗子の対翠閣と同じく、溥儀一行は二階全部を提供されたが、階下との接触は禁じられていた。引続き、甘粕と上角が彼らにつき添っていた。

日本は満洲建国を「民衆の希望によるもの」と宣伝することで、内外の非難をかわさねばならない。溥儀はその切札である。従ってすべての用意が整い、時機が来るまで、厳重にかくしておかなければならない。

溥儀の記述によれば――鄭孝胥、羅振玉の二人の側近にとっても溥儀は大切な切札で、二人は連合して他の競争者をしりぞけ、同時に知恵をたたかわせて日本人の寵を争った、という。「当時、相互の軋轢、地位の争奪は、遺臣たちの間にあっただけでなく、日本の浪人と特務の間も例外ではなかった。羽振りをきかせたのは当然板垣の子分の上角と甘粕の一味である」と溥儀は書いている。

砂糖に群がる蟻のように、溥儀に会いに来る旧臣たちを、甘粕はニベもなく追い返した。こうした甘粕の行為を、溥儀はやはり権勢欲、または物欲から出たものと眺めたであろう。だが溥儀の想像のように甘粕に多少とも私欲があれば、のちに〝満洲の甘粕〟と恐れられた勢力は持ち得なかったと思われるし、半面もっと楽に世渡りができただろう。溥儀はかつて甘粕のような男に出会ったこともなく、人間の中にそういう種類もあるということを想像もできなかったであろう。

栄達を狙って相争う旧臣たちの中心にいる溥儀自身も、清朝復辟に烈しい意欲を抱き、とにかく皇帝になりたかった。彼はその特殊な生立ちの中で、人を信じない人間になっていた。側近にさえ本心を率直に示そうとしない。これは、血統以外に帝位に通じるカードを持たぬ弱者の溥儀の保身術であり、処世術であった。多分に後天的なものであろうが、この陰湿な溥儀の性格は、甘粕とは対照的である。甘粕は〝日本帝国にとって大切な溥儀〟の護衛に全力を注いだが、彼に対して人間同士の好意を抱いたとは想像できない。

「甘粕が『一度、溥儀に会っておけ』とすすめるので、旅順のホテルへ会いに行った」と和知《わち》鷹二《たかじ》（当時少佐、のち中将）は私に語った。十月事件に連座した和知は、この年十一月に関東軍参謀として渡満し、建国工作を担当したばかりであった。「甘粕と私に対する溥儀の態度は、非常にへりくだったものだった。『早く茶を運べ』と自分で侍従にいいつけたりする気の使いようだったが、甘粕はケロリとしていた。まだ溥儀を皇帝にするかどうかも決らない時期だったが……」溥儀の不安な、そして弱々しい心境をスケッチするようなこの話を、私は和知から直接聞いた。

甘粕が溥儀から贈物を受けたのも、この時期であった。溥儀は「自分はいま貧しくて、何の礼もできない。せめてこれを記念に」とカフス・ボタンをはずして甘粕に差出した。甘粕はとっさに「礼を受ける理由はない」と言い放って無造作に返そうとしたが、側近から「わが国では、貴人からの贈物を返すことはできない習慣です」とたしなめられて、受けとった。甘粕の同期生・麦田平雄は「追悼余録」の中に「甘粕がそのカフス・ボタンを私に示し、『心ないことをした』と語った」と書いている。

甘粕の弟・二郎は「それは相手に対して失礼だし、侮辱することにもなるが、いかにも兄らしい行為だ。兄はとっさにそういうことをしてしまうのだが、いつも後になって相手の気持を考えて、悪かったと心を痛めていた。つき合いが続けば兄の後悔もわかってもらえるが、その時だけだと〝いやなヤツだ〟で終ってしまう。そのため、つくらなくてもいい敵をつくる結果にもなった」と語っている。

甘粕は頭にひらめいたものが即座に言葉となり、行動となる。この〝待て、しばし〟のなさは、甘粕の定評になっている事務能力の高さにつながることが多かったろうが、対人関係ではしばしばマイナスに働いた。カフス・ボタンの話は、そうした甘粕の性癖の上に、彼が溥儀に敬愛も親近感も持っていなかったためかとも思われる。

軍人であった弟・三郎の語る甘粕は「子供のように純粋で、素直で、テレ屋で、ブッキラボーだ。そして気むずかし屋で、わがままで、意地っぱりだが、悪気のない愛すべき人間」だった。

溥儀が旅順で不安な日々を過している時、関東軍はまだ溥儀の身分について、本人とは関係なく、討議を続けていた。建国具体案は、関東軍国際法顧問の辞令を受けた満鉄の松木俠が、関東軍幹部、満鉄社員、青年連盟などの協力で、計画準備を進めていた。板垣は松木に「国づくりの条件は、支那からの完全独立、日本のいうことをきくこと、国防は日本が引受ける——の三つだ。単なる条約上の駐兵権ではだめだ。それ以外はどんな形態の国でもよい。独立国家ができるまで、三年でも五年でも頑張る覚悟だ」と指示した。

十月二十一日「満蒙共和国統治大綱案」がまとまり、さらに本庄、板垣、石原の意見を加えて、十一月七日「満蒙自由国設立案大綱」が成案となった。どうして十数日の間に〝共和国〟が〝自由国〟になり〝統治〟が〝設立〟になったものか。殊に当時の天皇制の体制下で、軽々しく〝共和国〟が出てきて、それを〝自由国〟とやすやすといい変えていることなどから、立案の根本ですでに現実を把握していない弱点がありはしなかったかと想像される。

この時期のことかどうかは不明だが、甘粕の同期生・麦田平雄は「追悼余録」に次のように書いている。

「最初、満洲国を帝制にするか、共和制にするかの議論があった時、進歩的な考えの人の多い青年連盟が大統領制を持ち出し、一部の満人大官が耳を傾けた。このとき甘粕は『日本帝国の分家に大統領は置けぬ』と喝破し、軍の賛成するところとなった」

共和制が通用しないことは確かだから、いずれどこからかストップがかかるに違いなかったが、甘粕が最も機敏な第一発言者であった。彼の大統領否定の理由は単純で、〝日本帝国の分家〟の理念に基づいている。天皇を絶対の家長とする国家規模の家族主義が信奉されていた時代だから、甘粕の言葉は、いかにも甘粕らしく簡明直截であった。その理念を、他民族の住む他国に押しつけることの是非については、誰もが無自覚だったから、この場合、問題にならない。

関東軍は十二月十日の国際連盟理事会で認められた「匪賊《ひぞく》討伐権」を利用して、錦州攻撃再開に踏み切る決意を固めた。

十二月十三日、若槻内閣にかわって犬養毅《いぬかいつよし》の政友会内閣が成立し、陸相は荒木貞夫中将（のち大将）、外相は芳沢謙吉となって〝軟弱〟とたたかれた幣原外交は終った。参謀本部も総長に閑院宮《かんいんのみや》、次長に真崎甚三郎《まざきじんざぶろう》中将（のち大将）が任命されて、軍中央部と関東軍の距離は縮められた。荒木の陸相就任に当って、犬養総理は「満蒙問題ハ軍部ト相協力シテ積極的ニ之ヲ解決スヘキ」旨を言明した。

錦州攻撃は十二月二十八日に開始された。相当の抵抗を予期した学良軍は自発的に撤退し、関東軍は昭和七年一月三日、錦州を無血占領した。この作戦完了は、建国に至る道程の頂点であり、新国家建設促進の一転機となった。

作戦一段落のこの時期に、板垣は軍中央との連絡のため上京した。一月六日から軍中央部と懇談を始めた板垣は、陸、海、外の協定案「支那問題処理方針要綱」を示された。内容は連省統合の一政権から次第に一国家に誘導するもので、関東軍案とはまだ隔りがあるが、最後は独立国という点で一致していた。これまでの中央部案とくらべれば、大転換というべきであった。

この「方針要綱」が国家意志として閣議決定されるのは三月十二日である。しかし満洲国はそれを待たず、三月一日に〝独立〟した。ここにも満洲問題につきものの既成事実の〝追認〟が見られる。

関東軍の新国家建設準備は、最後の追込みにはいった。松木侠の回想によれば——一月十五日から「満蒙に於ける法制及経済政策諮問会議」が、学者、財界人、産業人を集めて奉天で開かれた。その委員として法制部会に出席した蠟山《ろうやま》政道（当時東京帝大教授）は「松木君の案は勇ましい。しかし実際やる人がいるのか。また国をつくらなければならぬ事情があるのか。結局は植民国家になる」と識見を述べている。

のちに蠟山は「あの時は『邦家のため出張ありたし』という関東軍の電報で呼びつけられた」と語る。「私は、国際的承認が得られるものでなければ……という主旨で意見を述べた。どんな理由をかかげても、武力を前提とした関東軍のやり方ではだめだ。満鉄なら日本の国益追求もできるが、軍が満洲全土に対してやるのは乱暴だし、危険だ――といったのだが、軍には満洲建国が国際問題だという認識がなかった」

一月二十二日、三宅参謀長をはじめ各幕僚は松木起案の諸問題を研究し、その大綱を決定した。ようやく中央の軍や政府と歩調が合ったという国内事情だけでなく、前年十二月十日の国際連盟理事会は「明春（昭和七年）調査団を支那満洲に派遣する」ことを議決していた。それまでに、新国家をつくってしまおう――というのが、結局日本側の決意になった。

国際連盟に対する日本側の処理が初めから不手際だったのに反し、中国側は機敏に手を打って、列国の対日観はきわめて非同情的であった。そこへ錦州爆撃で、列国の対日感情が悪化の一途をたどった上での、調査団派遣決定であった。

一月二十八日、上海で日中両軍が衝突した。第一次上海事変である。このため中国全土の反日感情はいっそう激化したが、その声をよそに満洲の新国家建設準備は進められてゆく。

二月五日、関東軍はハルビンを占領した。その前後が、甘粕の〝内藤機関〟の暗躍が最も盛んな時期である。関東軍は事変直後からハルビン攻略を狙い、そのため甘粕を中心とする謀略も行ったが、軍中央に押えられて断念した作戦であった。ハルビン占領により、関東軍は柳条湖事変後五カ月で、熱河省を除く満洲の大部分を占領した。ほぼ石原の計画通りである。

新国家建設のため、二月十七日に張景恵を委員長とする「東北行政委員会」が成立し、二十日から建国会議を開いた。二十一日、鄭孝胥父子と羅振玉は奉天で板垣と会談した。鄭孝胥は初め帝制を主張したが、板垣にその困難を説明され、結論なしで会談を終った。この重要な会談に和知、片倉の両参謀が加わったのは当然だが、片倉の「戦陣随録」によれば、甘粕もこの席に連なっている。これは一例だが、彼は度々この種の会談に加わっていたことがわかる。板垣はじめ関東軍幹部の甘粕への信用度と、甘粕が建国の裏面に深くかかわっていたことがわかる。またこうした甘粕の存在を、溥儀側近の人々が見のがすはずはなく、彼らは争って甘粕に近づこうとした。溥儀は、湯崗子や旅順で鄭孝胥が甘粕と親しかった――と書いている。

二月二十二日、板垣は旅順で溥儀と会談し、本庄軍司令官の意見として「民本主義にのっとり、政体は執政政治とする。執政が善政を布くこと数年、人民が執政の徳をたたえて推戴したときに初めて皇帝の位につくべきである」と伝えた。溥儀は妥協してこの案を容れた。皇帝の試験期間をおくという侮辱を、溥儀がどう感じたかは不明だが、彼は「数年待てば、間違いなく帝位につける」と受けとったらしい。いずれにせよ、もみにもんだ皇帝説、総統説はようやく〝執政〟で妥結した。

東北行政委員会の建国会議は（一）民本政治とする（二）国首は執政（三）国号は満洲国（四）国旗は新五色旗（五）年号は大同――の五項目を決して二月二十八日に終了した。しかし満洲国政府重要職員の決定は、各省にその出身派閥があり、各有力者が自分とその一族の栄達に基づく欲望を露呈して譲らず、まとまらぬままであった。

溥儀はこの時期の鄭孝胥について、次のように書いている。「皇帝説を主張していた鄭孝胥は、板垣の提案を理解すると即座に意見を変えた。彼は息子の鄭垂を、関東軍側から選ばれた植民地の総元締・駒井徳三に会わせ、日本がもし〝帝国〟という名称が新国家にふさわしくないというなら、鄭孝胥を未来の内閣首班にすることを条件に、溥儀が皇帝以外の元首の称号を受諾するよう説得しよう、と意思表示をさせた。このとき内閣首班の椅子を狙っていたのは、羅振玉、張景恵、臧式毅、熙《き》洽《こう》らもそうであった」

溥儀をも含めて、これらの人々の関係は複雑で、どれが真相かは判じ難い。しかしこの時期の甘粕は、中国上層部の人々の心理を裏面から観察するという、日本人としては稀な経験を持った。甘粕はその後長く満洲国支配層の人々と個人的に親密なつき合いを続け、鄭孝胥の死後に総理となった張景恵夫妻とは特に親しかった――と伝えられている。

七　満洲建国　昭和七年三月（一九三二年）

昭和七年三月一日、東北行政委員会委員長・張景恵は、満洲国政府の名で建国宣言を発表した。リットン調査団が、アメリカ経由で二月二十九日に東京に着いた翌日であった。

関東軍では板垣、片倉が中心となって執政就任式の準備が進められた。三月六日、溥儀は旅順から湯崗子へ行き、対翠閣にはいった。一行三十人のうちには、甘粕も含まれていた。この夜、板垣は溥儀と会談し、満洲国最高人事を決定した。国務総理・鄭孝胥、参議府議長・張景恵、民政部総長・臧式毅、軍政部総長・馬占山などであった。

また日系官吏の最高地位である国務院総務長官は、本庄軍司令官の推薦で駒井徳三（関東軍特務部長）に決定した。満洲国史編纂刊行会編「満洲国史」には「日系官吏の人事は、主として和知参謀と笠木良明の手で選考され、甘粕正彦、中野琥逸もこれに関与した」と書かれている。日系官吏の数は中央政府総職員の三六パーセントに当り、特に中枢部では過半数を占めていた。

三月八日、溥儀一行は特別列車で、新首都と定められた長春（新京）へ向った。沿道には駆り出された群衆の振る日章旗と五色旗の波が連なり、営口上陸の溥儀が予期した情景が五カ月目に現実となった。甘粕は建国と同時に満洲国民政部警務司長となった。日本の内務省警保局長に当る職名である。肩書を望まない甘粕は、間もなく到着するリットン調査団の滞在中だけという条件で引受けたといわれる。溥儀の乗った特別列車の車内警備には憲兵が当ったが、甘粕も同車していた。彼は警務司長であろうとなかろうと、〝日本帝国〟のために車内警備をする責任を感じていた。

執政就任式は三月九日、長春七馬路の長春市政公署で行われた。この日「曇天ながら無風温暖」と記録されている。モーニング姿の溥儀は侍従長・張海鵬の先導で入場し、本庄軍司令官はじめ関東軍の幕僚や、内田満鉄総裁などを目の下に見る高い席についた。張景恵が黄袱紗《ふくさ》に包まれた国璽《こくじ》を、続いて臧式毅が執政の印綬を捧呈する。執政宣言の代読は鄭孝胥であった。式の間も、別棟の祝宴の時も、甘粕は絶えず周囲の見まわりを続けていた。人まかせにして、後方に落着いて坐っていられる男ではない。

建国直後の満洲は、リットン調査団を迎える準備に忙殺されていた。もともと無理に無理を重ねた建国であり、謀略と武力が生み出した傀儡《かいらい》政権である。そのシッポを出すまいと、関東軍、総領事館、関東局、満鉄など各機関が総がかりで準備を進めた。できたばかりの満洲国政府も加わってはいたが、これを能力の一単位と数えるにはまだ余りに弱体であった。

また、調査団が満洲国内に及ぼす影響も恐れられていた。これを機会に、国内反満分子の策動と治安の擾乱が予想された。その予防措置の一つとして、満洲国政府の名で各地に大衆向けのポスターや伝単を配り、「調査団恐るるに足らず」と宣伝につとめた。

これが杞憂でなかったことは、のちに証明される。黒竜江省長・馬占山は、リットン調査団によって日本の対満政策が屈伏するか、または満洲国が崩壊するのではないかと疑い、張学良の誘いに応じて離反する。

軍中央部も、調査団の報告を少しでも日本に有利に導こうと腐心した。調査団はイギリスのリットン伯爵以下、フランス、ドイツ、イタリアの各委員と、非連盟国でオブザーバーであるアメリカの将官ら五人で構成されていた。この中でフランスとドイツが比較的日本に好意的であったため、軍中央は当時参謀本部員でフランスの陸大出身の澄田睞四郎を、フランスのクローデル中将の〝話相手〟として派遣した。

こうして、陸士同期生である澄田と甘粕は満洲で再会した。甘粕がパリで澄田の世話になってから五年がたっていた。

「誘われて、一緒に飲みに行ったが……」と澄田は語る。一流の料亭の、芸者のはべる遊びの席で、甘粕はためらわず腰の拳銃をはずして、テーブルの上のすぐ右手の伸びる位置に置いたという。建国直後の満洲とはいえ、これは一座をヒヤリとさせたが、甘粕は事もなげな顔つきであった。

「オイ、その物騒なものを引っこめろよ。ここでは、いらんだろう」と澄田に言われ、甘粕は苦笑いして、ピストルをしまった。

「当時の満洲はまことに物騒で、いつなんどき、何事が起るかわからない時代だった。警視総監のような役目の甘粕が拳銃を持っていたのは当然だろうが、女たちのいる席でそれをテーブルに置くのは、いささか異常だと思った。甘粕にはそういうところがあった」と澄田は語る。

満洲建国以来、表面に浮かび出た甘粕には、急に〝伝説〟の数がふえる。「甘粕はリットン調査団を乗せた列車が満洲領にはいる前に爆破し、調査をはばむ計画を持っていた」という話が伝わっている。

「甘粕はそんな思慮のない男ではない」と澄田は強く否定する。「調査団一行の身に間違いでも起ったら、それこそ日本の立場はない。列国に対し、日本の面目はつぶれる。これは我々が最も心配したことの一つだったし、それのわからない甘粕ではない。私は彼に『警備には万全を期してくれ』と改めて頼んだことを覚えている。甘粕は『全力を尽してやる』と真剣に答えた」

甘粕は満洲国の将来について「もう、ここまで来たからは……」と、短く言ったという。澄田はその思いつめた表情と語調から、是が非でもこの国をもりたて、成功させずにはおかぬ——という甘粕の並々ならぬ決意と、そしてまた甘粕らしい気負いの半面を感じ取っている。

リットン調査団の列車爆破計画は、もちろんうわさに過ぎない。どこからこの〝甘粕伝説〟が生れたものか——。〝内藤機関〟の要員であった倉垣寅義は、この時期の甘粕が東支鉄道の鉄橋爆破を計画していた、と語っている。目的は馬占山軍対策だが、この事実とリットン調査団と甘粕の過去が結びついて生れた噂であったかもしれない。

いずれにせよ、満洲建国を機に表面に出た甘粕が「これが大杉殺しの甘粕大尉か」という視線にさらされたことは事実である。獄中はむしろ平穏であり、フランス時代はいじけはしたが、日本人を避けて暮すこともできた。しかし満洲国に生涯を賭けた彼は、もう影の世界にひそんではいられなかった。この時から、〝人殺し〟の刻印を押された顔を昂然とあげて、人々の好奇と嫌悪の視線に耐えぬく〝満洲の甘粕〟の生活が始まる。

在満邦人のリットン調査団に対する恐れと反感が、列車爆破の空想のエスカレートに伴い、甘粕に〝適役〟をふったのか、それとも甘粕のイメージからルーマーが生れたのか。この〝伝説〟は〝お粗末〟でしかないが、考えようでは甘粕が満洲で受けた洗礼とも、いえばいえる。

リットン調査団は約一カ月で上海、南京、漢口をまわり、北京で張学良と会見し、四月二十日、奉天に到着して満洲国内の調査を開始した。本庄軍司令官と前後六回の会談を重ねるなど、一行の調査は精力的に続いたが、その主目的は日支両国の責任の究明よりは、満洲事変の背後関係や歴史的背景にある——と、日本側には思われた。

六週間にわたる調査の報告書が日中両国政府に交付されたのは九月三十日、それが東京で公表されたのは、連盟本部のあるジュネーブと同日の十月二日であった。

報告書の内容は、日本側が予期した通りきびしいものであった。満洲事変の発端となった柳条湖事件については「九月十八日夜の日本側の軍事行動を正当防衛と認め得ず」、建国の経緯は「満洲国は純粋かつ自発的な独立運動の結果として生れたものとは考えられない」と判断されていた。満洲の特殊事情を認めて「単に九月十八日以前の原状に回復することも何らの解決とはなり得ない」としながらも、結論としては、日本側の解決案である満洲国承認を全面的に否定した。

公表されたリットン報告書に対し、日本人は一斉に烈しい反感を表わした。一般大衆がこの膨大な量の報告書全文を読むはずもないし、日本人の感情は今さら満洲国誕生の経緯を問題にしていなかった。日本は九月に満洲国を承認し、日満議定書に調印したばかりであった。

すでに建国の翌月、四月には三井、三菱が満洲国に二千万円融資の契約を結び、企業は先を争って大陸進出をもくろんでいた。一旗組は続々と海を渡り、八月末の議会では「満洲試験移民費（第一次移住費）」が承認されて、どん底の不況にあえぐ農民も満洲に活路を与えられようとしていた。印象としては確かに明るい夜明けのような満洲国の出現を根本から否定するリットン報告書に、大衆はこぶしを振り上げた。

リットン調査団は、建国に対する満洲住民の民意を重視した。日本側は各省の民衆代表十八人を集めて調査団と会談させ、また多くの陳述書を提出した。だが調査団は、これら日本側が選んだ人々の〝民意〟だけを基にして報告書を作成するほど怠慢ではなかった。報告書には「陳述書は日本人によって書かれたもの、または日本人によって修正されたもので、我らの真意ではない——と告げに来た者もあった」と書かれている。調査団は各国領事館を督励して調査資料の収集を行い、非常な困難を排して日本側とは無関係に各界の人々と話し合い、また農民、商人、労働者、学生などから彼らの意見を述べた手紙を集めた。こうして入手した手紙千五百五十通は、二通をのぞき、総てが「新満洲国政府と日本人に対し、痛烈に敵意を示していた」と書かれている。こうして「満洲農商民は、満洲国のできたことを嫌悪している」という結論が引き出された。

調査団が話し合った〝各界の人々〟とは、満洲建国によって何の利益も得られなかった人々と思われるので、この記述をそのまま鵜呑みにはできない。しかし慢性的な反日気運の中で満洲事変が起り、第一次上海事変で対日感情がさらに悪化していたこの時期、満洲の住民の中に日本に悪意を持つ者の多かったのは当然であろう。

いったんは満洲建国に協力した馬占山が、リットン調査団の来満を機に離反した理由の一つは、抗日の英雄であった馬占山が日本と手を握ったことに対する烈しい批判に耐えられなかったため、といわれている。

東北民衆抗日救国会は建国の前に、満洲の各地、治安維持機関あてに「東北は不幸にして日禍の惨にあい、日軍の至るところすべて廃墟と化した。最近倭奴は公然売国奴を擁して東北偽政府を組織したが、国人の中には欣然その命を受け、甘んじてカイライたる者あり、実に寒心に耐えない。本会は誓ってこの機関を承認せず、これを世界に宣告して日本の陰謀を破壊せんとす。各県政府、あるいは所属局処において、この偽政府を擁戴し、あるいは国庫、省庫に収納すべき金員を偽政府に送付する者は売国通敵者と認めて必ず有効厳重なる懲罰処置をとるべし」という文書を送った。

これに対し、親日系の新聞は旧張学良政権に対する民衆の呪詛の声を掲載し、「日本との協約により誠意をもって共存共栄の道を実行すれば、満洲は楽土となろう」という主旨の論説をかかげた。また奉天では特務機関、省政府顧問、自治指導部、市政公署顧問などが組織した特別宣伝委員会が、全国的な宣伝を行い、建国運動は大いに効果をあげた。これらを、リットン報告書のように、すべて日本側の強制と断じることはできない。しかし、どこまでが民衆の真意かも判じがたい。

甘粕はこうした実情を最もよく知っていた日本人の一人だ。彼は昭和四年に渡満して以来〝影の世界〟、いいかえれば最も現実的な世界にいた男である。建国後の彼は、リットン調査団の離満とほぼ同時に警務司長の職をしりぞき、上海に私設の連絡所を持って情報収集に当り、また北支から入満する労務者——当時の言葉では苦力を扱う仕事にも手をつけていた。

「甘粕は人心の動向をよく知った上で、満洲を理想的な国家に育て上げようと意気ごんでいた」と、横山憲三（大佐、関東局事務官、満洲国軍事顧問）は語る。横山は大川周明の紹介状を持って甘粕に会い、その後は板垣とも接触している。

横山は「私は甘粕が、『満洲国を立派に育て上げるには、時間をかけねばならぬ』といったのを記憶している。『時間をかけて、民衆に我々の考えをわからせれば、必ず安定した国になる。幸い、満洲人は気がながい』ともいっていた」と私に語った。この言葉自体は別に卓見でもなく、むしろ当時の満洲国に関係した識者の常識であったろう。だが私はこの言葉に、別の意味を見出す——。

〝我々〟とは、板垣、石原、甘粕までを含めた〝満洲国の創立者〟たちを指している。そしてその人たちには、リットン調査団に何を指摘され、何を批判されようともたじろがない……というスレ違いの信念があった。

満洲国を結果的に見れば、日本の植民地であったというほかはない。板垣、石原らが強引にこの国を創った目的は、当然ながら「大日本帝国のため」以外の何ものでもなかった。しかし日本にとって経済上、国防上その他の点で重要な満洲国ではあったが、初めから搾取を目的の植民地の構想を持ったわけではない。

関東軍の満洲建国案は、昭和七年の初めには「満蒙自由国設立案大綱」にまとめられていた。この中の「自由国綱領」の要旨は、満洲軍閥政治を排除し、人民の自治に任せ、租税の軽減と治安の維持を図って、〝泰平を謳歌する自由の楽土〟をつくろうというものであった。彼らはこれを〝民本政治〟と呼んでいる。民本政治あるいは民本主義とは主権在民――〝民主〟という言葉の使えなかった当時の天皇制日本で、いいかえられた言葉である。関東軍幹部はこの言葉を、あいまいに使ったようである。

陸相あてに送付されたこの「大綱」は機密文書であり、宣伝用に作成されたものではない。当時関東軍参謀であった片倉衷も「あのころの関東軍は真にこれを理想とし、その実現に邁進する覚悟であった」と私に語った。この理想の純度は問題で、すべては〝日本帝国のため〟であった。しかし、それはそれとして、彼らは満洲国をこのような理想的国家に育てようと空想していた。

甘粕が横山に語った言葉の裏づけもまた、この建国の理想である。これは甘粕個人の理想でもあった。彼は、時間をかけてこの理想を満洲の住民にわからせれば、満洲国は安定する――と考えていたのである。

〝満洲国の創立者たち〟には、侵略者という意識はなかった。当時の情況は、東支鉄道の沿線はソ連の支配下にあり、中国本土は二つの政権に分かれて混乱し、満洲の張学良政権の腐敗は甚だしかった。その学良政権を追い、清朝末裔の溥儀を元首とする国を建て〝五族協和の楽土〟を実現しようとする日本の計画は、必ずや満洲住民に喜び迎えられる――と彼らは自負していた。甘粕もその一人である。

民衆が学良政権の悪政に苦しんでいたには違いない。だが、その前提があったにせよ、中国人が日本の勢力下で、日本人の都合に合わせて提供する〝王道楽土〟に満足し安住する――と決めるのは独善である。「自由国は表面に支那人を立て」と、とりつくろっても、所詮は関東軍支配下という束縛の中である。

このひとりよがりの裏には、中国人に対する、理由のない、それゆえにいっそう根強い蔑視があった。相手は自分と同じく誇りも感情も意志もある人間だと、確かに認識していれば、歴史も伝統も生活感情も違う中国大衆が、日本製の〝善政〟をありがたがるだろうか――という疑問が生れよう。すでに力強い流れとなって、現に日本に激突していた中国人の民族意識を、どう理解していたのだろうか。

建国の理想の中には「五族協和」があり、建国宣言も「国籍のいかんを問わず各民族平等」の原則を打ち出している。だが、日本の軍人、官吏など指導層をはじめ、特に大挙渡満する一般人に、漢族、満族などに対する平等の意識を期待できたであろうか。日本人一般は満洲国を「日本の分家」と思い、自分は〝本族の一員〟という優越感を抱いて渡満した。本家と分家の関係だから、他人とは思わぬ。支援も保護もするが、そのかわり何でも日本に従い、日本のためとあれば犠牲的奉仕をするのが当然——と思っていた。だが中には、平等の意識と善意を抱いて渡満した人々もあった。千振《ちぶり》開拓団初代団長・宗光彦に代表される開拓指導者や農民たち、学校の教師、役人の中にもそうした人々はいた。しかしそれは一握りの人でしかなく、結果的には彼らの善意も「帝国主義的侵略」の悪名の中に葬り去られた。

　建国当初の日本側に空想的な理想があったとしても、現実と接点を持たぬこの理想は、当然ながら間もなくゆがみ始め、やがて加速度的に変質してゆく。変質する原因は何か。まずこの理想が建国当時の関東軍だけのもので、日本政府はもとより、軍中央部とさえ血のつながりを持たなかったところに第一の原因がある。関東軍の「建国案」には熱気があり、国家百年の計を建てようとする意気ごみが感じられるが、軍中央部の案の多くは「さし当り」という文字で始まり、必要に迫られた目前の対策という印象を受ける。当然そこには、理想などはない。

　そして理想をかかげた関東軍幕僚たちは、職業軍人の常として、定期異動で次々に満洲を離れていった。「三年でも、五年でも頑張る」と言った板垣も、彼の自由意志で満洲に留まることは許されない。

次に〝理想崩壊〟の最も大きい原因は、泥沼状態で十五年続いた戦争にあった。このため満洲はいや応なく兵站基地の役割を負わされ、「建国の理想」などと悠暢《ゆうちょう》なことをいってはいられなくなった。こうして建国当時の関東軍の、武断的王道楽土の理想は、露骨な植民地化へと変質してゆく。甘粕個人の苦悩もここに根ざしていた。

甘粕が初めてこの問題によって苦悩し、深い悲しみを味わう時期は、意外なほど早く来た。彼は昭和八年三月十八日付で、当時、久留米第十二師団参謀となっていた片倉衷あてに、次のような手紙を送っている。建国の一年後である。

「（前略）満洲の事も色々と変化ある様なるも、小生ら局外者にはわかり申さず候。小生は昨年来内地への引上げを考へ居り候も未だ決行し得ず、自嘲いたし居り候。（後略）」

文中の昨年——昭和七年夏の異動で、三宅も石原も片倉も転出し、そのとき奉天特務機関長となった板垣も八年二月には参謀本部付となった。昭和四年以来、〝影の世界〟にいたとはいえ、甘粕が同志的連帯感で結ばれ、共に〝大事〟に当り、夜を徹して新国家の理想を語り合った幕僚たちは、みな満洲を去った。その後の満洲に変化をもたらしたのは、七年八月に関東軍参謀長兼特務部長となった小磯国昭である。

小磯は満洲事変勃発時の軍務局長であり、関東軍参謀長になる前は陸軍次官であった。満洲事変当時、軍中央部の責任者の一人として関東軍の暴走にふりまわされた苦い経験を持つ彼は、満洲国に対する考え方が初期関東軍の幹部たちとは違っていた。それは理念だけでなく、心情的な隔りでもあった。小磯は建国を実現させた人々の理想を軽視し、軍中央部の意向、要求に沿ったやり方に改めていった。甘粕がそのやり方に、満洲国への理解と愛情の欠如を感じなかったはずはない。

片倉あての手紙の〝小生ら局外者〟という言葉に、甘粕のやるかたない憤懣と悲しみがこめられている。甘粕は建国前の謀略や溥儀護衛を担当しただけでなく、建国後も資政局の廃止、県参事会の解散、大同学院創立などについての重要会議には常に参加していた。彼は肩書のない身軽さを利して裏面工作にたずさわってきた〝当事者〟だったはずだ。

この手紙によれば、甘粕は建国後わずか一年の時期に、生涯を捧げる決意をした満洲国を去ろうかと考えるまでに動揺している。だが、このころの甘粕を知る人々に尋ねても、彼の動揺を知る者はなかった。弟・二郎も、兄から内地引揚げの相談など受けてはいない。おそらく甘粕は事変前から親しかった片倉に内心をもらしただけで、〝自嘲〟の中で動揺をねじ伏せ、改めて満洲に生涯を費やす決意を固めたのであろう。

昭和八年三月二十七日、日本政府は国際連盟からの脱退を発表した。このとき、大陸の日本軍は依然として作戦を続け、日々の新聞は〝皇軍破竹の進撃〟に類する大見出しで民心をあおりたてていった。一万ソコソコの兵力で二十万の中国軍を押しまくった満洲事変の華々しい戦果が、まだ記憶に新しい時である。列国の鼻息をうかがう必要などあるものかと対外強硬論に傾いていた大衆は、国際連盟脱退に拍手を送り、ジュネーヴの議場で席を蹴って退場した松岡洋右《ようすけ》を英雄扱いした。

アメリカは一九二九年（昭和四年）秋以来の経済恐慌の中で、さらにこの年の初めから金融恐慌の追打ちを食い、建国以来の危機にゆさぶられていた。欧州諸国はその手痛い影響の緊急対策に右往左往していた。そのドサクサの中でドイツではヒトラーが政権をとり、日本は連盟を脱退したが、世界の関心はナチスの権力奪取だけに集った。日本人が連盟脱退に抱いた勝利感は、いわば、一人相撲だったが、人々はこれを、強大な軍事力を持つ大国日本なればこその壮挙と決めてかかった。この感情的な傾向はその後も強まるばかりで、一方に独善、一方に孤立の状態を生み、日本の危機を深めていった。

昭和九年三月一日、満洲建国の二年後、溥儀は皇帝となり、年号は康徳と改められた。二年間の屈辱的な〝皇帝適性テスト〟に合格と認定されたのか、あるいは当初のそんないきさつも忘れてしまった日本側の都合一つであったかは別問題として、とにかく溥儀は望みを達した。

この年、甘粕は、北支からの入満苦力の統制と労働事情の調査を目的とする大東公司《コンス》を創立した。かねがね彼が手がけていた仕事である。

清朝以来、満洲には多くの華北農民が苦力として流れこみ、土着して各種の職につく者もあって、満洲産業の開発に大きな役割を果していた。彼らは長く野放し状態にあったが、建国後は産業や軍事開発のため、一方には防諜のためにも、その実体をつかむ必要が生じていた。国民政府のスパイの多くが苦力として入満し、各地で治安の攪乱を謀っていた。

大東公司の主な業務は北支の国境や港で、その年の満洲国の決定に基づき、入満苦力を制限することであった。創業直後の昭和十年は四十四万人、十一年は四十万人の苦力が入満した。大東公司は北支農村の調査や種々の実態調査を積み重ねて、苦力の離郷原因、入満希望者数、在満期間と職業、故郷への送金額や持出し額など、次第に彼らの実態を把握していった。昭和十年に大東公司の社員となり、のち同盟通信の記者となった斎藤敏雄は「大東公司の資料は、満洲国政府はもとより、軍部、満鉄をはじめ各方面から引っぱりだこであった」と書いている。

甘粕は大東公司の主宰者であったが、代表者にはならなかった。初代社長は予備役の陸軍少将、二代目社長は十月事件の橋本欣五郎や長勇らを牛耳ったといわれる重藤千秋（中将、昭和十三年予備役）であった。

大東公司のスタッフの中には、甘粕の旧知の人々がいる。その一人、本社支配人の飯島満治は甘粕と同期の憲兵で、甘粕が獄中やフランスから度々便りをした親友であった。

のちに飯島は、自決した甘粕の遺骨の一部を日本に持ち帰ることになる。

昭和十二年日支事変勃発後の大東公司は、ソ満国境に苦力の大群を投入して要塞を構築するが、その現場の一つである小綏芬《スイフン》で苦力の監督に当った日本人の中に平井利一の名がある。平井は大杉殺害事件の軍法会議で、甘粕と共に被告席についた憲兵伍長であった。無罪の判決を受け、少尉で退役した平井を甘粕は満洲に呼んで職を与え、のち新京で病に倒れてからは死ぬまで親身に世話をしたという。

〝大杉殺害事件の被告〟という共通の過去を持つ甘粕、平井の再会を想像してみても、二人がこの事件を話題にしたとは思われない。事件の時、単に見張り役を務めた平井が背後関係までを含む真相を知っていたとは思えず、関東大震災直前に麹町憲兵分隊長を兼任した甘粕と平井との間に深いつき合いがあったはずもない。甘粕が平井を満洲に呼んだのは、〝大杉殺害事件〟に巻きこまれ、それによって痛めつけられた平井の不運に対する同情であったろう。不運は比較にならない重さで甘粕を圧し続けているのだが、彼は同病相憐れむ的な〝くりごと〟を口にする男ではない。甘粕が十数年ぶりで再会した平井に語ったのは、満洲の現状や平井に与えた仕事の説明など、必要なことだけであったろう。

多くの人々から〝冷酷非情な男〟と眺められ、それにふさわしいともいわれた容貌、態度の甘粕だが、実は彼自身がもて余したであろうほどに愛情深く、そのうえ傷つきやすい心を持っていた。彼をニヒリストと呼ぶ人も多い。確かに〝大杉事件の真相〟という秘密を抱き、人々の嫌悪と好奇の視線にさらされて生きた彼は、周囲との接触の間に随時、随所で不協和音をたてはした。しかし彼の人情は真のニヒリズムとはほど遠いものだった。彼ほどの人間好きが、誰一人にも明かすことのできない秘密を抱えているために、孤独であった。それは彼の性格が生み出した孤独ではなく、強いられたものであった。その孤独の影の不自然さが、人に通俗的な意味でのニヒリストという印象を与えたのであろう。

大東公司は莫大な利益をあげた。入満する苦力から取りたてる手数料が主な収入源であった。一人当りの金額はわずかでも人数は膨大であり、殊に日支事変後は国家規模の土木工事が急増したため、入満苦力の数も増した。甘粕はこの収入を工作費に当てた。天津をはじめ各地に設けた支店を足がかりに、彼は活発な情報活動を続けた。その要員の確保、訓練にも、惜しげもなく金が注ぎこまれた。

甘粕にはもう一つの財源があった。建国に奔走した功に対し、満洲国から贈られた熱河の金鉱である。「関東軍の計らいであった」と片倉衷は語った。甘粕は陸士同期の石光憲式をこの金鉱の名義人とし、経営一切を彼にゆだねた。石光は大杉事件当時、第一師団長の副官を務め、軍法会議の初めから師団長の命令で甘粕の世話に当り、獄中に度々書籍を届けるなど、誠実を尽した人である。数多い〝甘粕心酔者〟の一人である石光は、八十年を越す生涯の最良の時期であった〝満洲の十余年〟を回顧し、それを与えてくれた甘粕への追慕に明け暮れる老を、山口県萩市ですごした。

このように建国後の甘粕はいくつかの財源を持ったが、その収入が彼の手許にとどまったことはない。甘粕の趣味は釣りと酒と、そして謀略だったといわれるが、この時代は莫大な収入のほとんどが情報収集や謀略に投ぜられた。彼に見出され、特殊な訓練を受けた青年たちが、次々に蒙古の奥地などへ派遣された。

満洲国総務庁次長であった古海忠之は「甘粕が最も多く金を使ったのは、国際的な謀略だった。排英工作、回教工作、華北工作、上海工作などがそれだ。私も頼まれてその資金をつくったことがあるし、甘粕に非常に好意を持っていた鮎川義介氏も多額の資金を出した」と語る。

「甘粕は実によく金を使った」と同期生・澄田睞四郎は語る。「私の知る範囲で金の使いぶりのきれいだったのは、甘粕と河本大作の二人だった」

甘粕は私財というものを全く蓄えなかった。彼一流の〝こわもて〟ながら家長らしい配慮をおこたらなかった母や弟妹にも、必要以上の金を分け与えたことはない。最後まで孝養を尽した母のためにも、小さな隠居所一つ建てなかった。奉天から大連に移ってからも一家は借家住いだったが、これを買いとったのは「家主に立ちのきを求められたため」と、甘粕の次女・和子は語っている。フランスで生れた長女・雅子は帰国後死亡したが、昭和五年に次女・和子、六年に長男・忠男が生れた。妻ミネと二人の子供は大連に住み、甘粕は新京のヤマト・ホテルを本拠に各地をとび歩く生活が敗戦まで――甘粕の自決の時まで続いた。子煩悩な甘粕は寸暇をさいて度々大連に帰ったが、「死に対する覚悟は常にできていた」といわれる彼が、自分の死後の妻子の生活については何の準備もしなかった。

「兄は、〝八方破れ〟というか、金の計算は全くできない男だった」と弟・二郎は語る。「あとのことは考えず、そのとき使える金は、思いきりよく全部はたいてしまうことも度々だった。若い時からのことで、行きずりの子供のあわれな身の上を聞いて、所持金のすべてを与えたり……こと金銭に関しては、ちょっと異常だった。満洲時代に『あんなくだらぬ奴に金をやるのは無駄だ』と注意したこともあるが、兄はいつも『いや、あれも使い道のある男だ』と答えた」

甘粕の金の出し方はしばしば余りに無造作で、相手を驚かすこともあった。弟あてに金の無心状ばかり書いていたフランス時代と思い比べると、そのころの苦々しい記憶の反動が、生来の金に対する無頓着に拍車をかけたのかとも思われる。

右翼の運動家・松林亮《まこと》は、出航したばかりの船上から大連の埠頭を眺めて、あの甘粕が――と、またも回想にひきこまれた。彼は五人の満洲人回教徒を連れて、日本へ向うところだった。
松林はロンドン条約（一九三〇年、海軍軍縮条約）反対の運動に加わったため、満洲事変の時は獄中にいた。出獄後、多くの同志がいる満洲に渡り種々の運動に奔走するうち、回教徒の集団と知り合った。満洲の回教徒は中国人のほか白系露人など多くの人種を含み、軽視されてはいたが、一つの勢力には違いなかった。彼らは建国直前に開いた大会で、「国体、政体のいかんを問わず、新国家の出現に賛意を表す」と決議し、その後も〝親日的〟な態度をとり続けていた。だが松林は、回教徒が日本について全く無知であることを知り、日本の実態を教える必要を痛感した。しかし、彼らを日本に連れて行く費用を捻出するあてはなかった。

思いがけず、松林の友人が、その費用にと大金を届けてくれた。甘粕が簡単に出してくれたという。甘粕は松林に会おうともせず、この計画の内容を調べもしなかった。

あの甘粕が——という松林の思いの背景は、大正十二年の関東大震災である。朝鮮人や〝主義者〟についての流言が乱れ飛ぶ中で、松林とその友人・小室敬次郎は「この際、大杉をやっつけよう」と決意した。〝国家の安泰のため〟である。二人の決意を聞いた〝右翼の大物〟五百木《いおぎ》良三は、先ず福田戒厳司令官に相談せよ、と紹介状を書いた。五百木と福田とは親しい仲であった。
殺人を計画中の松林と小室を逮捕すべき立場にある福田戒厳司令官だが、このとき彼は常識では考えられない次のような発言をしたという。

「民間人がやってはだめだ。必ずバレる。こちらでやるから、まあ、まかせておけ」

松林は――このドサクサの時、民間人ならやれるが、軍人が手を下せばそれこそバレるだろう――と思ったが、福田に逆らうこともできず、不本意ながらそのまま帰った。

九月二十四日、号外で大杉殺害事件を知った松林は、やったな――と、福田の言葉を思い浮かべた。

この松林の話を私に語ったのは今井武夫である。今井の紹介で私は、すでに老境の松林に会った。松林は「裁判では、甘粕個人の考えで大杉を殺したことになっているが、福田戒厳司令官の線からの命令でやったに決まっている。私はそれを疑ったことはない」と語った。

昭和十二年四月、甘粕は協和会総務部長に就任した。
協和会とは――満洲青年連盟は満洲事変前から関東軍に協力、活躍したが、建国直後、その主なメンバーが建国理念の普及、日満連繫の強化を目的に協和党を設立した。その後、本庄軍司令官、板垣、石原、片倉の参謀らが中心となり、六月の国務院資政局の廃止を機に、協和党を国家的組織のものに改組する案を練った。石原が従来の〝協和党〟という名称に固執して周囲との摩擦を起したが、結局板垣に説得され、昭和七年七月二十五日、「建国精神作興による国民の結合」「官民の融和」などを目的とする〝協和会〟が生れた。名誉総裁は溥儀執政、名誉顧問は本庄軍司令官であった。

昭和八年、関東軍参謀長となった小磯国昭は協和会を軽視し、圧迫的態度さえとったため、会は崩壊寸前の体となった。さらに昭和九年に起った汚職事件で、官民の間に協和会打倒運動が発生し、関東軍がこの運動を禁止することでようやく存続するありさまだった。この状態の打開のため、在京の本庄をはじめ、関東軍、協和会の半田敏治などで協和会の改組が進められていた。この過程で、総務庁長・大達茂雄が辞任し、これに対する日系官吏の反感がつのり、また協和会内部にも暗闘が絶えなかった。

さらに東京では、二・二六事件後の政党人の軍部に対する不信を背景に、議会で寺内陸相に対し「満洲の協和会」について鋭い質問が向けられた。当時、軍務局・対満事務局勤務の片倉衷は、政界人に協和会を正しく認識させようと、精力的な活動をした。

甘粕の協和会総務部長就任には、このような背景があった。片倉は「板垣さんと私が相談し『甘粕を据えれば』と、彼を説得した人事だった」と語る。片倉は甘粕就任の前月、昭和十二年三月に再び関東軍参謀になっていた。板垣もまた昭和九年に再び満洲勤務となり、この時は関東軍参謀長であった。石原は甘粕の協和会入りの五カ月後、十二年九月に関東軍参謀副長として渡満する。こうして甘粕の周囲には、再び満洲建国当時の関東軍幹部の顔が揃う。

甘粕は妻ミネの兄・服部実あてに次のような手紙を書いている。

「（前略）満洲も私等が考へたのとは段々変つてゆくので困つてゐます。来春からはまたどうしても協和会を頼まれ、断りきれず最短期間だけやります。困つてくると、悪いところがあると、やらされるので、骨が折れて閉口してゐます。この頃は些か疲れ気味です。（後略）」

この手紙にある通り、甘粕はいつもピンチ・ヒッターに引っぱり出される男である。もし甘粕が栄達を望めば、建国直後の時期に思うままの地位が得られたはずだが、それから五年の後に、不利としか思われない協和会総務部長をなぜ彼は引き受けたのか。理由の第一は、板垣、片倉などに懇望されたためであろうが、同時に彼自身が〝段々変ってゆく満洲国〟を眺めて、もう人まかせにはしておけぬ——という気持に突き上げられたためではなかったか。それまでの甘粕は、表面に出たがらない男だった。当時の甘粕を知る満洲国軍事顧問・横山憲三は「彼は『縁の下の力持ちでありたい』といい、公式の席にはほとんど出ず、写真もとらせなかった」と語っている。だが協和会で働くとなれば、この態度は捨てなければならない。

満洲建国と同時に、甘粕の名は一躍知れわたった。彼は警務司長となり、次いで宮内府諮議となった。だが甘粕はそれまでの〝影の世界〟から完全に脱け出たわけではない。横山の言葉の通り、表面に出たがらなかった甘粕の姿も行動も、スクリーン越しに見るようにおぼろであった。その甘粕が、むき出しに出てくるのは協和会入りの昭和十二年からである。その意味で、総務部長就任は一つの転機といえる。

この時から甘粕と日系官吏との交渉が始まる。〝満洲の甘粕〟といわれて各界に睨みをきかせた彼の政治力は、日系官吏主流との親交と無縁ではない。時期に前後の差はあるが、甘粕と親しかった主な人々は、岸信介、古海忠之、武藤富男、半田敏治、皆川豊治、飯沢重一、関屋悌蔵、藤山一雄、星子敏雄などである。星子敏雄（のち熊本市長）は甘粕の末妹・璋子の夫で、昭和八年、この縁談の世話をした甘粕は、遠い満洲へ愛娘を手離すことに難色を示す母に向い、「この話に不服なら、今後一切妹の世話はしない」と、額のたてじわをきかせていい放ち、ウムをいわせずまとめたという。

これら日系官吏は、初めからスラリと甘粕に好意を持ったわけではない。〝甘粕〟と聞けば、血なまぐさい事件が思い出され、握手をすれば、この手で大杉を……と、おぞましさが背筋を走る。初めは官吏の大部分が甘粕との交際を嫌い、避けようとした。それでいて、みないつの間にか彼に積極的な好意を持ち、信頼して、古海、武藤に代表されるように最後まで親交を続けることになる。

のち満洲国総務庁次長となった古海忠之は昭和七年、大蔵省から満洲国政府へ派遣された時、父から甘粕への紹介状をもらった。だが渡満直後にある会議で甘粕と同席した古海は、いかにも大杉殺しの憲兵らしい冷たい、親しめない印象を受けて、その後五年ほど全く甘粕と交渉を持たなかった。古海はこの初対面の印象を「短軀、瀟洒で端正な顔つきではあるが、目の鋭さは常人ではない」と書いている。

協和会の総務部長に就任した甘粕は、古海が指導部長就任を拒否していると聞くと、いきなり彼に会いに行ってくどき続け、遂に承知させた。古海は回顧する——「甘粕の熱意と真剣さに動かされて、現職の主計処長（局長）と兼任という条件で引き受けた。当時、誰もが簡単に『満洲国のため』という言葉を口にしたものだが、甘粕のこの言葉にはのっぴきならない気迫がこもっていた。これも、甘粕の人間的魅力の一つで、私はそれに動かされたのだ」

当時、国務院法制処（法制局）の参事官であった武藤富男（のち明治学院長）は、甘粕の協和会入りを知ったとき「人殺しが満洲国の政治に関係するとは、何というやなことだろう——と思った」と語る。満洲国は日本人に新しい希望を与えたが、半面に〝兇状持ち〟や〝食いつめ者〟の流れこむ場所ともなっていた。国境地帯の要塞構築で苦力の指導に当った日本人の技術工の大半に前科があり、流血事件が頻発した——と記録されているのもその一例である。日系官吏中の心ある者は、質の悪い日本人がはびこってゆくのを憂慮していた。その一人である武藤が「兇状持ちの甘粕が協和会にはいり、軍と結んで右翼的勢力を張られてはやりきれない」と思ったのである。

恩賞局長であった藤山一雄が、武藤に「甘粕はそんな男ではない」と、経験談を語った。――五・一五事件の橘孝三郎が満洲に逃げこんできた時、藤山は知人に頼まれて橘を独身寮の天井裏にかくまった。これを知った新京警察署が寮の職員全部と藤山を逮捕した。二日後、甘粕が警察に乗りこんで、署長を相手に談判を始めた。「令状なしに満洲国の簡任官（勅任官相当）を逮捕勾留するとは何事か。これは日満間の国際問題だから、外交問題として取り上げるがいいか」これで署長は震え上り、藤山らはすぐ釈放された――と藤山は語った。

「この通り、甘粕は立派な男だ」と藤山が繰り返しても、武藤は「甘粕が右翼的勢力をカサにきて、警察署長をおどした、というだけの話ではないか」と反撥し、甘粕に対する嫌悪感は変らなかった。

橘孝三郎は昭和九年に無期の判決を受けていた。五・一五事件で、東京附近の変電所を襲った農民決死隊は、橘が指導した茨城県の愛郷塾生たちによって結成されていた。満洲に逃亡した橘を、間接にもせよ助けた甘粕の行為は、武藤のいう通り、〃無法〃である。これは余談だが、和知鷹二は「そのあと、橘を新京からハルビンへ逃がしたのは私と橋本欣五郎だ」と、私に語った。和知、橋本など十月事件で中央を追われた将校の多くが、関東軍に迎えられていた。この橘の逃亡を助けた一連の話は、満洲国の無法地帯的な性格を語っている。

甘粕に悪感情を持っていた武藤も、政府と協和会との連絡会議で二、三回甘粕に会うと、まず「想像とは全く違う人物」と思い、次いで「役人になって十一年、これほど興味ある男にぶつかったことはない」と、ひきつけられてゆく。そして「協和会の宣伝科長になってくれ」という甘粕の唐突な申出を、初めは拒みながらも、「現職と兼任」という条件つきで承諾するに至る。

総務部長になった甘粕の初仕事は、昭和三年に河本大作によって爆殺された張作霖の葬儀であった。張の死後九年もたっていたが、彼の柩は奉天郊外の王爺廟に安置されたままであった。それを錦州へ運び、張の第一夫人の墓の横に埋葬しよう、という案をたてたのは甘粕であった――と、当時、奉天省教育庁の総務課長であった江口昇は語る。

「甘粕さんに会って指示を受けろ――といわれ、私は〝大物〟に会うことに緊張して出かけた。甘粕さんは総務部長と企画部長を兼任しておられた」

江口は上海の同文書院に勤務した大正十年代に、寄宿舎にいた甘粕の弟・四郎を度々自宅に招き、彼の満鉄就職後もつき合いがあった。その兄――という親近感を江口は抱いていたのだが、初対面の甘粕はいきなり大机の向うに立ち上り、「用件は？」と鋭い語調で問いかけてきた。世間なみの挨拶などヌキで、甘粕の身辺には無駄というものを一切省《はぶ》いたきびしい雰囲気があった。

「これは満洲国主催の国葬ではありません。協和会が人道的立場からやるのです。まず……」甘粕の口をついて、指示事項が機関銃で射ち出すように江口に向けられた。「……

まず、棺を確認すること。次に、錦州の張家の墓地をよく整備すること。奉天から錦州までの特別列車の手配、駅から墓地までの葬列の準備……ここでは会葬者の序列に細心の注意を払うこと。こういう点に手ぬかりがあると、せっかくやっても逆効果になる……次に、会葬者の宿泊には最高の場所を選び……」

話の途中で、甘粕から連絡を受けた関東軍参謀部付の辻政信（当時大尉、のち大佐、戦後衆議院議員、東南アジアで失踪）が部屋にはいってくると、甘粕はテキパキと葬儀の費用を相談して決め、とりあえず五万円を江口に渡すよう指示した。

甘粕はまた江口に向って言葉を続けた。「最後に、北京に使いを出し、張作霖の縁者を招待すること。そのリストは……」ここで甘粕はふと思いついたらしく、「張総理の意見も聞いた方がいいな」とつぶやき、すぐ連絡させて、江口を伴って張景恵の官邸へ向った。総理の都合をたずねるでもなく、「これから行く」と言わせただけのやり方に、江口は改めて甘粕の力を知らされた。

張景恵の官邸へ向う車の中で、江口はようやく甘粕に弟・四郎との関係を告げた。驚くほどの変化が起った。それまで鋼《はがね》のように感じられた甘粕の面上に急に温かい表情があふれ、彼は江口に握手を求めながら弟が世話になった礼を述べた。

六月二日に行われた張作霖の「霊柩安葬」には、張の息子――学良は来なかったが、その弟をはじめ多くの縁者が列席し、新聞も派手に書きたてて、対満洲人の心理工作の中では最も成功した行事の一つであった。甘粕がどこからこれを思いついたかは不明だが、張景恵と張作霖が〝莫逆の友〟であったことを思うと、不慮の死を遂げた友について語った張景恵の言葉を甘粕が心に留めて、大がかりな葬儀へ発展させたものではなかったか。

常に〝日本の分家〟としての満洲国を思う甘粕にとって、鄭孝胥の没後、宮廷一の勢力家となった張景恵は大切な人物であり、また張作霖が日本の軍人によって爆殺されたという周知の事実に対し、何かの手を打ちたかったのでもあろう。甘粕は江口に向って「日本人は葬儀の表面に顔を出すな」と何度も念を押し、協和会からは中央本部長・于静遠が列席した。

甘粕はふと心に浮かんだ思いつきを、そのまま忘れ去ることのない男だった。彼のベッドの枕許には常にメモ用紙が置かれていて、夜中でも何か思いつくとすぐに書きとめた。翌朝それを集めて事務所へ行き、テキパキと処理してゆく。また人の話をまじめに聞き、出された案をよしと思えば全面的に支援した。即時実行の甘粕のスピードは、発案者の方がついてゆけないこともしばしばであった。

日本が治外法権を撤廃したことに対し、満洲の民間有力者が謝意を表するため、使節団を日本へ派遣することになった。使節団が日本人、朝鮮人、漢人、蒙古人、満洲人の五民族の代表で構成されることを知った宣伝科長の武藤富男は「白系露人も満洲国民だが、なぜその代表を参加させないのか」と抗議した。だが担当の主任は「国務院総務庁庶務科長が決めたことで、すでに予算が定められ、人員追加は不可能だ。しかも出発は明後日に迫っている」とはねつけた。この二人のやりとりが、執務中の甘粕の耳にはいった。彼は武藤の席に来て、「あなたのいうことが正しい。私がやります」と言い残して、出ていった。

やがて帰ってきた甘粕は「関東軍第四課と総務庁へ行き、白系露人派遣の承認を得て、予算ももらってきました」と言った。

武藤は当時を回想しながら、「甘粕は『考えておきましょう』とか『善処します』というような、責任のがれの言葉を決して使わなかった」と語った。

盧溝橋事件が起ったのは、甘粕の協和会入りから三カ月後の昭和十二年七月七日であった。敗戦まで続く日中戦争の発端である。満洲が直接戦火を浴びることはなかったが、崩壊に至る日まで、あらゆる面に計り知れない影響を受ける結果となる。

盧溝橋事件の七カ月前、昭和十一年十二月に張学良が蔣介石を監禁した西安事件は、日本にとって意外な結果をもたらした。中国共産党は周恩来を西安に派遣して、蔣介石を釈放するよう張学良を説得し、蔣は内戦停止と抗日を約して釈放された。昭和十二年一月、毛沢東は西安に入城し、抗日民族統一戦線結成への道が開かれた。

六月初め、第一次近衛内閣成立のころから、中国の情勢は緊迫の度を加えた。烈しい抗日救国運動の勢に押されて、親日的であった第二十九軍長・宋哲元までが日本の要求を拒み始め、これに対し日本軍の態度も硬化した。両国の民衆も参加した小ぜり合いが各地に起り、華北の情勢は〝一触即発〟の言葉で表現された。

これを背景に、北京西南郊の盧溝橋附近で日本軍と中国軍が衝突した。当初、局地的に解決されるかと見えたが、現地協定が成立した同じ七月十一日に、東京では閣議で参謀本部の華北派兵案を承認し、政府はこの事件を「北支事変」と称すると発表した。

この日本の強硬態度に対し、中国共産党は国共合作の全面抗戦を呼びかけ、蔣介石も国民の奮起を促す声明を発表して、国民政府軍の一部は北上を開始した。

内地と、満洲国から増援の日本軍は北京、天津を目指して進み、七月二十九日にはこれら二都市とその周辺の要地を占領した。

約二週間後の八月十三日、戦火は上海に飛び、海軍陸戦隊と中国軍との間に戦闘が起った。十五日、近衛は「……支那軍の暴戻を膺懲《ようちょう》し以て南京政府の反省を促す為、今や断乎たる措置をとるの止むなきに至れり」との声明を発表し、全面的な戦争の開始を宣言した。盧溝橋事件以来、不拡大説を唱えていた参謀本部第一部長・石原莞爾は、近衛声明の翌九月、軍中央から遠ざけられ、関東軍参謀副長に転出した。

中国の軍隊と民衆の抵抗は強く、蔣介石は九月末、国共合作を正式に認め、抗日民族統一戦線が成立した。十一月、日本軍は大兵団を杭州湾に上陸させ、十二月十三日には国民政府の首都・南京を占領した。

この勝報に日本中が湧き立ち、旗行列と歓呼の声が全土を埋め尽した。この情景は満洲でもくりひろげられた。新京では、関東軍が協和会首都本部に旗行列と祝賀国民大会開催を指令し、早朝から駆り出された漢人、満洲人たちは小旗を持って、大同公園まで行進させられた。零下二十五度の寒気の中に立って、彼らは日本人と声を合わせて万歳を三唱しなければならなかった。

この日、甘粕は暗い表情で武藤にいった。

「中国の古都・南京が日本軍に占領されたことは、満洲にいる四千万の漢民族にとって悲しいことなのです。その悲しい時、漢民族をひっぱり出して、慶祝の行列をさせるのは大きな間違いです」

甘粕が大衆の感情を察して、関東軍のやり方や行政のあり方を批判するのは、珍しいことではなかった。この時も武藤が聞いたのは、その批判と、漢民族の悲しみに対する同情だけであったが、実は旗行列を眺める甘粕自身が、深い悲しみを抱いていた。

甘粕は盧溝橋の第一報を聞いた時から、その局地的解決を願い続けた。当初の軍中央は、杉山陸相が「事変は二カ月で片づく」と天皇に上奏するなど、中国を見くびった見通しを立てていた。だが現地に独自の情報網を持つ甘粕には、とてもそう思えなかった。

今はまた、軍や日本人一般の間に、南京を占領された蔣介石は降伏するだろうとの観測がもっぱらであるが、これも甘粕の予想とは違っている。

戦争は長期化する――という見通しを持つ甘粕は、それが満洲国に及ぼすであろう悪影響を思って、怒りと悲しみに心を占められていた。しかも、建国から七年目を迎えようとしている満洲国は、甘粕が期待したような発展を遂げてはいない……。

日系官吏が政府の要職を占め、関東軍第四課が政府の内面指導に当る満洲国は、中央集権化が進み、幣制は改革され、交通・通信施設は整備、拡充された。日本の対満投資は建国後の五カ年間で十一億円にのぼった。しかしその大部分が鉄道、通信関係と軍需用重工業の新設拡張に向けられたため、一般大衆の生活をうるおす結果とはならなかった。

農民は、世界恐慌の波及で大豆、大豆粕など主要輸出品が暴落し、農産物輸送を独占する満鉄の運賃は高く、昭和九年の大凶作の痛手も加わって、依然として極貧の生活を続けていた。満洲を対ソ基地化する必要から、軍事・警察費は全歳出の大半を占め、日系官吏に高給を支給するため、人件費もかさんだ。これらは税の負担を増して大衆を圧迫し、土着産業の疲弊を来した。

こうした実情は、建国当初の関東軍が満洲国民に公約した〝王道楽土〟とは遥かに遠いものであった。またこれは日本側にとっても、日本資本の利潤低下という予期しない結果をもたらした。日本の投資が満洲経済の発展を生み、それが日本の利潤の上昇と対満投資の増加につながるであろうという、日満経済ブロック建設の夢はすでに霞んでいた。

昭和十二年四月、満洲産業五カ年計画がたてられ、この年十一月には、満洲の重工業を独占的に経営指導する満洲重工業開発会社が設立された。総裁・鮎川義介はアメリカ資本の導入を計り、関東軍や満洲国もそれを期待したが、実現は不可能であった。

こうした実情の満洲国に、中国との戦争長期化はさらに重圧をかけ、民衆の生活は一層窮迫する……と甘粕は予想していた。彼が最も恐れたのは、民心の離反である。そのきざしはすでに明らかである。日中の停戦を、彼はひたすら願った。だが、軍中央部の和平論者さえ、懸命の努力をしながら大勢を変え得ないものを、満洲に住む一私人に何が出来ようか……と甘粕はくちびるを嚙む。

軍中央部の不拡大派は十一月初めから、極秘裡に駐支ドイツ大使トラウトマンに働きかけ、日中間の停戦交渉を始めていた。その中心は参謀次長・多田駿《はやお》(中将、のち大将)であった。しかし南京占領で調子に乗った日本側の態度は急に硬化し、遂に昭和十三年一月十五日の大本営政府連絡会議で交渉打切りを決定した。近衛が「爾後《じご》国民政府を相手とせず」の声明を発表したのはその翌日、一月十六日である。日本は長期戦に対する覚悟も成算もないままに、自らの手で和平の道をとざした。

最後まで日中和平交渉の継続に努力した参謀次長・多田駿は、昭和七年からの満洲国軍最高顧問時代に甘粕と親交があった。甘粕は東京に行く度に多田と会い、昭和十六年に彼が予備役となった後も、二人で四国の霊場巡りをするほどに親密だった。

戦線はさらにひろがった。昭和十三年三月に開始された徐州作戦の前後から、在満の兵力の一部も拡大する戦線に投入された。徐州占領後、五月末の近衛内閣改造では、不拡大派の板垣征四郎が陸相となり、軍部、政府の中に再び和平を求める気運も生れたが、戦争指導は動揺と混乱を続けて、戦線はさらに伸びてゆく。

昭和十三年春、協和会で新京特別工作を担当する三原朝雄（のち衆議院議員、文相）は「これは、甘粕さんに訴えるほかない」と心を決して、早朝の街を協和会本部へ急いだ。酒豪の甘粕は夜を徹して遊ぶこともしばしばであったが、朝は必ず定刻前に事務所に現われて、二日酔いの気配もない仕事ぶりを見せるのが常であった。

若い三原は、興奮していた。――何ということか。満洲国民の伝統、習慣も考えず、すべてを日本流に判断して、厳罰主義でのぞむとは……。日満一体を標榜しながら、こんなことで民衆の協力など得られるものか……。三原が担当する民衆宣撫に協力してくれる地元の有力者数人が、「反満、抗日の疑い」で日本憲兵に逮捕されたのだ。彼が理由を調べると、習慣、生活感情の違いから起った誤解とわかった。珍しいことではない。

建国直後の〝依蘭事件〟の時も、誤解によって多くの満洲人が痛めつけられ、憲兵は誰からも恐れられていた。

協和会本部で三原の話を聞き終った甘粕は、事情を諒解した旨を短く彼に伝えて、部屋を出ていった。

間もなく、逮捕された有力者たちは全員釈放された。「あとで知ったことだが、甘粕さんが会いに行った相手は東条さんだった」と、三原は衆議院宿舎で私に語った。

東条英機は昭和十年、関東憲兵隊司令官兼関東局警務部長となり、十二年三月からは板垣の後任として関東軍参謀長であった。

東条と甘粕との出会いは明治四十三年にさかのぼる。この年十二月に陸軍士官学校に入校した甘粕は、卒業までの一年半を通じて教練班長・東条中尉の指導を受けた。

陸軍の組織の中での緊密な人間関係を大別すると、（一）幼年学校、士官学校、陸軍大学校の同期生（二）職務上の同僚、または先輩、後輩（三）士官学校時代の区隊長、教練班長と生徒——の三つがある。東条と甘粕の関係は（三）の代表的な例であった。幼年学校の生徒は十五、六歳年長の生徒監に教育されるが、士官学校では教育する者とされる者との間に、年齢的にも知能的にも大差のないのが特色である。十九歳の甘粕は、二十六歳の東条に教育された。

偕行社の協力で発行された「陸軍士官学校」によれば「陸軍士官学校の教育は、国体および建軍の本義に徹すること、堅確な軍人精神、高潔な品性を養成すること、強固な意志と責任観念を鍛錬することなど、精神教育を重視して、いわゆる学問の教育を従とした」とある。生徒の訓育の責任者である区隊長、教練班長には、最も優秀な中尉が選ばれる。彼らはかつて自分たちがたたきこまれた軍の伝統を、全力を傾けて生徒に注ぎこむ。使命感に裏づけられたその烈しさを、生徒の方も「負けるものかッ」と必死で受け止め、歯をくいしばって頑張る。両者の気迫のぶつかり合いは、時に〝火花の散るようなすさまじさ〟であったという。こうして先輩、後輩の間に生涯を貫くほどの親愛の情や信頼が生れ育つのだが、生徒の中には苛酷なまでにきびしい鍛え方に反撥し、先輩に憎悪を抱く者もあった。

甘粕の同期生・赤柴八重蔵（中将）は「東条さんは特にきびしい教練班長だった」と語る。班長は三十人の生徒を受け持つ。東条は「集合ッ！」と号令をかけると、必ず時計を見る。何分何秒――と、その度にカン高い声で発表し、所要時間に少しでも不満があれば大喝をくらわせ、もたついた生徒はその場で容赦なく叱責される。度々行われる野営は、班長と生徒の全生活が触れ合う場となるが、こうした時の東条は生徒一人一人を鋭く観察して、その能力、性格を的確に摑んだ。生徒に対する要求はきびしいだけでなく、神経質なほどにこまかかった。その東条の〝一番のお気に入り〟が甘粕であった――と、赤柴は語る。

頭の回転の早さ、神経の鋭さ、強固な意志と責任観念、几帳面など――東条班長が生徒に求めるもののすべてを、甘粕は生来そなえていた。そのうえ彼は帰省の度に弟・三郎に反撥を感じさせるほど、〝帝国陸軍〟に心酔していた。生涯を通じて何事にも、いいかげんであり得なかった甘粕の、特に二十歳前後という時期である。彼が全生活を「軍人勅諭」のままに生きようとした純粋さは、きわ立っていたであろう。東条中尉にとって甘粕は〝鍛え甲斐のある生徒〟であり〝かわいいヤツ〟であったに違いない。甘粕の東条への敬慕は、膝のけがで軍籍を離れようとした彼が憲兵への転科をすすめられ、思い迷って〝かつての教練班長〟に相談した一事が語っている。この時はすでに士官学校を卒業していたが、一生の岐路に立った甘粕が、かけつけたのは東条の許であった。

〝大杉殺害事件〟の主犯となった甘粕へ、東条は並々でない好意を示した。かつて東条が区隊長、教練班長として指導した佗美浩を通じて、甘粕の自殺を翻意させ、同期生が甘粕の母のために募金をすれば、真っ先に大金を寄せた。稲葉正夫の想像のように、東条が大杉事件の背後関係を含む真相を知っていたとすれば、彼は甘粕の殺人行為を、かつて自分が教え鍛えた〝軍の伝統〟や〝強固な意志と責任観念〟から出たもの――と解したかも知れない。そうとすれば、東条が甘粕にかけた〝ふびんの念〟は、単に旧部下への温情の域を越えていたであろう。甘粕と満洲を結んだのは大川周明と伝えられているが、渡部悌治の記憶によれば、周明の弟・周三は「兄と東条の相談で、甘粕は満洲へ渡った」と語ったという。

昭和十年に渡満した後の東条と甘粕の親しさは、多くの人々に記憶されている。かつて東条班長の前で直立不動の姿勢をとった青年・甘粕は、くだけた態度で盃を重ねながら意見を述べる四十代の男になっていた。中尉だった東条は、このとき中将である。満洲国経営について、甘粕は彼一流の歯に衣《きぬ》きせぬ直言を呈しもした。のちに東条は、戦時下の国民の生活をさぐるためゴミ箱をのぞいて悪評を買ったが、彼はこの〝こまかさ〟をすでに満洲で発揮していた。甘粕は東条流のやり方を「満洲人の反感を買う」と評して、彼に反省を求めたこともあった。そして、東条の性格としては稀なことだが、彼は甘粕の直言をおだやかな顔で最後まで聞いていた。

しかし甘粕の中には、陸士の生徒として教練班長に抱いた畏敬の念が、いつまでも強く残っていたらしい。甘粕が「私は若い時から東条さんに何かいわれると、どうしても反抗できない」と武藤富男に語ったのは、いったん辞退した勲章を東条に説得されて受けとった時である。昭和十二年、甘粕は満洲建国の功によって日本政府から勲四等旭日章、満洲国政府から勲二等景雲章を授与された。しかし彼は自分が刑余者であることを理由に固辞したので、勲章は恩賞局が預っていた。その後、高松宮の渡満に際して、東条は甘粕を呼んで説得し、遂に彼も二つの勲章をつけて、宮の前で協和会について説明した。

三原朝雄は「甘粕さんから東条さんへ、機密費など多額の政治資金が出ていただろう」と想像している。裏づけはないが、東条、甘粕の関係から十分うなずける想像である。三原は昭和十二年から、応召の十九年までの七、八年間、仕事の面から甘粕を見てきた。「全く、私心というもののない人だった」と三原は語る。「寝ても醒めても〝祖国のため〟以外を考えなかった。祖国ぬきに、甘粕は存在しない……といえる。満洲国経営をはじめ、何事も日本中心の考え方で、帝国主義には違いないが、満人を犠牲にしていいなどとは思っていなかったし、満洲国を立派に育てたいと心から望んでいた。それでも、満洲国を権力統治でなく、満洲国民の自治へもってゆこうと考えるわれわれ一派とは、相容れないものがあった。しかしそれはそれとして、甘粕さんは筋の通った立派な男だった。それに、ものわかりがよく、人情豊かで、部下のめんどうも実によくみてくれた」

立派だった――と認めながらも、〝天皇の有たる日本帝国への献身〟のワクから一歩も出ない甘粕への批判は、三原の満洲時代の記憶の各所にある。三原たち青年グループは、天照大神を祭神とする建国廟の創設に大反対であった。――天照大神は、満洲の人々には名も知らぬ異国の神である。それを〝建国の神〟と定め、崇敬し、国民精神の拠りどころにしろと強制するのは、あまりに民心を知らぬ暴挙ではないか――というのが反対理由であった。

満洲国に建国廟を創建すべきだとの意見が関東軍から出され、政府、協和会の間で論議がかわされたのは昭和十二年である。中心課題は祭神の選択であり、多くの案が出た。関東軍の中にも諸説があり、植田関東軍司令官は「民族協和の国柄だから各民族共通の神とすべきで、それが無理なら各民族それぞれの神を一緒に祀るべきだ」という意見だった。片倉参謀は「日満の神々の複数神案」を唱え、石原参謀副長は「日本の神との合祀でなく、漢民族の崇拝する神だけを祀る」案を出した。一方、皇帝溥儀の御用係・吉岡安直中将は初めから天照大神の一本槍だった。ほかに清の太祖説なども出て、祭神はなかなか決らなかった。そこへ支那事変、さらにノモンハン事件などで建国廟問題はタナ上げになっていたが、十四年九月、梅津美治郎大将が関東軍司令官になるに及んで、神廟計画は再び吉岡中将により準備が進められた。

この動きを知った三原は、祭神は天照大神に決るのではないか――と憂慮し、ひそかに甘粕の動きを注視した。「民心の離反を招くこのような計画を、甘粕さんが阻止してくれるのではないか。満洲人の心理をよく理解できる人だから――と期待したのだが、彼は全く何もしなかった。あの人がその気になれば、〝天照大神説〟をつぶす力は持っていたはずだ。関東軍首脳とも、満洲国要人とも、ジカに話のできる人だったし……」と、三原は私に語った。

昭和十五年、皇帝・溥儀が日本の紀元二千六百年慶祝のため二度目の訪日をした機会に、建国廟創設は「皇帝の希望により祭神は天照大神と決定」という形をとって、一挙に実現した。建国廟創建案が上程された臨時国務院会議では、治安部大臣・于琛澂から「天照大神とは何の神か」という質問がでたが、〝長いものには巻かれろ〟とばかり、議案は一気に可決された。組織法が改正されて「第九条、皇帝は国の祭祀を行ふ」が加わり、祭祀府が設けられた。元関東軍参謀長で協和会中央本部長の橋本虎之助中将がその総裁となり、奉祀官として八束処長（宮中賢所奉仕の掌典）をはじめ、日本から神職が聘《へい》用《よう》された。

初めて案が出た昭和十二年から創建の十五年までの、私が入手し得た建国廟問題の資料中には、どこにも甘粕の名はない。しかし祭神決定が民心に及ぼす影響の重大さを考えると、甘粕がこれに無関心であったとは思われない。

南京陥落の時の漢民族への思いやりからも、甘粕は満洲国民の心理に最も理解の届く日本人の一人であった――といえる。また彼が民心の動向を重視したことにも、多くの例がある。「追悼余録」中に同期生・麦田平雄は、甘粕と共に奉天で華北鉄路対満鉄のラグビー試合を見た時のことを「満鉄が勝っても（トライしても――筆者註）満洲国観衆は拍手せず、華北が勝つと万雷の歓声と拍手が起った。『これはどういう事か』と協和会の甘粕君に質したら、『君はどうしたらよいと思うか』と深刻な顔で反問してきた」と書いている。このとき二人は、大衆の愛国心昂揚には映画政策が最も効果があろう、と話し合っている。これはのちに、甘粕の満映理事長就任と結びつく。

また三原朝雄は協和会・三江省事務所長となった後、ここでも省内の代表的人物数百人が、誤解により「反満、抗日、通匪の疑いあり」として日本憲兵に逮捕される事件にぶつかった。この時は全満に及ぶ大事件で、三江省長・盧元善に泣きつかれた三原は新京へ急行して甘粕に訴え、甘粕が憲兵司令官と話し合って全員を釈放させ、そのうえ彼らを逮捕した憲兵を転属させた。三原は「甘粕さんは『国境地帯の民衆が日本に敵意を抱く結果になっては一大事……』と、真剣に動いてくれた」と語る。

こういう甘粕であるにもかかわらず、彼は建国廟の祭神として天照大神が選ばれることには異議を唱えなかった。三原がいうように、甘粕が〝天照大神説〟を葬る力を持っていたかどうかは別として、もし彼が石原莞爾と同じく「祭神は漢民族の崇拝する神でなければならぬ」と考えれば、全力をあげてそれを主張したはずである。力不足だからと、ひっこんでいる男ではない。甘粕の職務は祭神決定と直接結びついてはいなかったし、建国廟創建の昭和十五年は彼の満映理事長時代だが、事ひとたび〝満洲国の大事〟となれば、彼が職責、肩書を越えて強力な発言をした例はいくつかある。

甘粕が建国廟に関して無言であったのは、彼が〝天照大神説〟に反対ではなかったからだろう。天照大神は皇室の祖神だから、日本の〝分家〟である満洲国人も、たとえ未知の神にせよ、ありがたく〝建国の神〟として受け入れるべきだ――と彼は思ったのではないだろうか。

甘粕が獄中日記の各所に皇室崇拝の念を綴ってからすでに十五年ほどが過ぎていたが、〝天皇の有たる日本への献身〟を生き甲斐とする信条には少しの変化もなかった。軍人は一般に、青少年時代にたたきこまれた皇室崇拝の念を、生涯そのまま抱き続けるが、大正以前に教育を受けた軍人には特にその傾向が強かった。甘粕は大尉で軍籍を剝奪されたが、自ら〝天皇教信者〟と称した彼の精神は、生涯を通じて軍人であった。他の多くの軍人と同じく、甘粕にとって、天皇と国家とは一体であった。

さらに彼にとって、天皇とその祖神である天照大神は、聖域内の絶対の存在であった。いかなる時も、いかなる条件の下《もと》にも、これ以上の存在はない。甘粕は明晰な頭脳を持ち、実務能力の高い合理主義者、現実主義者で、当時の精神主義の域からははずれた男だったが、しかし彼の理性は聖域の垣の手前で停止する。建国廟の祭神について、甘粕が吉岡中将のように〝天照大神説〟を唱えず、沈黙を守った点に、わずかながら彼の理性の懐疑があったと見るべきかもしれない。

もう一つ考えられることは、甘粕の意識の中での日満両国民の位置づけである。彼は〝日満一体〟を建国の基礎と考え、その実現に努力した。しかし彼の理想とした〝一体〟とは、日満が対等に並ぶものではなく、〝日〟は支配民族、または指導民族として上位に立ち、その下に従順な〝満〟を密着させての一体であった。この両者の位置づけが、日本の神を満洲の神として祀ることを、さして不自然と感じさせなかったのか——とも想像される。

武藤富男は「私は甘粕正彦に惚れた」と語り、著書「甘粕正彦の生涯」中に彼の人物、満洲建国の功績などを高く評価しているが、その武藤も「甘粕は日満両国民を対等とは考えていなかった」と私に語った。だが当時の指導層の中に、本気で両国民を対等と思った人があったとは思えない。甘粕もまた例外ではなかった——ということである。

昭和十三年七月末、甘粕は満洲国外交使節団副団長兼事務総長として、渡欧する。イタリアは昭和十二年十一月に満洲国を承認し、翌十三年二月にはドイツが承認した。満洲国はすでに使節団が来満したイタリアへの答礼と、満洲国を承認したドイツ、スペイン、ローマ法王庁、中米のサルヴァドルとの修好経済関係の増進を目的に、外交使節団を派遣することになった。団長は経済部大臣・韓雲階で、日、漢、満、鮮、蒙の各民族の代表たちと随員合計二十六人の一団であった。甘粕の希望で、武藤富男も団員として加わった。

甘粕は事実上の団長である。彼はかねがね東洋人が白人に蔑視されることを、神経質なほどに嫌った。国際的にはアヤフヤな存在である満洲国の使節団であり、団員は蒙古の将軍パトマラプタンをはじめ、正式の外交、社交の場などのぞいたこともない者がほとんどである。甘粕は一行が服装や作法などで恥をかかないための準備に大わらわであった。彼にとって、使節団が笑われることは〝日本の恥〟である。

団員の訓練はまず洋食の食べ方から始まった。実際に皿やナイフ、フォークを並べて、全員が正しいマナーをおぼえるまで練習が繰り返された。服装は協和会服に長靴を用いることに決め、ほかに社交用のタキシードと、ローマ法皇謁見用の燕尾服を新調させた。詰襟、カーキ色の協和会服は張総理から一般市民までが着ていたが、服装に凝る甘粕は特に上質の生地を選び、襟の形にも工夫をこらして、常に雪白のカラーをのぞかせていた。団員への服装の注意は「出来合いのワイシャツを買って、長すぎる袖にアゲをしてはいけない。必ず寸法を合わせて、直させること」などと、例によってこまかく、ゆき届いていた。

この時だけでなく、〝満洲の甘粕〟はいつも一番まじめで、せっかちで、気負っている。漢、満、蒙など異民族の中の甘粕を想像すると、〝日本人の標本〟といえるほどに民族の特徴を拡大して身につけている。

出発は昭和十三年七月二十九日と予定されていた。その前日、甘粕は協和会中央本部の全職員を集めて挨拶をした。

「人間というものは、一度別れたら再び会えると思うことは間違いなのです。一度別れたら、永久に会えないと思うのが正しいのです。そのつもりで私の言葉を聞いて下さい。

民族協和といいながら、協和会の職員が仲間うちで喧嘩するようなことで、どうして民族協和ができますか！　終り」

「人間は一度別れたら……」という言葉は平凡だが、甘粕の場合、違う響を感じさせる。一期一会の覚悟、無常の諦観は、古い日本人の体質といえるものだ。甘粕もその一人であったろうが、しかし彼が人と違うところは痛烈な実感を伴っていたことではなかったか。甘粕はこれに類する言葉をしばしば繰り返す。

「私が麹町憲兵分隊長を兼任したのは大正十二年八月二十七日、大震災のわずか数日前だった。人間には、いつ、何が起るかわからない。もしあの時、兼任を命じられていなければ……」という甘粕の言葉を武藤富男が記憶している。「人間には運命がある。それから逃げることはできない。運命に従って、まじめにやることが一番大切だ」とは、満映理事長時代の甘粕の言葉で、満映の娯民映画処長であった坪井与（のち東映化学工業社長）が私に語ったものである。「人間は一度別れたら……」もそうだが、甘粕がフトもらすこの種の言葉には、やはり大杉事件の投影が感じられる。

使節団一行は門司で乗船し、イタリアへ向った。

船がマラッカ海峡を通るころ、デッキゴルフに興じていた甘粕は、周囲の船客の「暑い、暑い」という声の中で「私のいた監房は西向きの恐しく暑い部屋でした。封筒を貼っていると、汗が流れてきて……」と、ごく当り前の語調で語りだした。

周囲の人々は体を固くして、無言で彼の言葉を聞いていた。日本を離れて数日後には、一等船客の間に「あれが甘粕大尉だ」と知れわたり、食堂や喫煙室では改めて大杉事件が語られた。事件からすでに十五年がたっていたが、女、子供までを虐殺した残酷なこの事件は、人々によく記憶されていた。船客の中には甘粕が満洲の〝大物〟になっていることを初めて知った者もあり、彼らはそれぞれの思いで甘粕を観察し、それをまた新たな話題にして楽しんでいた。そこへ、いきなり本人の甘粕が〝獄中〟を語り出したのである。人々は隠していたつもりの好奇心や嫌悪感を見すかされた思いにたじろいだ。

甘粕のこうした態度は、以前にはなかったものである。協和会入り後の彼は、自分の過去について〝開き直った〟とも見える強い態度を示すようになった。〝影の世界〟を完全に脱け出るに当って、今後は事件を意識した人々の視線に平然とたち向おうと心に期したのか。それとも、自然に無視できる心境になったのか。いずれにせよ、フランス時代の神経質にいじけていた甘粕とは別人のような変り方である。

それにしても船上で彼が示した態度は、その域を越えている。周囲の視線を十分に感じとっていた甘粕は、人々の虚をついて、いきなり〝古傷〟を彼らの眼前につきつけるような態度に出た。何事も徹底しなければ気のすまない性格が、彼の意志をここまでエスカレートさせたのかもしれない。

しかしこの〝行きすぎ〟も、後年の甘粕の態度からは消える。その後も彼は獄中生活について語りはするが、それを口にすることがごく自然な時に限られるようになった。

使節団一行は九月五日、ナポリに上陸した。イタリアはベルリン・ローマ枢軸をうたいあげ、防共協定によってドイツと盟友関係にあったが、ズデーテン問題をめぐって巻き起った戦争の気配に浮足立っていた。

「満洲国の使節団は、イタリアで国を挙げての大歓迎を受けた」と当時、駐伊満洲国公使館の参事官であった三城晃雄は語る。「甘粕さんは副団長だが、実際には団長で、イタリア側から〝ジェネラル・アマカス〟と呼ばれていた。イタリア人は自分の印象で、相手に勝手な肩書をつけることがよくある。満洲国は関東軍が建てた国だと知っていた彼らは、実質的団長の甘粕さんの軍人らしいキビキビした動作から、彼を関東軍の将軍だと思っていた。団員のほとんどが時間の観念に乏しく、団体行動に馴れていないので、甘粕さんは度々彼らに訓示を与えていたが、よくこうも厳しい言い方をすると驚くほどだった」

九月八日、使節団一行はヴェネチア宮でムッソリーニと会見した。大広間で、前列に団長の韓雲階と二人の副団長甘粕、福本が立ち、そのうしろに団員が二列に並んだ。遥か離れた戸口からムッソリーニが巌のような体軀を現わし、一行に近づいて止まる。さし招かれた韓雲階が一人だけムッソリーニの前へ進み出て、握手をした。ムッソリーニが韓雲階に言葉をかけようとした時、突然、大広間の重々しい静けさの中に、大理石の床を蹴って進む靴音が響き始めた。甘粕が軍隊式の歩調で前へ進み始めたのである。ムッソリーニは微笑を含んで甘粕に目を注ぎ、彼が韓雲階と並ぶのを待って、二人に歓迎の言葉を述べた。

甘粕はこの行為を「満洲国はシナ人だけの国ではない——ということを示すため」と武藤富男に説明したという。

三城参事官は甘粕に好感を持って、北上する一行を送り出したが、「半年後に改めて甘粕さんの誠実さを知らされた」と語る。ローマ滞在中の甘粕は、三城に満洲国外交官の生活の実情をたずね、三城は「当然ながら公使は満洲国人なので、日本大使館はじめ日本側との連絡、社交などすべて私一人でやっている。だが参事官は車さえ自費なので、今の俸給では体面を保つのが大変だ」と率直に語った。甘粕は「そんなことではいけない。なんとかしましょう」と答えた。三城は甘粕に「何とかしてくれ」と頼んだわけではなく、この会話を忘れていたが、のち甘粕の配慮で加俸の通知を受けた。

これに似た話は、甘粕のどの時代にもたくさんある。彼はいったん自分の口から出した言葉には、最後まで責任を持った。生来の几帳面な性格のためだけでなく、いいかげんなことをする〝恥〟を自分に許せない男だった。

一行はウィーン、ニュールンベルクなどを経て、九月二十四日、ベルリンに着き、ウンター・デン・リンデンのホテル・アドロンに入った。アドロンは今では二流ホテルに落ちぶれたが、当時はベルリンでアドロンに泊っているといえば、最高のステータス・シンボルと見なされるほどのホテルだった。

二十六日、韓雲階と甘粕、福本の三人だけが総統官邸でヒトラーと会見した。ヒトラーは右手を挙げてナチスの敬礼をしたのち、三人と握手した。彼の態度は気負っていた。この日、甘粕は武藤に「ヒトラーは『張鼓峯事件が無事にすんでよかった』といったが、腹の中では、満ソの紛争が拡大し、日ソ間に戦争が起ればよいと思っているのだろう」と語っている。

この二十六日は、ヒトラーがつくり出した最悪の日であり、一九三八年のヨーロッパが最も強い不安と緊張にさいなまれた日であった。その中でヒトラー一人がイギリスの全面妥協のハラを読みきって、ほくそ笑んでいたのであろう。

ヒトラーはその二日後に当る二十八日午後二時を期してチェコスロヴァキア攻撃の総動員令発令をすでに決定し、公表していた。最後通牒である。ヒトラーの目的は、まずズデーテンを侵略することでチェコスロヴァキアの重要工業地帯を奪い、国境防衛組織を破壊し、次いで同国全体を手に入れることであった。緊張のベルリンに滞在する甘粕が、事態をどう理解し、予測していたかは不明である。

ベルリンでは外相リッベントロップの招宴もあった。ここでは、ズデーテンの争乱はドイツに帰属を望む住民の自発的意志であり、ナチスドイツの行動は血族の苦しみを救うための、やむにやまれぬ正義であると、まくしたてられたに違いない。甘粕は六、七年前の満洲建国前後を思い出しながら、それとの比較にほろ苦い思いを抱いて、ドイツの宣伝を聞いたのではなかったか。

そのほかに甘粕らが得ることのできた情報は、〝ドイツの使者〟と陰口された大使館付陸軍武官・大島浩（中将）から放送されるものだけであったろう。大島は、甘粕ら一行の訪独の翌十月に駐独大使となる。大島からの情報を聞き、仮に、イギリスがチェコを見殺しにしてまで対独宥和を計る原因が、ソ連に対する敵対意識と警戒の上に立っていることを知っていたとしても、〝満洲の甘粕〟は同感したであろうし、それを利用したヒトラーにも同感したのではないだろうか。

使節団一行は二十八日にベルリンを離れたが、二十九、三十両日には、イギリス首相チェンバレンがムッソリーニを斡旋者としたミュンヘン会議が開かれ、ズデーテン即時割譲の妥協でイギリスの対独宥和政策の失敗が決定的となる。武藤富男は「甘粕の趣味は国際的謀略だった」と語っている。その甘粕にとって、昭和十三年（一九三八年）のヨーロッパは〝面白くてたまらない〟時代であったろう。

十月十日、一行は内戦最中のスペインにはいり、十九日、北スペインのブルゴスでフランコ将軍と会見した。フランコは反乱派により国家首席に任命され、二年前の一九三六年十月からブルゴスに国民政府を樹立していた。人民戦線派はバルセロナに政府をおいていたが、三八年秋にはすでに一年にわたる包囲下に苦戦していた。バルセロナの陥落と人民戦線の崩壊は、もう時間の問題だった。

ブルゴスは、ヨーロッパで最も美しいとさえいわれるカテドラルが、市街の頂点にそびえ立つ古都である。聖堂のほかにここで特に目立つのは、並木の深い葉影と、川沿いの散歩道の見事なモザイク模様と、ブルゴスに生れた英雄エル・シドの騎馬像である。もし誰かが使節団一行にエル・シドの武勲詩を語ったら、甘粕はこの街に強い印象を持ったであろう。だが武藤は当時のブルゴスについて「兵隊と政府関係者でごったがえしていた」とだけ述べ、「フランコ将軍は会見のため前線から帰ってくれた」と書いている。

スペインを最後に公式日程を終った使節団一行は、帰国までの約一カ月を自由行動として、いったん解散した。甘粕は武藤と共にベルリンとパリに滞在した。武藤は、パリの甘粕について「日本の外交官や武官や実業家を料亭に招いてご馳走するかと思うと、裏町のとんでもない所を見学したりした」と書いている。かつて窮乏時代を過したパリの街並みは、使節団の副団長として訪れた彼の目に多少とも違ったものとして映りはしなかったか。だが甘粕は同行の武藤に十年前の思い出を語ることもなく、かつてフランス滞在の大半を過したルアンの町は当時の汽車で二時間たらずの距離だが、そこを訪れたという記録もない。多くのみじめな思いがこめられている昭和二年からのフランス滞在は、彼にとって思い出したくない時代であったろう。十一月九日、一行はナポリに集合した。使節団は、満洲国を第一番目に承認した中米のサルヴァドルに行く予定だったが、途中通過するアメリカが入国を拒否したため、日本に直行することになった。アメリカは入国許可を与えない理由として、満洲国を承認していないこと、使節団中に好ましからざる人物がいること――の二つをあげた。日本の外務省は、〝好ましからざる人物〟とは甘粕正彦であると説明した。武藤は「甘粕が反英謀略をやったため」と語ったが、のち昭和十九年から満映の嘱託となった岡田桑三は「甘粕の『幼児殺し』という前歴をアメリカが忌避したため、と私は聞いている」と語った。

日本へ向う船が地中海にはいると、甘粕は一同を集めて外貨についていい渡した。このいきさつを、武藤はくわしく書いている。

「日本は支那事変遂行中で、外貨を必要としています」と甘粕は厳しく言った。「各自が持っているポンドは日本に持ち帰って、正金銀行で公定レートで円と交換すべきものです。これから先の港々では、両替屋が公定レート十七円を上まわる二十二円から二十六円ぐらいで交換しますが、これでもうけることは国家に対する背信行為です。使節団員であるあなた方は、絶対にしないで下さい。日本に着くまでもう円はいらないでしょうから、全部封筒に入れ、金額と名前を書いて私にあずけて下さい」全員が彼の言葉に従った。

船が紅海にはいると、甘粕が額に深いしわをよせて武藤に言った。「あれほどいったのに、ポートサイドでポンドを円に替え、船の郵便局から妻へ送金した者があるのです。私は郵便局へ行って調べてきました。それは鮮系の団員です」

東京地方裁判所の判事であった武藤は「私は甘粕ほどのカンを持っていなかった」と書き、「これは彼が憲兵だったからではなく、人間性について、異常な嗅覚を持っているためであった」と述べている。

甘粕は協和会時代も、のち満映の理事長になってからも、人の隠された能力を引き出し、適材を適所にはめる人事で何度か成功している。人間に対する嗅覚は確かに鋭かったが、しかし船上での行為は、やはり憲兵であった前歴と無関係とは思われない。「ポンドはそのまま日本に持ち帰れ」と命じながら、円だけをあずかった彼は、その時からこれでヤミ行為を摘発できると考えていたのだ。みすみすこれにひっかかった団員の方がマヌケであった。

甘粕は、どれほど厳しく禁じても、誰かが両替屋と取引するであろうことを知っていた。彼はそれを想像しただけで、胸元に熱い怒りがかけのぼってくるタチである。使い残りの外貨はタカの知れたものであったろうが、この場合、金額は問題でない。日本に対する背信行為と教えられながら、あえて利ザヤを稼ぐ根性が、甘粕には許しがたいのである。

甘粕はヨーロッパに着いた時から、外貨の濫費をいましめた。だが支那事変中の物資不足の折から、韓雲階はじめ多くの団員が写真機や時計などを買いあさった。甘粕はその人々に苦々しい視線を向けながら、自分は皇帝のための写真機と子供たちへのみやげ以外は何一つ買わなかった。

昭和十三年十二月二十三日、使節団一行は日本に着いた。その数日後、団長・韓雲階の名で、日本の各大臣を含む指導者たち多数を東京会館に招待した。司法大臣・岩村通《みち》世《よ》も来賓の一人であったが、かって彼は〝大杉殺害事件〟の被告・甘粕を取調べた検事であった。この事件の背後関係について執拗に訊問する岩村に対し、甘粕は最後まで「私個人の犯行」といい張った。この時から十五年がたっていた。各国から贈られた勲章を胸に飾った甘粕の「しばらくでした」という挨拶を、岩村は「ご招待、ありがとうございます」と、さりげなく、にこやかに受け流した。

甘粕が使節団一行を約一カ月日本に滞在させた目的は、彼らに日本の産業、文化、軍事力などを具体的に示すためであった。ヨーロッパ諸国を見て感服した満洲国の人々が、日本を軽視する結果になっては——との配慮であった。甘粕にとって〝日本帝国〟は常に満洲国の人々に仰ぎ見られる存在でなければならなかった。時に彼は〝無邪気〟といえるほどのお国自慢ぶりを発揮する。

帰国の途中で外貨を円と交換した団員に対する甘粕の怒りは、新京まで持ち越された。一月二十八日、甘粕は使節団一行をヤマト・ホテルに集めて解散の挨拶をしたのち、朝鮮系の団員に向って「あなたが船の上で何をしたか、私はみな知っています。あれは反国家的な行為ですぞッ」と、まっこうから浴びせかけた。ここまでやらなければ気のすまないのが、甘粕という男である。人前で難詰された団員は、開き直った態度で冷やかにいった。「私の金を私がどうしようと勝手です。なぜ悪いのですか。どうして反国家的ですか」

「それがわからないのかッ！」血相を変えて前へ出た甘粕を、武藤が押し止めた。「無事に責任を果した旅の最後を傷つけてはいけない」という彼の言葉に、ようやくその場は納まったが――こう甘粕に憎まれては、満洲国にいる限りこの男に将来はない――と誰もが思った。不正不義に対して甘粕は常に峻厳であったが、特に反国家的行為を大小によらず憎み、その人に向ける憎悪は感情的だった。

甘粕を知る人々はみな「彼は愛憎ともに激しい男だった」と言う。ここも「人の好悪が激しかった」と伝えられる東条英機と似ており、二人を感情的に結ぶ機縁の一つになっていたとも思われる。甘粕自身が獄中日記に「人を許し得ない自分が憎い」と書いている。だが果して彼は自分のそうした性格を深く反省し、心から〝憎い〟と思ったであろうか。困ったものだ――と思いながらも、「生れつきだ。いたし方ない」と、苦笑のうちに激情を奔出するに委せていた、と思われるフシがある。彼生来の抜群の意志力で、激情をせき止めようと努力したとは考えられない。甘粕はしばしば自分を〝わがまま者〟と呼んでいるが、これもその理由の一つであったかもしれない。

関東軍参謀副長であった石原莞爾は昭和十三年十二月、舞鶴要塞司令官を命じられて満洲を去った。明らかに左遷である。甘粕がこれを知ったのは、外交使節団副団長の任を果して日本に着いた時であった。石原の転任は、甘粕とも無縁のことではない。昭和十二年九月に石原が関東軍参謀副長となった時、参謀長は東条英機であった。東条は着任早々の石原に「副長は作戦、兵站関係業務を補佐すること。満洲国関係業務は参謀長である私が自分で処理する」といい渡した。この国の政務には一切口を出すな――と、石原はクギをさされたのだ。だが彼にとって、満洲国の現状のことごとくが不満であった。当然ながら〝満洲国の生みの親〟である石原の、この国に対する関心は深い。わが子に対するように、愛情と責任感を持っていた。石原は「満洲国は独立国である。関東軍がこの国の政治に関与するのは、国の独立権を侵害するものだ。内面指導などやめて、関東軍第四課を廃止し、満洲国人の政治的意思を尊重しなければならぬ」と各所で語るだけでなく、この主張を意見書にまとめて軍司令官に提出した。

日本の満洲国承認後は関東軍司令官が駐満大使と関東長官とを兼ねたが、昭和九年十二月には対満事務局がおかれて陸相がその総裁を兼任し、対満政策の決定権は完全に陸軍が握っていた。また駐満大使の許に関東州や満鉄附属地を管轄する行政事務局がおかれ、その長は関東軍参謀長が兼ね得るとされていた。東条英機が、石原の意見書提出を黙って見過すはずはない。

いつものことだが、この時も石原は関係各方面の意向など一切お構いなしで、いきなり行動に移った。建国の理想と現実とのあまりに大きい開きを是正せねばと意気ごみ、また満洲国に関する限り人の意見など聞く必要はないという自負があった。昭和十二年から十三年にかけて、板垣征四郎は第五師団長、土肥原賢二は第十四師団長の時代で、満洲の石原が胸を開いて語り合える軍人は片倉衷だけであった。だがその片倉も満洲国の内面指導に当る第四課長という複雑な立場にあった。他にも石原と同意見の軍人はいたが、憲兵隊を背景に睨みをきかす東条がいては、表だって石原の同志という態度はとれなかった。

石原はまた日系官吏の幹部を〝法匪〟と呼んで憚らなかった。満洲人の伝統、習慣を無視して、やたらに日本流の法規をつくり、それによって彼らの生活を束縛し、強制している——と、ののしった。これでは総務長官・星野直樹や産業部次長・岸信介などとソリが合うはずもない。こうして石原は、満洲国の主流の人々の間で孤立していた。

重要国策の一つである日本農民の満蒙移住にも、石原は反対した。この業務を扱う満洲拓殖会社（満拓）は、移民の増加につれて初めの予定の未墾地だけでは彼らを収容しきれなくなり、満洲農民の土地を強引に安い値段で買い上げて、そこに日本の開拓団を建設するようになった。土地を奪われた満洲農民の中には、憤懣を抱いて匪賊の群に投じる者もあった。石原は満拓を「土地泥棒会社」「匪賊製造会社」などと痛罵し、移住の責任者であり〝農民の父〟と呼ばれた加藤完治に向って「開拓団などやめるべきだ」とこの政策を頭から否定した。

石原と甘粕は〝満蒙開拓団〟に対する意見が根本的に違っていた。甘粕も加藤完治を批判したが、それは加藤の農村青年に対する鍛練の苛酷さに向けられたもので、甘粕は「加藤のやっていることは人間性を抑圧し身心を苦しめることで、決してよいことではない。これを日本精神だと思っているから困ったものだ。そういう生活の仕方は決して長続きするものではない。満洲の開拓は機械農法によるべきで、身心を苦しめる難行苦行と産業を混同しては困る。開拓は楽しくやるべきものだ」と述べている。しかし甘粕は、開拓民を屯田兵と見なしてソ連との国境地帯に重点をおいた開拓団建設を、根本的には支持している。

日本内地で十分の土地を持ち得ない農民の間でますます人気を高め、国の支援によって軌道に乗り発展を続けている〝満蒙移住〟を否定したことで、石原の敵はいっそう増した。しかし石原に支持者がなかったわけではない。まず建国前からなじみの深い満洲国要人をはじめ、この国の人々の多くが心から彼を歓迎した。それは次第に顕著になる満洲国の植民地化を、くい止めてくれるだろうという期待を含んでいた。また山口重次など青年連盟一派も、石原を支持した。山口は「石原満洲が、東条満洲に転落した事実は……」と書いている。

さらに満洲建国後から、石原を中心に〝満洲派〟と呼ばれるグループができていた。板垣征四郎など軍人のほか、民間人では十河《そごう》信二、浅原健三、宮崎正義などがそのメンバーと目されていた。石原にはエリート層と親しまず、浪人的な生き方の人々と結ぶ傾向がある。青年時代の浅原健三は大正九年の八幡製鉄所の大争議を指導し、「熔鉱炉の火は消えたり」の著書で名を知られた。満洲建国後、彼は森恪《つとむ》を通じて軍と接近し、その才気と気骨で信頼された。「石原の思想はアカだ」という噂の火元の一つは、石原が特に浅原と親しかったことによる。東条は浅原に憲兵の尾行をつけ、監禁までして調べたというが、結局、浅原との結びつきは石原の左遷の理由とはならなかった。

石原の性格には、東条を不快にする多くのものがあった。軍人社会は階級の差別が特にきびしいが、石原はこれを守る念がきわめて薄く、上官に向っても遠慮会釈なく抗議し、時には相手を無視し、嘲笑的ともいえる言動を示すこともあった。参謀長である東条にとって、自分の統率下にあるべき参謀副長のこうした言動は「許すべからざるもの」

であった。満洲事変の張本人であり、政府と軍をひきずって満洲国という新国家を出現させた石原には絶大な人気があり、信仰に近いほどの崇拝を捧げる者も多かった。内外からよせられる人気と知名度の点では、この時代の東条はとうてい石原にかなわない。東条は、反抗的な石原の言動は、その人気による慢心から出たもの……とも感じたであろう。また単に感情的な嫌悪だけでなく、〝軍の規律を乱す危険人物〟と思いもしたであろう。

昭和十三年十二月、石原が舞鶴要塞司令官という閑職に転出し、〝天才的な戦略家〟といわれながら、昭和十六年三月、太平洋戦争勃発の九カ月前に予備役編入となって第一線から葬られたのは、「東条に嫌われたため」といわれているが……。

「石原が関東軍参謀副長から舞鶴要塞司令官に左遷された直接の原因は、協和会問題による私との大喧嘩だ」と古海忠之は語る。

甘粕にくどかれ、主計処長と兼任という条件で協和会の指導部長を引受けた古海の耳に「協和会は石原の同志的組織だ」という声がしきりにはいった。青年同盟の山口重次を協和会に入れたのも石原であった。内部からながめる協和会には確かにその傾向がある、と思った古海は「満洲国の最も重要な機関である協和会が一軍人の同志組織とはけしからん。国民組織でなければならぬ」と折あるごとに述べた。「これが石原の逆鱗に触れた」と古海は語る。石原は公開の席で「今の協和会はだめだ」と罵倒し、古海を非難した。古海には――協和会は板垣、石原時代の関東軍が創立し、以後ひき続き関東軍が後《うしろ》だてとなって運営してきたものだ。それを参謀副長である石原がダメと断定して、協和会幹部を非難するとは筋が通らぬ……といういい分があった。

表面は石原と古海の喧嘩だが、石原は古海のうしろにいる星野直樹、岸信介など日系高級官吏までを敵にまわした。そこへ協和会中央本部長の橋本虎之助（当時予備役中将、関東軍参謀長、関東憲兵司令官、近衛師団長）が古海支持を表明し、指導部長である古海と協和会の実権を二分する総務部長の甘粕も古海側に立った。

「石原と甘粕の不仲が表面化したのは、この時からだった」と古海は語る。やがて甘粕は外交使節団の副団長となって欧州へ旅立ったが、石原はなおも烈しく協和会を非難し、「満洲人のための満洲国」を唱え、「今の日本は腐っている。日本は〝日満一体〟の美名にかくれて満洲国に重圧をかけることをやめ、独立国として発展させるべきだ。結局はそれが日本のためでもある」と主張し続けた。そして遂にこの石原説は関東軍によって否定され、彼は完全に孤立した。

「石原は許可もとらず勝手に帰国したり、傍若無人な行為をした」と古海は語る。「病気などの理由をつけて糊塗したが、参謀副長の重責にある軍人のこんな行為が許されるわけはない。結局、舞鶴へ左遷と決った」

石原の帰国は軍の一部からも非難を受けたが、石原は「人を誣《し》うるも甚だしい」と強く否定し、「昭和十三年夏、病気のため辞表を提出した際、上官から辞表は大臣に取り次ぐから、休暇をとって帰国するよう命ぜられた……」と書いている。この時の石原の〝病気〟が仮病であったと断じることはできないが、ごく軽いものであったことは事実らしい。当時、陸軍次官であった東条が、石原の転出にどこまで関与していたかは不明だが、東条の石原に対する嫌悪感、警戒心はこのころすでに根強かったと伝えられている。

「喧嘩に勝った私がそのまま残るのは具合が悪い、ということで……」と古海は語る。「喧嘩両成敗の形で、私は協和会の代表としてナチスの党大会へ派遣された。甘粕も使節団の副団長を務めた上で、協和会を退いた」

満洲建国の前後には同志的関係にあった石原と甘粕だが、二人の不仲は昭和十三年、その頂点に達していた。板垣征四郎の参謀長時代、関東軍が徳王を抱きこんで内蒙工作を企図したとき甘粕は裏面工作に加わったが、石原がこの工作に大反対であったことも二人の間にしこりを残していた、と伝えられている。

「それぞれの性格を考えれば、不仲は当然だった」と、この二人を熟知する片倉衷は語る。「石原さんは理想家、哲人だが、実際家ではない。〝作戦の神様〟といわれた人で、着想、構想はいいが、実行の裏づけがなかった。彼のそばには、柳条湖事件で働いた片岡、奥堂など野人が多く集った。石原さん自身、一種の野人といえよう。

甘粕には官僚的なところがあり、決して野人ではない。組織力、統率力があり、計算がしっかりしていて、無鉄砲なことはしない男だった。

東条さんと甘粕は自分で仕事をしたがり、事実やった。だが、石原さんは人にやらせた。石原さんと甘粕は、互いに相手に危険なものを感じ合っていた」

甘粕は石原を「あさっての計画はすばらしいが、明日《あした》がぬけている」と評し、石原は甘粕を「思想のない実務屋」と呼んだという。これを聞いて思い出されるのは、退役後の石原と護衛の名目で監視につけられていた一憲兵との会話である。憲兵が「閣下は東条閣下と思想的に対立しておられるそうですが」と質問すると、石原は「それはおかしい。なるほど私には思想があるが、東条には思想がないじゃないか」と答えた――と伝えられている。満洲時代の石原は、東条と甘粕の親しさを見ている。石原は東条、甘粕を同類と眺めていたのであろう。

三原朝雄は「甘粕は石原をバカにしていた」と語る。だが甘粕は石原を危険人物と思い、彼の言動にハッタリ的な臭いをかぎ当てて嫌いはしても、「バカにしていた」とは思われない。石原の東亜連盟の理論の矛盾を遠慮会釈なく衝く甘粕の言葉が、周囲にそのような印象を与えたのではないだろうか。

「石原と甘粕は、喧嘩別れのままではない」と古海は語る。「のちに辻政信が二人の不仲を遺憾だといい、第十六師団長だった石原の許へ甘粕を連れて行って握手させた」石原が留守第十六師団長だったのは昭和十四年八月から、予備役となった十六年三月までである。

八　満映理事長となる　昭和十四年十一月（一九三九年）

昭和十四年春、協和会総務部長を辞した甘粕は大連の自宅にくつろぎ、娘・和子のピアノや日本舞踊を楽しんだり、モーターボートを走らせて魚釣りに一日を過す生活ぶりだった。だが彼の姿が数日、十数日、時には数十日、大連から消えることがあった。例によって情報収集と謀略のためで、肩書の有無に関係なく、甘粕に閑日月はない。彼は再び〝影の世界〟にひそんだ。

甘粕正彦の名が再び表面に現われるのは、同年十一月、満洲映画協会の理事長就任からである。日本人が集まる新京の喫茶店、料理屋、クラブなど、いたる所でこれが話題になった。「右翼浪人が映画会社の社長になるとは、さすがに満洲……」「軍部の独裁専横の人事……」「最も非文化的な人間が、満洲一の文化機関を支配するとは……」「甘粕は〝人殺し〟かもしれないが、一流の文化人だ。適材適所……」など、人々の意表をつくこの人事に対し、意見はさまざまであった。

一般に〝満映〟と呼ばれる満洲映画協会は資本金五百万円の株式会社で、政府と満鉄が半分ずつ出資していた。日本や中国の映画は映画統制法によってすべて満映の手で輸入され、それを満洲全域の映画館に配給して、配給料を取る。その利益で映画を製作するのがこの会社の目的であった。

しかし、映画製作の実績はいっこうに上らなかった。統制権の上にアグラをかいた会社幹部は、関東軍報道部の一将校や弘報処（情報局）の役人などと宴会ばかりやっていると噂され、各方面から非難されていた。この種の〝黒い噂〟は満映関係だけではない。産業部にも日系官吏の収賄事件が起り、これが表沙汰になるなど、総務長官・星野直樹や総務庁次長となった岸信介など指導層は、この対策に頭を痛めていた。

満映を改革しなければならぬ——と最初に具体案をたてたのは武藤富男であった。彼は星野に抜擢されて、総務庁弘報処長（情報局長）を務めていた。武藤の満映改革案の切り札は〝甘粕の理事長就任〟であった。甘粕について——経営、統率の能力、文化事業への理解、映画関係の複雑な人事を押える胆力——などを熟考して、武藤はこの人事に自信を持っていたが、星野直樹は「関東軍に片倉衷がいる時なら、甘粕でいいのだがなあ……今日、実現はむずかしいよ」と、とり合わなかった。星野も甘粕の人物に不足があったわけではないが、報道部将校やその後だてとの間のいざこざを予想して乗り出さなかった。片倉が歩兵第五十三連隊長となって、十四年八月、満洲を去ったばかりの時であった。

産業部の汚職事件は起訴となり、この件で岸信介と話し合った武藤は、これを機に「満映改革の必要」を説いた。「役人には満映のような特殊会社の監督はできません。会社の理事長に、しっかりした人物を据えるほか手はないでしょう」

「誰をもってくるか」

「甘粕正彦」

「それはいい。実現させよう」岸はたちまち乗り気になった。星野が尻ごみしたと聞いても岸はひるまず、主計処長の飯沢重一を使者にたてて甘粕の意向を打診した。甘粕は深刻な住宅難緩和のため満洲房産会社の社長に就任しようかと考慮中であったため、返事を保留したが、このいきさつを直接本人から聞いた武藤は「脈がある」と判断した。

武藤は満映の資本の半分を握る満鉄に行き、理事・中西敏憲《としかず》に甘粕理事長就任案を語って快諾を得、また満映の専務・根岸寛一の了解もとりつけた。当時の満映理事長は天津に住む金壁東だが、これは全く名義だけのもので問題はなかった。これで下準備完了と思っていた武藤は関東軍司令部第四課長に呼ばれて「甘粕を満映の理事長に据えて、何をさせるつもりか」と質問された。武藤はこの大佐を信用して満映の実情を語り、甘粕に徹底的改革をさせる——と説明したことで、事はぶちこわしとなった。その日のうちに第四課長は岸信介に「甘粕就任反対」を通告し、数日後には武藤が熱河省次長に転出するという噂が流れた。満洲国の人事権は、どの時代にも関東軍が握っている。

この行き悩みの時期の岸の言葉を、武藤は記憶している。「甘粕の理事長就任は星野長官が尻ごみしたくらいだから、関東軍に抵抗のあることは初めからわかっていた。甘粕はロボット社長として上に乗せるだけで、満映は今まで通り幹部がやってゆくのだ――という趣旨で僕は話を進めていた。いったん乗りこんでしまえば、あとは甘粕の腕次第。存分にやればいいのだ。だが、君が正直すぎて話を壊してしまった。しかし、まだ打つ手はある。僕が必ず実現させてみせる」

甘粕は関東軍の勢力を背景に、満洲国の政、財界で羽振りをきかせた――と見られがちだが、この満映理事長就任の妨害が示すように、関東軍が常に甘粕を支持し、彼の後ろだてであったとは限らない。建国当時こそ、甘粕は関東軍幹部と同志的なつながりを持っていたが、その後は彼の直言がたたって冷遇されたり、私心のない硬骨漢であるために煙たがられ、嫌われもした。片倉衷は「満洲における甘粕の勢力は関東軍をバックとしたものではなく、彼個人の力で築いたもの」と評している。

甘粕の満映理事長就任は当分棚上げかと思われた時、意外なところから援軍が現われた。新京憲兵隊が動き出したのである。武藤富男は「渡辺千之という憲兵曹長が私の満映改革案を噂に聞いて、感ずるところがあったとみえ『あなたの計画を妨げる軍人を調べあげて、槍玉にあげましょう』と申し出てきた」と書いている。

このとき新京憲兵隊は、すでに満映の〝黒い噂〟の調査に手をつけていた。これは軍の腐敗と直結した問題であり、憲兵隊が調べるのは当然だが、満映の一部の幹部と結んで会社の金で豪遊しているという報道部某将校について、彼の出入する料亭、酒場、女性関係などを徹底的に洗い上げて軍司令部に報告した渡辺の行為は、甘粕個人への援護射撃であったろう。

この時期に岸信介は参謀長に「国家のために必要な満映の改革を妨げる軍人があるが……」と善処方を申し入れた。その直後、報道部に人事の異動があり、甘粕の満映入りは確定した。

このころ甘粕と憲兵隊との間に表面のつながりはない。しかし満洲に勤務する憲兵の間には、常に甘粕支持の空気があった。軍の規律を取締る職責のために、憲兵は軍の中でもとかく特殊な存在として扱われた。元憲兵・宮崎清隆はその著「憲兵」の中に「……日本憲兵は明治十四年陸軍の一兵科として創設せられて以来、其の任務の関係上、対内的、対外的に、これほど異端視せられ冷遇せられた継子的な兵科はなかったろう」と書いている。憲兵は、軍人に対してはもとより、一般人に対しても、行政司法の権限を持っていたため警察官より権力が強く、恐れられた。殊に誕生したばかりの満洲国では、その特殊事情から一般人との接触が多く、それだけ風当りも強かった。こうした彼らにとって、同じ憲兵出身の甘粕が〝満洲の大物〟にのし上った姿は、〝胸のすく思い〟を誘ったのであろう。甘粕に私利、私欲のなかったことも、彼らの好意を助長したと思われる。憲兵が「甘粕の役に立つなら」という動きを示したのは、満映理事長就任の時だけではない。

満洲建国前の甘粕は、憲兵と組んで裏面工作に当っている。十年近くも前に軍籍を失った身でありながら、若い憲兵たちの指揮をとりもした。また甘粕と特に親しかった関東憲兵隊司令官には、東条英機のほかに岩佐禄郎がいる。岩佐がこの職にあったのは昭和九年八月からの一年間だが、岩佐は〝大杉殺害事件〟当時の憲兵司令部副官で、事件後は甘粕一家を支援し、甘粕の妹・伊勢子を養女として嫁がせるほどの好意を示した人である。岩佐の関東憲兵隊司令官時代に、甘粕と憲兵隊とはいっそう固く結ばれたと想像される。

昭和十四年十一月一日、甘粕は満映理事長に就任した。四十八歳の時である。その後、敗戦までの六年間、満映の社員は甘粕の下でキリキリ舞いをさせられるのだが、彼らは第一日目にその前ぶれをイヤというほど味わうハメになった。

満映本社は新京の洪熙街にある。十一月一日、その表玄関に甘粕の車が着いたのは、午前九時五分前であった。理事長室にはいった甘粕は、定刻九時きっかりに庶務課長を呼んだ。

「重役や部長たちはどうしていますか」

「いつも十時ごろには出てきますが……」という課長に、甘粕は車を出して皆を呼び集めるように命じた。恐る恐る理事長室に集った幹部たちは、大机を隔てて立つ甘粕の額に深いたてじわを見た。

「足で歩いてくる人たちが九時に出勤しているのに、自動車の迎えを受ける人が時間を励行しないのは間違いです。明日から重役も部長も必ず正九時に出勤して下さい」

挨拶など一切ぬきで、いきなり幹部を叱りつけた甘粕は、次に庶務課長に向って全職員を講堂に集めよと命じた。三年前の会社創立以来たるみ続けてきた内部の空気が、台風の眼のような甘粕の出現で俄にひきしまった。

講堂の壇上に立った甘粕の挨拶は、簡単というほかはない短さだった。「私は甘粕正彦です。今度、理事長に就任しましたから、よろしくお願いします」これだけで壇を下りた。

職員一同を代表して、総務部長Yが進み出た。手に持った原稿はすでにあちこちで披露してほめられたもので、彼はこれから述べる歓迎の辞に自信満々であった。

「わが満洲国の生みの親、建国の父として余りにも有名な甘粕先生を理事長として迎えましたことは、私ども一同の大きな喜びであります。我々は新理事長のもとに粉骨砕身、社業の発展に努力し、満洲の地に骨を埋める覚悟をもって……」

「もうよい。やめなさい。やめるのですッ」

ますます調子づいてきた部長の挨拶は、甘粕のドスのきいた怒声でたち切られた。この席にいた職員の一人・川辺明行は「甘粕さんは歓迎の辞がよほど気にさわったらしく、顔が紅潮していた。総務部長はただ愕然、我々にとっても奇想天外なことで、あっけにとられていた」と語る。

愕然として絶句したままの部長に向って、甘粕は噛みつくような言葉を浴びせた。

「満洲建国の功労者というお世辞は、私には当りません。粉骨砕身などという美辞麗句をいくら並べても、心に誠がなければ何にもなりません。私たちは日本人ですから、死んだら骨は日本に埋めるのですッ」

甘粕の就任式はこれで終った。職員一同の驚きは、これからどんな事が起るだろうか……という不安につながってくる。その不安は、早くも翌日、現実のものとなった。

「歓迎の辞を述べた総務部長が『総務部付』の発令で平《ひら》に落され、我々一同は余りのことに呆然となった」と川辺明行は語る。「度の過ぎた美辞麗句や媚態が理事長の気にさわったのか、他に何か理由があったのか……」

理事長就任式前すでに甘粕は、満映改革の第一歩として人事に関する調査に手をつけていた。総務部長は、甘粕が第一にクビにしようと狙いをつけていた人物であった。いずれは失うはずの部長の肩書であったが、彼は美辞麗句でその時期を早めた。

甘粕は阿諛追従《あゆついしょう》に対し、極度の不快感をおぼえるタチである。それに耐える力は「弱い」というより「ない」に等しい。心にもない言葉を並べて人の機嫌をとろうなどというヤツは、男の風上《かざかみ》にも置けぬ——と、ムシズが走り、こめかみに青筋が立ち、遂に完膚なきまでに相手を撃破……という行動に出る。そこまでやらなければ、納まらないのである。〝大杉殺害事件〟以来、甘粕がなめた苦労は並々のものとは思われないが、彼はいっこうに〝苦労人〟らしくは育たなかった。阿諛追従をハラの中でフンと笑って聞き流す……という芸当は、生涯彼の身につかなかった。

この種の〝苦労人らしからぬ行為〟は他にもある。甘粕は時間を厳守した。そして、それを人にも求めた。遅刻した人の前にグイと腕時計をさしつけて「——時を十分過ぎています」と言う。あなたは約束の時間に遅れるという失礼な行為をしました……と、相手に教えなければ気が済まないのだ。

理事長就任後二週間で甘粕は人事の詳細をつかみ、リストを作り上げた。履歴書の嘘を彼は決して見すごさない。学歴についていちいち出身校に問い合せた彼は、武藤に向って言った。「一ぺんも行ったことのない学校を卒業したと書いている者も判明しました。これはクビにするつもりです。中途退学を卒業とごま化した者は大目にみます。

実力がないのに、日本の映画界から来たというだけの理由で高い地位を占め、高給を取っている者がいます。また、その逆もいます。安い月給で大勢の社員を抱えていても成績は上りませんから、他の会社にくらべて最高の俸給基準にしようと思います。どこよりも給与がいいとなれば、社員は必ず励みます。それでも怠けている者はクビにします」

十二月から人事の大異動が始まった。高い地位から一挙に平社員に落される者、月給が倍にハネ上る者など、悲喜こもごもの大騒動が続いた。社員の五パーセントがクビになったが、学歴詐称などそれぞれ思い当るフシがあり、そのうえ甘粕は彼らの転職に尽力したので、どこからも不平は出なかった。毎朝九時五分前には出社して、指揮刀を振りかざすような仕事ぶりを続ける甘粕には誰も歯がたたない。反抗するには役者が違いすぎた。

人事担当の重役が大目玉をくったのは、兵役についた職員のほとんどが退職になっていることを、甘粕が知った時だった。

「国のために入営、応召した者をクビにするとは何事ですか。すぐ復職させなさい。辞職させた時から現在までの月給の総額に、詫び状をつけて本人に送りなさい。必ず受取用紙を添えること」

この復職通知と送金に対し、礼状が来たのは約半数であった。残りの半数に対する甘粕の追及はきびしい。所属部隊長に照会の手紙を出し、金を入手しながら受取りを送らないことが判明した者には、再び解職する旨を通知した。二度目のクビの理由を、甘粕は武藤に次のように語っている。「軍人勅諭には、軍人は礼儀を正しくすべしとあります。

こちらはクビにしたことを詫びて、その賠償までしているのに、金を受けとりながら返事をよこさないのは、礼を重んじないのです。こういう人を職員にしておくことはできません」

少年期にたたきこまれた軍人勅諭の精神は、この時もなお甘粕の中に脈々と生きている。彼自身、多忙な生活の中で人からもらった手紙には、たとえ相手が部下でも若い者でも、必ず自筆の返事を送った。

満映には、出来上ったばかりの東洋一というスタジオがあった。甘粕はこの大きいばかりで能率の悪いスタジオの整備に着手し、不足分の機械をドイツから買い入れることにした。それには多額の外貨が必要である。軍需優先の時代で、それまで満映の外国為替割当ての申請はいつも却下されていたが、甘粕は経済部の日系官吏を相手に「民心の動向を左右する映画の重要性」を説きに説いて、強引に外貨の割当てをとった。こうして、初めてスタジオは完全に機械化された。

映画製作の成績をあげるため、甘粕は六つのスタジオが常に稼動する計画をたてさせた。理事長室の壁に一覧表を張り、映画製作の進行が一目でわかるように次々に書きこませ、遅滞しているスタジオがあれば責任者を呼んで原因を調べた。甘粕就任の三カ月後、長年惰眠をむさぼっていた満映は、ムチを当てられ通しの馬車馬のように全速力で走っていた。

しかしスタジオの全稼動などというやり方で、いい映画が出来るはずはなく、甘粕もそうは思っていなかった。昭和十五年に渡満した劇作家・北条秀司は、甘粕が「満洲国に芸術はいりません。浪曲と滑稽映画があれば事足ります」と言い放った――と書いている。そして二年後の昭和十七年に会った甘粕は、満洲人向け文芸映画第一作を誇らしげに披露したという。理事長就任直後の甘粕は、それまで全く実績の上らなかったスタジオから、一本でも多くの映画を生み出すことを第一目標とした。彼は無味乾燥な国策映画を排し、民衆が楽しめる劇映画に主力を注いだ。経済建設や建国精神を理解させるためのものは劇映画と区別し、文化映画として正面からとり組んだ。会社の機構も娯民映画部、啓民映画部の二つに分けた。

甘粕が満映理事長に就任した昭和十四年、かねがね彼が主宰していた大東公司は発展的解消をし、国内、国外の労働統制を一元化した満洲労工協会に吸収された。甘粕はこのとき満洲国から受けとった多額の功労金を基金に、大東協会を創立した。この協会は終戦まで、矢内原忠雄の大東研究会や北京の大東学舎などへの出資、満洲で発行される雑誌の経営や各種文化団体の運営、満洲の鉱山経営などに当った。会長は甘粕、理事団には古海忠之も名を連ね、専務理事の清野剛は甘粕の受けた功労金を株式に投資して巨利をあげ、大東協会の基金を強固なものにした。

清野は高校時代から左翼運動に参加し、弾圧を逃れてウラジオストックや綏芬河周辺を放浪した経験を持っていた。転向後の彼は、当時の東京帝大で、経済学部の矢内原忠雄教授（のち東大総長）の指導を受けた。昭和十年、甘粕の許に身をよせた清野は厚く信頼され、大東協会もほとんど彼に委された。

甘粕と矢内原忠雄を結びつけたのは清野である。矢内原は一連の帝国主義の研究が禍いして、十二年末東京帝大を追われ、大学研究室の使用も禁じられた。彼の愛弟子であった清野は大東協会創立直後に甘粕と計って、矢内原を会長とする大東研究会を東京に設け、若い学者たちを会員に招いて、これに植民政策の研究を委嘱した。甘粕はこの研究に何一つ条件をつけず、また矢内原も研究費が〝右翼の巨頭〟と目されている甘粕から出ていることに少しもこだわらなかった――と、大東協会の東京駐在員であった斎藤敏雄は書いている。大東研究会は終戦まで続き、学士会館や当時〝大東亜会館〟と呼ばれていた東京会館でたびたび集会を開いた。

大東公司以来、甘粕の仕事を助けた人の中には三村亮一もいた。三村は日本共産党の赤旗編集長という前歴の持主だが、出獄後渡満して甘粕の輩下になった。のち昭和十七年には、共産党大森ギャング事件に関係して十年を獄中で過した大塚有章も、藤山一雄の紹介で甘粕に庇護され、満映に入社している。

「甘粕を単純に〝右翼〟と呼ぶのは当らない」と古海忠之は語る。「甘粕は大川周明や頭山秀三（頭山満の息子）など〝右翼の大物〟を私に紹介したし、日本から来た〝右翼〟はみな甘粕の許に挨拶に来た。だが彼自身が右翼らしい動きを見せたことはない。甘粕は〝右〟か〝左〟かにこだわらず、その人間を見た」

一口に〝右翼〟と呼ばれる甘粕だが、その輩下の中には、清野、三村、大塚に匹敵するだけの前歴を持つ〝右翼〟は見当らず、その傾向を帯びた者もいない。誰はばからず闊歩できる〝右翼〟は、憲兵隊と直談判できる甘粕に庇護を求める必要がなかったのかもしれないが、それにしても、なぜ甘粕は多数の左翼転向者を受け入れたのか。

甘粕は転向者の中に多かれ少なかれ、偽装、あるいは脱落の影を読みとっていたに違いない。この種の人間に対して極端な不信感を持ち、嫌ったはずの甘粕が、どういう考え方、どういう感情で彼らに接したかは不明である。転向者たちの本心がどうであろうと、俺が手綱をつけて押えてみせる——と、例の気負った自信があったのか。日本国内でも左翼運動が形を成さなかった時代である。満洲も合作社事件、満鉄調査部赤化事件などがありはしたが、日本共産党はこの国に働きかけはしなかったし、さし当り左翼運動の土壌はなかった。こうした現状から、甘粕は「アカなど、ものの数ではない」という見方をしていたものか。

満洲国の発展に全力を注ぐ甘粕が、何よりほしかったのは有能な部下であった。〝玉石混淆〟はどの社会でも当然だが、満洲で〝玉〟と目される人材を見出し輩下に加えるのは至難のわざであったろう。斎藤敏雄は大学時代の恩師に渡満を極力とめられたと書いているが、満洲は純粋で有為な青年の舞台としてふさわしくない条件の数々を具えている——と多くの人に思われていた。甘粕は、時流に乗って大言壮語する輩《やから》を嫌った。人材を求め続ける彼は、むしろ転向者の中に〝語るに足る〟人格を見出したのであろう。その中の数人を、甘粕は手塩にかけて鍛練した。

甘粕は大杉栄を殺した罪ほろぼしに、左翼転向者の世話をした——という説があるが、こういう安易な見方は甘粕には通用しない。大杉事件の真相は不明——とすれば、甘粕に罪の意識があったかどうかも不明である。六年間、甘粕を身近に眺めた武藤富男は「受刑の原因となった罪責については、普通の前科者が持つような煩悶を持っていないように見えた」と書いている。かりに罪の意識があり、良心の呵責にさいなまれたとしても、左翼転向者の世話をすることで罪のつぐないができ、心の平安が得られる——などという甘い考え方は、甘粕のものではない。彼は内心の苦悩をごまかすことを自分に許さず、トコトンまで追及しなければ気のすまない男であった。

甘粕は多くの転向者を庇護したが、彼らの「転向宣言」のすべてを信じたわけではない。「左翼の中には、心から転向する者は少ない」という甘粕の言葉通り、敗戦後に三村、大塚は中国の共産側に走った。最後まで甘粕の期待に応え続けた転向者の代表は清野剛であった。清野は敗戦後の新京で病没した。翌年、仙台に引揚げた清野の遺族に、矢内原忠雄は何回か生活費を送っている。

昭和十五年の秋、一年前にハルビン憲兵隊副官として渡満した、かつての金沢の憲兵上等兵・中村久太郎は、仲間の憲兵二、三人と新京の町はずれを歩いていた。空地の多いこのあたりは、満洲名物の〝赤い夕陽〟に染まった空の色が、ひときわ鮮かに望まれた。舗装のない道を踊るように近づいてきた車に、一同が道の端に身をよけた時、誰かが「おっ、甘粕閣下だ！」と声をあげた。その声に中村は、車中に一人腰かけた男の眼鏡をチラと見たが、車は土ぼこりを上げて走り去った。

仲間たちが〝無冠の帝王〟〝夜の王者〟などと甘粕について語り合う言葉を聞きながら、中村は黙って歩いていた。あれから何年が過ぎたのか……と、彼は胸の中で数えてみた。関東大震災から、すでに十七年がたっていた。中村はいま目にした車中の甘粕の額に、深いたてじわを見たように思った。それは大正十二年九月十六日に、甘粕が大杉栄ら三人を麹町憲兵隊に連行した夕方、分隊長の帰営を待たされていた中村が目撃したものであった。あの夜、恐ろしい声でどなりつけられたが、そのあとで分隊長は「風呂にはいれ」と、俺たちをいたわってくれた……中村の胸にほのぼのとした思い出が浮かんだ。「風呂にはいれ」といってくれた時、分隊長はすでに大杉を殺す決意をしていたのだろうか……久しぶりに、この疑問が中村を捕えた。

ハルビンでも、中村はしばしば甘粕の噂を聞いた。「満洲国の昼の支配者は関東軍、夜の支配者は甘粕」と言う者もあり、「満洲国の内面指導に当る関東軍司令部の第四課も、大事なことはいちいち甘粕閣下に〝お伺い〟をたてるそうだ」と噂する者もあった。日本にいる時から中村は甘粕の噂をうすうす聞いてはいたが、渡満後に知ったその強大な勢力にはただ驚くばかりであった。中村は甘粕の噂に聞き耳を立てたが、「俺は甘粕閣下の部下だった」と人に語ることはしなかった。〝大物〟とのつながりをひけらかしている……と思われるのがいやだっただけでなく、長年甘粕への好意を胸に抱いてきた中村は、軽々しく関東大震災当時の記憶を人に語る気にならないのだ。

甘粕が〝大物〟にのし上ったことを、中村はひそかに誇らしく思っていた。彼は甘粕が〝世に害毒を流す無政府主義者〟を殺したことを、初めから悪いと思ってはいない。事件直後には、甘粕の犯行に対する非難の声が中村の耳にもはいった。だが甘粕は早々《はやばや》と出獄し、満洲で関東軍と結んで、〝夜の帝王〟と呼ばれるほどの権力者になったではないか。やはり甘粕は正しかったのだ……と、中村は単純に是認する。

中村はその後、もう一度だけ甘粕を見かけた。その日が昭和二十年八月四日であったことを中村は記憶し、甘粕が自決する日のわずか半月前だったことに、その後も彼らしい感慨を抱きつづけてゆく。

満映理事長に就任した甘粕の快進撃は続く。資本金は五百万円から九百万円に増額され、映画の生産力は三倍にハネあがった。十五年秋、甘粕は武藤富男と計って、満系資本による映画館会社を設立した。二人の計画は映画館のない小都市に百五十の館を新設し、他に巡回映画班を設けて奥地にまで入りこませようというものであった。甘粕の目的は、全満の人々に映画という娯楽を通じて建国精神を理解させ、日満一体の愛国心を育てることにあった。だが、辺境の人々に娯楽を与えることでは甘粕の目的は十分に達せられたが、それを愛国心につなげようというのは無理だった。

のち巡回映画課長となった大塚有章は著書「未完の旅路」の中に、辺境の地で〝ハワイ・マレー沖海戦〟のフィルムを上映した時のことを、次のように書いている。

「大衆は日本海軍の飛行機が真珠湾に突入して大破壊をやるときにも歓声を上げるが、同じく日本海軍の飛行機がプリンス・オブ・ウェールスから射ちだす高射砲によってバタバタと撃墜される光景に対しても拍手大喝采を送るのです。大衆は飛行機と軍艦との戦闘に興味があるので、その軍艦や飛行機がどこの国籍のものかに対しては神経を尖らさない。そんなことは俺たちの知ったこっちゃねえ、といった表情です。しかし、彼らは私が三等車の中ではっきり見たように、祖国を防衛するために身命を賭して帝国主義に反抗している英雄に対しては、まるで別人になったように熱狂的な支援を与えるのです。これが彼らの土性骨《どしようぼね》なのです。この土性骨を見ないで表向きの悠暢さだけを見て、軽蔑してかかったら大変なことになるでしょう。近視眼的で島国根性の日本人の指導なんかに服するような民族とは考えられないことです」

三等車の中で大塚が見たものは、満洲国の警官が車中に日本人がいないと見て、中国共産党便衣隊の青年の手錠をはずし、それを合図に乗客が先を争って青年にタバコや菓子を与えて慰問している光景であった。大塚は、満鉄幹線を離れ、奥地へ向う支線に乗ると「車中は満洲国がなにやら、建国の理念も五族協和もヘチマもあったものではないのです。三千万の民衆が考えていることは、日本人よ、早く自分の国へ帰ってくれということです」と書き、共産党便衣隊の青年に対する態度については「彼らが共産党の綱領と政策とを心得て支持しているわけではないでしょう。（中略）もし国民党や張学良麾下の便衣隊であっても、ほんとに抗日運動に挺身するならば、やはり民衆の支持を受けるでしょう」と述べている。巡回映画班と共に何度か奥地をまわった大塚は、日本の支配力が確立しているのは新京、奉天などの大都会を中心に幹線沿いの都市だけと思い知らされ、「満洲国の民衆の中には抗日気分が充満していた」と書いている。

二十組に近い巡回映画班には、映画館のない鉄道沿線の小都市をまわるものと、自家発電装置までを大車（荷馬車）に積んで奥地の集落をまわるものとの二種があった。二つとも赤字であることは事実だが、甘粕はこの赤字を誇大に宣伝して国策会社である満映の立場を有利に導くという、抜け目のない経営者であった。甘粕が理事長に就任した昭和十四年末ほとんどつぶれかかっていた満映は、二年後には満洲の特殊会社中で最も好成績の会社の一つとなる。

昭和十四年、南京政府と日本の映画業界と満映の出資によって、上海に中華電影公司が創立され、占領地域の中国人のための映画製作に当った。出資者であり提携会社である満映の理事長・甘粕と、中華電影公司の専務理事・川喜多長政（のち東和映画社長）とは度々会う機会があった。二人は異質の人間だったが、好意を持ってつき合った。そろって〝斗酒なお辞せず〟で、よい遊び相手でもあった。

「とにかく、あれだけの人物はなかなかいない」と、川喜多は甘粕を語る。「彼は人が手を出さない〝いやなこと〟を敢然とやった。誰にもできないなら、俺がやる……という気概のある男だった」

昭和十五年、全満にわたって順調な発展を遂げた協和会に再び問題が起った。協和会日系職員と政府の日系官吏との意見の衝突である。支那事変の進展に伴い、軍の要請によって、政府が民衆の財力、労力を搾取する政策は次第に強化された。日ごろ民衆と直接の触れ合いを持つ協和会の日本人は、政府を通して民衆を圧迫する軍の政策に強く反撥した。軍は、軍官の上意下達のクッション機関であるはずの協和会が、逆に軍官に抵抗する組織となったことに、あわてた。

この抵抗の打破に、関東軍は甘粕に協和会総務部長再任を依頼した。甘粕は満映理事長兼任と期間は三カ月だけという条件で、これを承諾した。

翌十六年一月、甘粕は再び協和会中央本部に乗りこんだ。彼は前もって用意したリストに従い、政府と協和会職員の人事交流を含む全面的な大更迭を断行した。武藤富男は「更迭の数は千数百人に及び、新聞の二つの面を埋め尽した」と書いている。こうして甘粕は協和会を骨抜きにした。

甘粕は一方で、政府に民衆搾取を緩和させる手を打ちはしたが、それは名目的で、ほとんど効果はなく、彼は各方面から強い非難を浴びた。〝甘粕の心酔者〟と自認する武藤さえ、この時の甘粕の行為だけは認めていない。そして甘粕はいつもの通り、自分の行為について一切弁明をしなかった。

甘粕は、民衆搾取を緩和する必要は説くが、搾取をやめるべきだとはいわない。彼には常に「本家である日本帝国と、その分家である満洲国」という頑固な信条がある。支那事変で台所の苦しくなった本家のために、分家が犠牲を払うのは当然で、本家の要求が分家にとって飲みにくいものであっても、無理にも飲んでもらわねばならぬ――と甘粕は断定する。

甘粕は〝石原イズム〟と呼ばれる満洲国建国の理想を、支那事変による状況変化の中で固執することは、決していい結果をもたらさない――と考えていた。五族の中で日本は常に指導民族でなければならないと、彼は確信している。しかし民心掌握どころか、全満に反日気運が強まっていることはよく知っていた。その状況のもとで〝満洲国人による満洲国建設〟などと理想にこだわって、日本が内面指導を怠れば、共産系などの力でこの国は内部から崩壊する。国際的にも、むしろ崩壊を望まれている満洲国である。甘粕には今では机上の空論としか思われない理想をかかげて、うかつにタガをゆるめることは考えられなかった。それはこの国の基盤を危くすることだ、と彼には思われた。

満洲国を今日にするために、日本は多くの人命を含む大犠牲を払っている。それを無駄にはできない。〝日本の生命線〟としてつくった満洲国は、あくまでその目的に添う国でなければならない。甘粕の論理は「日本帝国のため」という不変の目標に目を据えた姿勢で組み立てられる。

甘粕は「満洲国の土になる」といった満映総務部長を、美辞麗句をもてあそんだと知りながら、叱り飛ばし左遷したほど、満洲国を他国としてケジメをつけていたはずだ。そして彼の仕事は、他民族である満洲人を啓蒙し、あるいは宣撫するための映画製作であった。それでいて、彼にとってこれほど歴然たる異民族・満洲人に払わせた血と涙の犠牲が、彼の思考を揺るがせた痕跡はない。結局彼の思考は「日本帝国」から出られず、日本民族以外の人間へまでは拡がらなかったから、この大きな矛盾も顧《かえり》みなかったと、判断するほかない。

甘粕はまた「日本帝国」の垣を破ることを自ら禁じていた、という想像もできる。彼にとって「日本帝国」とは「天皇」であった。天皇と自分とを君臣や忠義の関係で考えることすら、甘粕にはおそれ多いことだったろう。天皇への崇敬は天皇をタブーにしてしまった。タブーが一つあると、総ての論理は成立しなくなる。

甘粕がもし私のこの想像どおりの男だったとすれば、甘粕の限界を冷たく宣言することになる。しかし昭和十年代に立ち戻って考えれば、これは大部分の日本人の限界であり、ごく平凡な一例に過ぎない。

ただ、こうしたことが甘粕に顕著に目だち、協和会改革問題で、彼が植民地搾取の代表のように非難を浴びた理由は、彼の決断力、実行力のほかに性格にも起因している。甘粕は何事も白か黒かに割り切る。中間に残した灰色の部分を蛇行して、白と黒とを並立させるという行き方は彼のものでない。もともと満洲国は、大衆の意思とは無関係に関東軍がつくり上げた――という無理を出発点から抱えている。甘粕はその無理を是認した上で、日本のためにおとなしく犠牲を払う〝分家〟づくりに努力を傾けていた。「〝きれいごと〟ではラチがあかぬ」という甘粕の言葉が伝えられている。

川喜多長政は「甘粕は、疑問や矛盾を切り捨てることのできる男だった」と語る。「彼は満洲国の実情が建国当時の理想と全く違ってしまったことをよく知っていて、彼なりに悩んでいた。しかし中国の戦線はますます拡がり、どうにもならない。泥沼の現実に応じて手を打ってゆくほかない、と考えていたようだ。甘粕はいったん引き受けたことは、命がけでやった。疑問は切り捨てるから迷いはなく、トコトンまでやった。しかし、孤独な寂しい人だった」

甘粕は協和会総務部長再任に三カ月だけという条件をつけたが、実際には約半年務めた。彼は内地の片倉衷あてに、次のような手紙を書いている。

「昭和十六年五月二十五日

(前略) 協和会のこと、なさざるべからずと信ずることを遂行したるのみに候が、あらぬ悪口を言はれ、憎まるること、個人としては屁とも思中さず候も、国の為、会のため、かかる輩のみ多きかと慨歎に堪へず候 (後略)」

昭和十六年十月、日米関係の悪化が伝えられる中で第三次近衛内閣は総辞職し、十八日、東条内閣が成立、東条は陸相、内相を兼ねた。内閣書記官長・星野直樹、商工大臣・岸信介など、満洲で甘粕と交渉のあった顔ぶれが揃っていた。

昭和十六年十二月、大東亜戦争 (太平洋戦争) 緒戦の戦果に在満邦人は湧きたち、満洲国人はまたも寒空の下で万歳を叫ばねばならなかった。日本が始めた新しい戦争で、自分たちがまたどんな目にあうかを本能的に感知している大衆が、万歳、万歳と白い息をはいていた。

昭和十七年三月一日、皇帝・溥儀は建国十周年詔書を宣し、張国務総理は特派大使として日本を訪問、天皇に親書を捧呈した。同五月、天皇は高松宮を満洲国に差遣し、建国十周年の祝意を伝えた。蒙疆《もうきょう》連合自治政府の徳王主席、中国国民政府の汪兆銘主席なども、慶祝のため満洲国を訪問した。

これを機会に、日本からも各界の著名人が渡満した。その中に、建国十周年慶祝会から日本の演劇協会への招請により、情報局の斡旋で渡満した一団があった。団長・久保田万太郎ほか、北条秀司、金子洋文、真船豊、八木隆一郎、伊藤熹朔《きさく》、阿木翁助などの顔ぶれだった。大東亜戦争はすでに半年前から始まっていたが、まだ誰も日本の勝利を疑わない時代の大名旅行であった。劇作家・北条秀司は東京新聞に連載した「炉ばたの話」の中に、この時の甘粕について書いている。

ある夜、この一団は満映撮影所で催された甘粕主催の歓迎会に招かれ、宴のあと、畳敷きの試写室で、完成したばかりの文芸映画第一作を見せられた。甘粕は自分で説明役を買って出るほどの気の入れ方で、「満洲国の映画も建国十年を経て、やっとここまで到達しました」という言葉にも、作品に対する自信のほどが知られた。だがその文芸映画は、一団の人々にとってただ退屈なだけのシロモノであった。三部作の一部が終り、「ここで休憩」と甘粕が電灯をつけさせた時、北条の筆によれば「久保田団長はじめ全員が玉砕したように累々と眠り転げていた」「あの時の甘粕さんの表情を今も忘れない」という始末になっていた。

甘粕は試写をうち切り、「席をかえて飲もう」と車をよばせた。だが一同は甘粕のあらわな不機嫌に後難を恐れて、車を甘粕が指定した料亭に行かせず、ホテルに帰った。だが伊藤熹朔一人は甘粕の車に乗せられたため、いや応なく料亭に伴われて上座に据えられた。客に逃げられたことでいっそう不機嫌をつのらせた甘粕が、乱痴気騒ぎをくりひろげて荒れに荒れた様子は、夜半過ぎ大酔してホテルに帰った伊藤から一同に語られた。——新京の芸者多数を集めて飲めや歌えと騒いでも、甘粕の気持は鬱屈するばかりらしく、遂に大チャブ台を裏返しにしてそこへビールを滝のように流しこみ、芸者の履物を浮かせて快哉を叫んだ。次にはそのチャブ台をひっくり返し、座敷中をビールの海にして、また快声を放った。それを誰一人止めようとする者もなく、驚く者もなかった、という。北条は「淋漓《りんり》と言わんか、爛漫と言わんか、まことに驚歎に値する暴帝振りである」と書き、目撃者・伊藤は「なんだか悲しくなってきちゃったよ」と語っている。

酒席の甘粕はしばしばハメをはずして荒れたが、多くの場合、周囲にはその理由がわからなかったという。しかしこの夜の甘粕が荒れた理由は、十分に察しがつく。自信満々で披露した文芸映画が日本の一流演劇人に一顧も与えられなかったことは、甘粕の映画の鑑識眼に落第点をつけられたことだ。また満映自慢のこの作品が、日本の文芸映画より遥かに劣ると知らされたことでもある。どちらも満映理事長にとって痛打であったに違いないが、甘粕はこの夜、もっと深刻な衝撃を受けたと想像される。これは甘粕にとって単に映画の問題ではなく、彼が重大な関心を持つ満洲国の文化全般の問題であったろう。

甘粕は本業の映画製作に力を入れただけでなく、音楽、美術、演劇などにも強い関心を示していた。協和会総務部長の時から交響楽団の編成を計画していた彼は、満映の業績があがると新京放送局にも呼びかけて、本格的に新京交響楽団の結成に乗り出した。満洲を訪れる日本の画家とは進んでつき合い、頼られれば無名画家の作品を買い上げてもいる。また日本人が満洲人俳優を集めて組織した大同劇団に満映から補助金が出るようになったのも、甘粕の配慮であった。

〝ことあげせぬ男〟といわれた甘粕は、自分の意図をことさらに語ってはいないが、これらの行為の目的が、満洲国の文化水準の向上にあったことは明瞭である。〝軍国主義の本場〟といわれた満洲で、甘粕以外にこれと取り組んだ者はない。〝文化〟はしばしば宣撫工作の道具に使われるが、甘粕は満洲国に対する愛情と使命感から、文化そのものと彼なりに取り組んでいた。のちのことだが昭和十九年から度々満洲に行き、関東軍嘱託となって新京交響楽団その他の指揮をとった朝比奈隆（大阪フィルハーモニー交響楽団常任指揮者）は「満洲の文化情報のいっさいの権限は満映社長の甘粕正彦氏がにぎっていた。（中略）この人がいなければ、とても満洲にオーケストラなどが誕生していなかっただろうと思う」と書いている。

満洲の文化の使徒と任じる甘粕は、久保田万太郎以下の演劇人に眠られたことで、痛撃を受けたはずである。日本内地と満洲国の文化水準の格差を一挙に縮めようと気負っていた彼は、それが至難のわざであることを思い知らされたのだ。満映は、入社、退社の時期はまちまちだが、監督の木村荘十二《そとじ》、マキノ光雄、内田吐夢、シナリオ・ライターの八木保太郎、カメラの杉山公平など、日本の一流映画人を集めた。だがこの時期のスタッフはまだ貧弱で、俳優の演技力も低かった。甘粕がこの状態の満映に、自分の熱意と金をつぎこめば立派な映画ができると思うほど無知だったか、映画というものは総合された力でなければできないことを知っていたかは不明だが、いずれにせよ当時の状況で、一人前の文芸映画ができるはずもなかった。これは同じく伝統も土壌も技術も持たない音楽、美術、文学などの分野にもいえることであった。甘粕はそれに考え及ばなかった自分に対して怒ったのか、自己嫌悪におちいったのか、それとももっと冷静に、一国の文化水準向上という念願を自分の肩に負いきれないほどの重荷と感じたのかは、知ることができない。とにかく甘粕は、鬱屈した感情を料亭の座敷いっぱいにぶちまけて、荒れに荒れた。だが翌朝は国務院の「建国を語る座談会」に落着いた顔で出席して張総理と並び、爽快な口調で論述して、再び久保田万太郎以下を驚かせた。

団員の一人であった真船豊が「おもしろい人物だね」と甘粕に興味を持ち、それがのちに俳優座で上演された「赤いランプ」を書く動機となった。「赤いランプ」の主人公である〝満洲の大物〟雨坂行彦は〝主義者殺し〟の前歴を持つ元憲兵で、日本から来た〝文化人たち〟を歓迎すればするほど水と油の違和感の中で浮き上る。酒場の女たちに「かわいそうなおじさん」と呼ばれて泥酔する雨坂は孤独で、みじめで、滑稽でさえある。甘粕を熟知する武藤富男が「甘粕のうちには、確かに『赤いランプ』に描かれたようなものはある」と書いているように、この戯曲には甘粕のある一面だけが抽出され、拡大されている。

九月十五日、新京で、皇帝を中心に日満両国朝野の名士が顔を揃えて、政府主催の盛大な建国十周年記念式典が挙行された。満映はこの行事を記録したニュース映画を、その翌日には奉天、ハルビン、牡丹江、大連などで一斉上映するという、当時としては大へんな〝はなれわざ〟をやってのけた。満映の時事映画処が徹夜でまとめあげたフィルムを、甘粕の強権で軍の飛行機が遠隔の都市へ運んだ。文芸映画でミソをつけた甘粕だが、こういう仕事の指揮をとらせれば彼の右に出る者はない。各界の指導者層が舌をまき、国策会社としての満映の名はまたもあがった。

建国十周年を機に歌舞伎興行が計画され、甘粕の発案で歌舞伎俳優・六代目尾上菊五郎を満洲に迎えることになった。歓迎会の場所選びから招待客の顔ぶれ、献立までに心を配る甘粕の熱意を不審に思っていたマキノ光雄は、やがてそのわけを知った。満映本社の地続きに甘粕が建てた湖西会館での歓迎会で、菊五郎は次のようなスピーチをした。

「大正十二年の大震災の時、私は自分の稽古場を憲兵隊の事務所に提供した縁で、家族ぐるみで甘粕さんと親しくなりました。甘粕さんがプッツリと来なくなり、母も非常に心配するので、私は憲兵隊本部へ行って消息をたずねましたが、ケンもホロロの挨拶でした。……あの事件を知ったのは、その後です。あれから二十年……満映の社長となった甘粕さんと再会するとは、芝居以上のことで……」

甘粕が立ち上り、口重く語り出した。

「震災の直前、私に朝鮮憲兵隊転勤の話がありました。私は、そんな田舎へやるとはけしからんと怒鳴りこんで、その話をつぶしました。もしあの時おとなしく朝鮮へ行っていたら、麹町憲兵分隊長にもならなかったし、あの事件と関係することもなかったし、満洲の映画会社の理事長にもならなかっただろうし、また今日、六代目とこうして昔話をすることもなかったでしょう。私は今、人間の運命のふしぎさを、つくづく感じています」

満映の渉外部に勤めていた川辺明行は、この日の甘粕を語る。「理事長は国務院の最高幹部に電話をかけ、六代目歓迎のためすぐ来るようにと半命令的にいわれたが、先方は『閣議中なので、しばらくお待ち下さい』という。それに理事長は『閣議をやめて、すぐ来るのです』と押しかぶせて、結局、全員が三十分以内に集りました」

菊五郎と共に渡満した彼の妻・千代は「甘粕さんの歓迎ぶりは、全く恐れ入るばかりでした」と思い出を語る。甘粕は悪天候もかまわず釣りに誘い出したのをはじめ、あれを見よう、これを食べようと寸暇も与えずひきまわして、ワンマン振りではこちらも天下一品の六代目に「いいかげんで日本に帰らないと、殺されてしまう」とネをあげさせたという。何事にも徹底しなければ気のすまない甘粕は、相手への感謝、好意などもブレーキなしに奔出させた。甘粕と六代目菊五郎との交遊は、昭和十九年の甘粕の最後の来日まで続けられた。

満洲滞在中の菊五郎の案内役として、甘粕は浜崎真二をつき添わせた。十七年初め、満鉄から満映に移った浜崎は、慶応の名ピッチャーとして鳴らした人で、昭和四年の満鉄入社後は強豪・満洲クラブの名選手として都市対抗などで活躍し、その後も長くオールド・ファンに記憶されている。彼は昭和二年の早慶戦の花形選手であったころから、野球好きの菊五郎と親しかった。

「六代目と甘粕さん、いずれ劣らぬワンマン二人の、満洲での交遊をそばで眺めた面白さは、いつまでも忘れられない」と浜崎は語った。「私は整備課長という肩書きで満映に入社したのだが、映画のことなど何もわからず、満鉄や税関との交渉などが主な仕事だった。それとスポーツ関係……」

甘粕は「〝日満一体〟というが、何か両国民をうちとけさせるよい方法はないか」とたずね、浜崎は「一緒にスポーツをやらせるに限る」と答えた。もともと古海忠之の影響で野球に関心を持っていた甘粕は、その場で野球のグラウンド、テニス、バレー、バスケットのコート、陸上競技場をつくることを決めた。だが経理部長は「この会社の資本金が九百万円だということを知っているのか。社員のためのスポーツ施設に百万円を投じることは……」と、発案者の浜崎をにらみつけて、着手を渋った。数日後、彼は理事長室に呼びつけられ「やれといわれたら、やればいいのですッ」と甘粕の一喝をくらった。こうして満映のスポーツ施設は完備し、野球チームもできて、毎春、盛大な競技大会が開かれることになった。甘粕はこのほかにも社員の親睦、健康管理に力を入れ、金もよく使った。

昭和十七年の満洲国は九月の建国十周年記念祝典のあともなお種々の行事が続き、年間を通じてお祭り気分であった。だがその〝本家〟である日本にとって、大東亜戦争の模様は次第に暗さを増していった。大衆は大本営発表の〝華々しい戦果〟だけを聞かされていたが、六月にはミッドウェー海戦で日本海軍が大敗北を喫し、八月にはガダルカナル島に上陸した米軍の反撃が始まり、十月、ガダルカナルの攻防をめぐって南太平洋海戦、十一月、第三次ソロモン海戦、日本はガダルカナル島への補給困難となり、米軍の優勢は絶対のものとなった。

大東亜戦争開始以来、日本が満洲国に求める〝協力〟は次第に増加した。この要求を黙って飲むほかはない満洲国の立場は、大東亜戦争一周年記念日の十二月八日に発表された満洲国基本国策大綱にも、うかがわれる。その後三年足らずで滅亡する運命にあった満洲国だが、この大綱はほぼ十年間を目途とし、四つの章ごとに具体的事項が定められていた。その「第一章　根本方針」の第二項には「日満共同防衛の本義にのっとり、国防国家体制を確立するとともに、国力を大東亜戦争完遂に結集し、進んで大東亜共栄圏必成に寄与せんことを期する」と書かれている。

常に関東軍司令部に出入し、短波放送を聞き、独自の情報網を持つ甘粕は、戦局が日本にとって日に日に不利に傾いていることをよく知っていた。

甘粕が、山形県鶴岡市の石原莞爾の家に姿を現わしたのは、大本営がガダルカナル島撤退を決定した十二月末である。東条首相の使者としての来訪であった。

昭和十六年三月に予備役編入となった石原は、立命館大学教授となって国防学の講義を始めたが、東条の指示による弾圧のため、十七年九月に故郷・鶴岡に帰り、高山樗牛《ちよぎゆう》の生家に住んでいた。それまで、十六年に発表した「戦争史大観」は発禁処分に付され、彼の身辺には常に憲兵がつきまとった。十六年秋、「日本はアメリカと事を構える覚悟らしい」という情報を得た石原は、陸軍省兵務局長・田中隆吉（少将）に会い「油が欲しいからとて、戦争を始める奴があるか！　絶対にやってはならぬ」と厳しく戒め、各方面への説得を敢行した。開戦後、戦争の見通しを問われると、緒戦のめざましい戦果が報じられている時でさえ、「しまいには日本が負ける」と言い放った。

「東京でお目にかかりたい」という東条の申し出を甘粕から伝えられた石原は、これを承諾した。彼を弾圧し続けている東条だが、「国家のための話し合い」を避けてはならぬという気持と、わざわざ満洲から来て使者にたった甘粕への思いやりであった。

数日後、陸相官邸の応接室で、東条と石原は数年ぶりに顔を合わせた。当時、企画院調査官兼首相秘書官であった赤松貞雄（大佐、のち静岡放送取締役）は「その前日、東条さんが『あしたは石原に会うからな』と、突然私に言われた」と語る。「当日、来訪された石原さんを応接室へ案内したのも私だった。しかし、会談は二人だけでされたので、当時の私はその内容など一切知らなかった」

石原と個人的に親しかった藤本治毅（憲兵大佐）は、その著「石原莞爾」の中に、この日の会談の内容を次のように書いている。

「大政翼賛会はどうしたものだろうか？」

「民意を反映していない、大衆から浮き上がった存在であるが、あなたが作ったようなものだから、あなたが始末してはどうか」

「ガダルカナルの戦局を救うための、これからの方法はどうか？」

この質問に対し、石原はいずまいを正して答えた。

「戦争の指導は、あなたにはできない。辞《ひ》いたらどうか。あなたは総理大臣をやめるべきだ」

戦略や方策を東条に話しても、やり通せるものではない。姑息にして徒らに時を藉すより、一日も早く東条にその地位を去ってもらいたい。これが先決問題だ――というのが石原のハラであったと、藤本は書いている。

東条はしばらく無言だったが、やがて閣内事情や陸海軍の関係などを語り、予定の一時間が過ぎたという。赤松は「帰りがけに石原さんが静かな微笑を私に向けて『ヤア』と声をかけられたのを記憶している」と語る。赤松は陸大在学中の大尉時代から石原をよく知っていた。

藤本治毅は「わざわざこの会見の橋渡しをやった甘粕正彦は、この一件を満洲に宣伝し、『石原さんと東条さんが会ったから、今度はよくなる』と打ち出して、民心の融和と国策への協力を計った。したがってこの会見は〝甘粕の仕組んだもの〟という見方もないではない」と書いている。赤松貞雄もまた「東条・石原の会見は、甘粕の発案だろう」と想像している。

東条は石原と単に〝不仲〟というだけでなく、彼を現役から追い、当時もなお弾圧し続けていた。東条の性格からしても、彼が石原に会ったのは甘粕に強くすすめられた結果——と想像するのが自然である。甘粕もまた、辻政信の仲介で第十六師団長時代の石原と和解したとはいえ、満洲での二人の不仲はしばしば周囲の話題になるほどであった。甘粕は武藤富男に向って「石原は大佐までは務まる人ですが、将にはなれない男なのです。彼は参謀としてはすばらしいが、衆をひきいる男ではありません」と言い、また石原が満洲を去ったのち「石原が満洲にいることは、今日では満洲のためにならぬから、私も彼に帰れと云いました」とも語っている。協和会問題で、二人の関係が最悪の状態の時であろう。

このように、甘粕は石原をコキおろしている時でさえ「参謀としてはすばらしい」と語っている。柳条湖事件から満洲建国まで——石原がかねての綿密な作戦計画によって一万ソコソコの日本軍で中国の大軍を破った時期、甘粕は同志として作戦参謀・石原を内側から眺め、舌を巻いて感歎したのではなかったろうか。のちに対満政策で意見が衝突したものの、甘粕は常に石原が〝戦略の神さま〟であることを確信していた、と思われる。日本にとっての戦局不利が明白になった十七年末、甘粕は「国家のため、東条はいっさいのゆきがかりを捨てて、石原に会わねばならぬ」と思い定め、それを強く進言したのではないだろうか。

東条は陸士十七期、石原は二十一期、甘粕は二十四期である。それぞれ三、四歳ずつ年齢差のあるこの三人の関係は、微妙に交錯している。東条と甘粕は、いわば師弟関係である。そして満洲事変から満洲建国直後へかけての時期、石原と甘粕は同志的連帯感で結ばれていた。建国直前の昭和七年一月、参謀本部第一課長（編制担当）であった東条は満洲へ出張し、将来の満洲国に対する関東軍統治組織について幹部と会談を行ったが、この席で石原とまっこうから意見が衝突した。結論が出ないまま東条は帰国したが、三月一日の満洲建国を機に、自論を実施する旨訓令、示達して、石原を憤慨させた。

昭和十二年七月、日中戦争の発端となった盧溝橋事件が起った時、この二人の位置は逆になっていた。東条は関東軍参謀長、石原は参謀本部の作戦部長であった。東条は「兵力派遣が必要」という主旨の関東軍の対策意見書を参謀本部に提出し、関東軍特設兵団の司令官として張家口の攻略戦に武勲をたてた。一方石原は、「中国撃つべし」が大勢を占める軍中央部で孤立しながら、事変不拡大説を主張し続けていた。そして甘粕は、中国を見くびることの危険と満洲国への悪影響を説いて、不拡大説を支持した。

「東条さんが陸相から首相になった前後、甘粕はよく日本に来たが、その度にまず世田ヶ谷・用賀の東条家を訪れたものだった」と、首相秘書官であった赤松貞雄は語る。早朝、東条は起床したばかりの時刻に現われる甘粕に向って、「なんだ、予告もなしで」と一応渋い顔をするが、甘粕はケロリと「日本に来たからは、誰とも連絡をとらぬうちに、まずこちらに伺いました」と答えたという。五十歳に達した甘粕の、旧教練班長に対する甘えである。東条も口ではブツブツいいながら、〝かわいいヤツだ〟という顔つきになった。また東条が渡満する時は必ず甘粕と連絡をとり、人目につかぬ場所で人をまじえず懇談したという。

甘粕が東条に「石原との会談」をすすめた場面を想像してみると、東条が簡単にこれを受け入れたとは思われない。甘粕の熱意が遂に東条を動かしたのであろう。それにしても、よく東条がその気になったものだし、また石原もよく上京したものである。当事者の東条、石原も、橋渡しの甘粕も、この時点で私情、私怨を捨てていた――と想像される。それぞれに強烈な個性を持つ三人の男が〝国家のため〟だけを思うことで成立した会談であった。

東条の「ガダルカナルの戦局を救うための方法は？」という質問も、驚くばかりに率直である。彼は見栄も誇りも捨ててかかっている。これに対する石原の答もまた、率直というほかはない。「あなたは総理大臣をやめるべきだ」という言葉に、私怨などが含まれていたとは感じられない。石原は、これこそが日本を救う道と信じたのであろう。

しかしこの会談は、結果的には何の役にもたたなかった。橋渡し役の甘粕が満洲に帰った一カ月後の昭和十八年二月初め、日本軍はガダルカナル島から敗退、四月、連合艦隊司令長官・山本五十六戦死、五月末には〝玉砕〟の表現が初めて使われたアッツ島守備隊全滅の報が、在満邦人の心を暗くした。

余談だが、昭和十九年七月、東条辞職後の首相となった小磯国昭も、石原莞爾に上京をうながして総理官邸で会談した。「米軍のレイテ島侵攻を前にして、海戦をやるべきかどうか」という小磯の質問に対し、石原は「今こそ米国と講和すべき時でしょう」と答え、蔣介石を通じての和平工作を提案した——と伝えられている。しかし、小磯はこの案を用いなかった。

甘粕のものの言い方には特徴があった。相手に反論の余地を与えず押しかぶせて「……なのです」と断定する。

満映理事長室の彼は、立ったまま人と話すことが多かった。部課長会議も全員が立ったままで話し合い、ふつう二、三十分で終った。甘粕は部課長に背を向け、窓越しに外を眺める形で立っている。そして時々ふり返って、決定的な発言をする。社員が一人で理事長室に来ても彼はしばしば後《うしろ》を向いたままで、窓ガラスにうつる相手の顔に向って話した。「向い合って坐ると、余談が出て時間がかかる」と甘粕は語っているが、相手を突き放しておいて我意を通す手段としてのハッタリだったかもしれない。いずれにせよ、彼が人には決して許さなかったであろう非礼を、自分には平然と許していた。巡回映画課長であった大塚有章は「甘粕は酒を飲んでいるとき、癇癪を起したときだけはまともに人の顔を見るが、平常の状態では横を向いて話をする、というのは定評だった」と甘粕の陰鬱な印象を書いている。

甘粕は面会を求められれば誰にでも会った。次々に理事長室に呼びこまれる来客は、まず大机の前に立ったままの甘粕に驚かされる。彼は「おかけなさい」と言わないから、客も立ったままである。

「用件を三分間でいって下さい。まだ大勢の客が待っています」と甘粕は言う。それでもクドクドと話す客には「結論を」と促す。そして「諾」か「否」かを即答する。話の内容によっては三分の時間も与えず、「お断りします」「私にはできません」とニベもなく、はねつけた。

「本当のことを告げるのが、いちばん親切なのです」と甘粕は語っている。だがこの甘粕流親切は、なかなか相手に通じなかった。彼に反感を抱いた人は多いが、橘外男もその一人であった。

橘外男は昭和十三年に第七回直木賞を受賞しているが、彼は作家として甘粕に会ったのではない。戦時下の東京で食えなくなった彼は、満洲の友人のツテで満映に就職が決り、喜び勇んで赴任した。だが初対面の甘粕から「満洲くんだりまで、コヅかれに、引っぱたかれに来たような」扱いを受けたと、その憤懣を「オール讀物」(昭和二十九年八月号)に書いている。

甘粕は橘に「あなたを入社させたいきさつを、誤解のないように説明しておきます」と言った。――会社はあなたを必要として呼んだのではない。頼まれたからです。あなたは多芸多能らしいが、この会社はそういう人は要らないのです。ここで有用な人となるためには、手柄を立てなさい――といい渡された橘は、できることなら、この場で就職をとり消したいと思うほど、腹を立てた。橘は「生れ変った気で働けと、なぜ激励してくれないのか」と恨むのだが、この種の日本的湿気を含んだ温情を甘粕に望むのは無理である。そのうえ甘粕は、〝甘ったれ根性〟の男は嫌いなのだ。橘は、たまたま理事長室に来ていた〝満映の大スター李香蘭〟へまで八つ当りの筆をのばしている。

山口淑子（李香蘭）は甘粕について「ふっきれた感じの、魅力のある人だった」と語る。「無口で厳格で周囲から恐れられていたが、本当はよく気のつく、やさしい人だった。ユーモアを解し、いたずらっ子の一面もあるが、その度が過ぎると思うことも度々だった。調子に乗ると、水たきの鍋に火のついたタバコを入れたり、周囲がドキリとするようなことをいきなりやった」

甘粕の肩書は満映理事長だが、一部の人はこれを彼の〝かくれ簑《みの》〟と呼んでいる。彼は相変らず工作員を各所に派遣して情報を集め、度々日本に行って東条に直言し、関東軍幹部と深い交渉を持ち、また皇帝・溥儀をはじめ満洲国要人とも密接な関係を持っていた。いずれも陰の行為だが、時にはこれが表面に現われることもあった。

昭和十八年九月、当時、読売新聞論説委員であった清水幾太郎は新京で開かれたアジア・ジャーナリスト会議に出席した。清水はこの日の記憶を次のように書いている。
「一人の日本人らしい男に先導されて、壇上に満洲国皇帝溥儀が姿を現した。（中略）私は、溥儀の傍を離れない、日本人らしい男に気を取られていた。いかにも恭々しく振舞っているのだが、或る陰気な力が彼の周囲に漂っている。『あれは誰だい』と私は小声で隣席の新聞記者に聞いた。『あれが甘粕正彦さ』私と彼との距離は、数メートルしかない。私は、何も見えない、何も聞こえないような気分になって行った」
「舞台の甘粕を見ていると、手の届かない所にカタキがいるような気がした」と清水は私に語った。彼は大杉栄の著書を多く読んでいるが、〝大杉のカタキ〟というより〝社会秩序のカタキ〟を甘粕に感じたのである。

この年、昭和十八年三月、ビルマ方面軍が新設された。これまで大本営が承認しなかったインパール作戦が改めて研究、上申され、軍中央部が次第に積極性を持つに至る起点であった。

甘粕は東条に向って、インパール作戦の無謀を説き、強く反対した——と伝えられている。甘粕は昭和十三年に使節団副団長としてヨーロッパへ向った時、英領の寄港先ではどこでもビザを与えられなかったほど、彼の謀略は対英関係に重点がおかれていた。

ビルマ・インド国境地帯の地勢を、彼はくわしく調査させた。峻嶮なアラカン山系を横断しなければならないインパール作戦は、兵站に非常な無理がある——というのが甘粕の反対理由であったという。

首相秘書官・赤松貞雄の言葉によれば「東条は甘粕を〝絶対信頼〟で、その言によく耳を傾けた」のだが、しかしこの時の東条はすでにインパール作戦実施に大きく傾いていた。太平洋方面の戦況が急速に悪化していたこの時期、インド制圧によって態勢を一挙に挽回しようとする意図と、落ち目になった東条の人気挽回を計ろうとする政治的な狙いであった。昭和十九年一月七日、大本営はインパール作戦を認可した。作戦発起は三月十五日である。

甘粕は早くから敗戦を見通していた——といわれるが、その時期は明らかでない。初期の〝大東亜戦争完遂のためには、いかなる犠牲も〟という彼の姿勢に微妙な変化が現われた例の一つに、一部の部下の応召拒否がある。関東軍司令官との間に密約があった、と伝えられている。

終戦時に満映の娯民映画処長であった坪井与は昭和十九年早々に召集を受け、急遽、大連の自宅に帰っている甘粕の許へ挨拶に行った。服装にこる甘粕は、日ごろは無地の結城《ゆうき》の和服などを愛用していたが、この日は正月らしく黒紋付に袴の正装で客を迎えていた。

坪井の応召を聞いた甘粕は額にたてじわをよせ「あなたは行かなくてよいのです」と、いつもの断定的な口調で言った。そう言われても、坪井には返答のしようがない。甘粕はもうこの話題には触れず、妻に酒を命じた。

当時めったに見られなくなっていた上質のハムが運ばれた。甘粕はしきりにすすめるが、ハムの皿にはフォークも箸もなく、坪井はそれをいい出しかねて、ためらっていた。それに気づいた甘粕は、たちまち妻を怒鳴りつけた。「坪井さんは手で食うのですかッ」

坪井は三十余年前をふり返って「甘粕さんはよくこういうものの言い方をしたが、この時の切りつけるような言葉はこちらの胸に応えて、奥さんの顔が見られなかった」と語った。

坪井は大村連隊の身体検査で即日帰郷をいい渡された。新京に帰り、甘粕に報告すると「胸が悪いといわれましたか。大事になさい」と、これで終りだった。数日後、坪井は関東軍の大佐の許に呼ばれた。大佐は「いろいろ迷惑をかけた。こちらの手違いだった。甘粕閣下によろしく伝えてくれ」と愛想よく言った。

十九年初夏、北京を訪れた岡田桑三は、知人を通して甘粕から「天然色フィルムの研究を頼みたい」と面会を求められた。当時日本では軍のためにわずかにこの研究が続けられていたが、オレンジとブルーの二色だけでお茶を濁している状態だった。岡田は「大杉殺しの甘粕などに会うのはいやだ」と断ったが、仲介者は「甘粕は話が早い。五分ですむから」と無理に彼を承諾させた。

「軍人の顔だな——というのが、甘粕さんの初印象だった」と岡田は語る。「満映のような営利会社で、天然色の研究は無理でしょう。研究の成果が出るのは五年、七年先かも知れず、その間に大金がかかる」という岡田に、甘粕は「金はいくらでも出す。何年かかってもいい」と即答した。

「初対面の甘粕さんが『金はいくらでも』とそればかり強調されたので、この男は金さえ出せば何でもできると思っているのかと、抵抗を感じた」と岡田は語る。「結局、疎開の目的もあって、満映の嘱託となり、七月から新京に住んだ。家族の安全を考えた満洲疎開は、私の見込み違いに終ったが……」

岡田が甘粕に会ったのは、六月にマリアナ沖海戦で日本海軍が空母の大半を失い、米軍が西太平洋の制海権を握った直後である。そして七月初めには、甘粕が東条に向って強く反対したインパール作戦が大敗北に終った。情報網を持つ甘粕の許には、惨澹たる戦況が伝えられた。一粒の米も持たぬ将兵が、雨期にはいったインド東北部の山野を追われていた。痩せ細った兵たちが杖にすがり地を這うようにうごめき、やがて、道ばたですでに白骨化した戦友の遺体のかたわらに腰を落して、息絶えてゆく——という惨状であった。

この時期の甘粕はすでに、満洲国も間もなく崩壊する、と見通していたであろう。岡田が研究に要するという五年、七年の先まで、満洲国が存在するなどと楽観していたはずはない。それでも甘粕が「何年かかっても……」と答えたのは、消滅するであろう満洲国に形見を残そうという気持ではなかったか。土木関係では豊満ダムをはじめ、遺産となるものがすでに数多く完成している。だが甘粕は「文化のなかった満洲国」といわれたくなかったのだ。岡田によって、それまで満洲国になかった天然色フィルムの研究が緒につけば、その途上で国が消滅しても、岡田の指導を受けた満洲人が研究を続ける可能性は残る。

満洲国が〝日本のもの〟である間に、少しでも文化水準を引き上げたいのが甘粕の悲願ともいうべきものだった。だがもう持ち時間は残り少ない。甘粕はあせっていた。岡田が腹を立てるほどに「金はいくらでも出す」と強調したのも、このあせりの現われではなかったか。好意的すぎる解釈かもしれないが、戦局の末期的様相を背景に満洲国の文化水準向上を考える甘粕には、〝金〟以外の切札はなかったであろう。

岡田は、小西六の写真学校出身の馬守清を中心に満系の人々を集め、天然色フィルムの研究を含む映画技術の指導に当った。岡田は新京で終戦を迎えることになる。

甘粕が日本の敗戦の近いことを予測し、その後に日本が受ける評価に心を配ったと思われる行為は、このほかにもいくつかある。当時、北京の大使館報道部長であった重富義男（弁護士）は「甘粕さんは北京の街路樹を守った。大した見識だった」と語る。

甘粕は昭和十六年ころから満映の北支進出を計り、華北電影公司を創立して代表取締役になっていた。北京のスタジオで京劇を撮影して満洲で上映し、また天安門広場前の大通りにある一流劇場・新民戯院を買入れて、満映映画を上映させもした。度々北京に行った甘粕が、十九年の初夏、大使館員と外出中、ふと車の窓から眺めた街路樹の幹に白い印がつけられているのに気づいた。大使館員は「軍が、切り倒す木につけた目印」と説明した。日本の要請による石炭増産で坑木が不足したため、軍は街路樹の伐採を始めるという。

北京は、槐樹《えんじゅ》の緑が美しい。目抜き通り王府井に整然と並ぶ槐樹の下は、優雅な羅衣の女たちの散歩道である。

軍の意図を知った甘粕は「とんでもない愚行だ！」と鋭くいった。そんなことをしたら、地元民はもとより、世界中の中国人がどう思い、どのような反応を示すことか。古都の美しさを破壊した日本は、世界から軽蔑される――。

甘粕はその足で軍との交渉に出向き、「北京中の並木を切ったところで、どれほどの坑木が得られよう。そのくらいの量は、俺一人で何とでもする」と一歩も引かぬ態度を示して、遂に槐樹の並木を救った。

敗戦を見きわめていた甘粕は、その時に自分の生涯も終ると、早くから決意していたであろう。そして自分の死後の世界というものが、彼の日常の想念の中に入りこんでいたように思われる。北京の都市美を破壊した日本が野蛮国として世界の嘲笑、侮蔑を浴びることを、甘粕は自分の手で救っておきたかった。戦いに敗れた後も、日本の誇りは保たれねばならぬ——。悲しいほどの愛国心を、甘粕は抱いていた。

十九年七月七日、サイパン島守備隊全滅、十八日、重臣らの圧力で東条内閣は総辞職し、二十二日、小磯・米内内閣が成立した。東条の退陣後、甘粕は一度も日本に行かなかった。十九年六月が最後の来日である。

十九年十一月、南京で開かれた大東亜文学者大会に団長として出席した作家・長与善郎が、帰途、新京にたちよった。長与は著書「わが心の遍歴」中に、甘粕から招待を受けて困った、と書いている。

「あの大震災の時、どさくさ紛れに乗じ、大杉栄と細君伊藤野枝母子三人を絞殺したという、これこそ鬼畜のような暴悪漢を軍部（陸軍）は何とか庇って刑罰をごまかし、何年かフランスへ亡命させた挙句、誕生した満洲国にそっと呼び戻し、彼はそこの黒幕の大立物になっているという規律秩序を踏みにじった話に、専吉（長与——筆者註）は何というう腐敗のし方かと腹の底から腹が立っていた」という長与の甘粕に対する先入感は、日本から渡満する知識人一般のものでもあった。しかも長与は〝軍事、政治の実権では関東軍司令官以上という甘粕〟の、北京などで聞いた評判が非常によく、新京に行ったらぜひ会ってみろとすすめられたことに、いっそう反感をつのらせていた。

長与はソ連映画「チャイコフスキー」をぜひ見たかったが、甘粕には会いたくないため、甘粕招待の一回前の上映時間に映画館へ行った。だが長与のおもわくははずれ、彼はそこで甘粕とぶつかり、紹介された。長与は「どうした都合でか、先方も偶然時間をくり上げ……」と書いているが、甘粕は自分を避けている長与の裏をかいて、彼とぶつかる時間に行ったのではないだろうか。長与も書いているように、甘粕は「自分が日本のインテリといわれている連中から憎悪の的とされていることを知りぬいて」いた。これを無視して彼らとつき合う義務を自分に課していたのか、または直接つき合えば必ず彼らの心を摑んでみせるという自信を持っていたのか、とにかく甘粕はしばしばこのような行動に出た。そしてこの時も、長与の筆によれば「一見ムソリニを思わせる満身精力の塊まりの鋼鉄のような只ならぬ形相の男」甘粕は、同じヤマト・ホテルに滞在中の長与を自室に招じ入れることに成功した。

甘粕の部屋には、関東軍の砲兵大佐と中佐の二人が腰も下さず、悲痛な顔つきで壁によりかかっていた。甘粕は長与に彼らを紹介するなり、「レイテ作戦はさんざんのようです」と、無念さを通り越した憤りの苦笑で語り、「まあ飲め！」と放心の将校たちにウイスキーをついだ。そして「大本営発表」はもとより、各地で秘密にされている敗戦の模様をあからさまに聞かされて驚く長与に、甘粕は日本政府と大本営のやり方を、口をきわめて痛罵した。

大本営が捷《しょう》一号作戦（比島方面決戦計画）を発動したのは、長与が新京に着く約一カ月前、十月十八日であった。戦艦「大和」「武蔵」を中心に、残存日本海軍の全力を結集した作戦だったが、すでにマリアナ海戦で航空戦力のほとんどを失い、この艦隊は航空機の援護なしという致命的な弱点を持っていた。神風特攻隊の初出撃もあったが、「武蔵」をはじめトラの子の艦艇を失い、日本海軍は事実上潰滅して、比島方面の戦局挽回も絶望的となった。その極秘情報が伝えられた日に、甘粕は長与に会ったと思われる。

この夜はヤマト・ホテルで高見順、戸川貞雄、藤原義江など〝内地の文化人〟多数が出席する宴会が催され、長与はそのあとの甘粕主催の二次会へも同行した。二年ぶりで渡満していた北条秀司が、この二次会の模様を次のように書いている。

「甘粕さんが座を立つと、家の子と芸者全員がわたし達を立たせて、大きな輪を作った。甘粕さんの発声で鳩ポッポが歌い出されると、皆手をつないでそれにならい、大広間の中を幼稚園の生徒のごとく跳んで回った。そして最後に万歳の三唱があって解散となった。『お互いにガン張りましょう』青年士官みたいな表情で、甘粕さんはわたしの手を握りしめた」

「鳩ポッポ」が時に「お手々つないで」に変ることはあったが、これが甘粕宴会のお定まりの幕切れであった。それを何度か目撃した斎藤敏雄は「何と皮肉な寸劇ではないか。小柄な人殺しの指揮で、大臣も将軍も総裁も、みんな両手を繋ぎながら、童謡を唱い回っている。私はそこに、嘘と虚名が横行する人間社会への痛烈な復讐を見た。過去二十数年、大杉事件の真相を深く秘めてきた甘粕さんの鬱屈した反抗心を、まざまざと見せられる思いがした」と書いている。

甘粕は、彼の弟たちの話によれは「君が代も満足に歌えない大オンチ」である。彼は心からはしゃいで童謡を歌ったのか、それとも酔うほどに意識される違和感、孤独感を調子はずれの大声にたたきこんだのか。または生来〝人間好き〟の彼の、周囲の人々と一つに溶けこみたい希求の現われであったのか。あるいは単に〝つとめ気〟の行為と考えられないこともない。

長与はこの夜、甘粕が宴なかばで自分だけを早く帰らせてくれた——と書いているから、彼は鳩ポッポのバカ騒ぎに加わっていない。またも長与が機嫌を悪くしては、という甘粕の配慮であったろう。

長与の長編小説「その夜」に「頭の下げ方なども鄭重であるが、その隼のような団栗眼はどこか精神病者のそれの無気味さを以て光っている」と書かれた天川大尉は、甘粕がモデルである。長与は作中の天川大尉に「私はこの国を世界のどの文明国にもヒケをとらぬ文化国家に育てたい念願に燃えているんです」と語らせている。〝ことあげせぬ男〟であった甘粕が、正面切ってこう長与に語ったとは思えないから、これは周囲の人々の話と長与の観察によって作られた言葉であろう。

「その夜」を読むと、長与の甘粕に対する先入感がぬぐい去られている、とはいえないまでも、少なくとも嫌悪感は消えている。読書家であった甘粕は長与の作品も多く読み、それを話題にしているが、そんなことで長与が悪意を好意に変えるはずもない。長与は全く異質の人間である甘粕に理解と同情を持った筆で、颯爽とした〝天川大尉〟を書いている。長与は帰国後もなお甘粕に対して抵抗を感じているので、多くの保留つきではあるが、やはり甘粕に魅せられた一人、といえるのではないだろうか。

甘粕を知る多くの人が、彼の〝人間的魅力〟を認めている。古海忠之は〝男の惚れる男〟と呼び、武藤富男は「甘粕は磁石のように人をひきつける男だった」と書いている。武藤は私に「甘粕は私利、私欲を思わず、そのうえ生命に対する執着もなかった。彼とつき合った人は、甘粕のような生き方ができたら――と羨望の気持さえ持った。また、そこに魅せられた人が多かった」と語った。

協和会改革で〝帝国主義者〟と非難を浴びた甘粕だが、彼は多くの満洲人からも信頼され、好意をよせられた。大塚有章は「平素の甘粕氏は日本人に対しては気楽に怒鳴り散らすが、中国人に対してはよほど遠慮していた」と書いている。

その甘粕が大講堂で講話中に、満系青年があくびを嚙みころすのを目にして、いきなり壇を降り、青年をにらみすえてヒステリックに怒鳴りつけたことがあった。後刻、青年の上司が理事長室に行き、「平素はまじめでよく働く男ですが、この一月ほど母親が病気で、看護疲れしているため……」と詫びた。甘粕は「いいんだ。いいんだ」とさえぎり「お袋を大切にするように伝えてくれ」と、ポケットから無造作に百円札何枚かを摑み出して渡した。大塚有章がこの場に居合わせ「甘粕氏を捉えて〝スタンド・プレイの名優〟だと評する人が多いが、彼らはこうした場合の甘粕氏が、まことに遣る瀬なさそうな寂しい表情を全身から発散していることを見落している」と書いている。しかし同時に大塚は、甘粕に〝スタンド・プレイの名優〟の一面があったことも認めている。

山口淑子は「甘粕さんは決して満洲の人々に横暴な態度を示すことはなかったが、意識の点ではやはり他の日本人と同じではなかったかと思う」と語る。

中国人として通っていた山口は、彼女の友人、知己の間に深まる反日感情に悩んでいた。この問題に対する日本人の無神経、鈍感が、いっそう彼女を苦しめた。パーティーの最後にはご飯が出るが、主催者が日本人の場合、日本人には白米、満洲人には麦飯が配られた。「満洲人の習慣や好みを考えてのことではなく、明らかに差別でした。全員に白米のご飯を出すことなど、その気になれば簡単にできたはずです」と山口は語る。彼女は自分から麦飯のほうを取り、誰かがこの差別をやめてくれることを期待し続けたが、最後まで変らなかった。李香蘭はじめ満映の女優たちを酒席に呼んで酌をさせようなどという者には、眼をむいて怒鳴る甘粕だったが、彼もまた「みんなに白米を出せ」とは言わなかった。

それでも甘粕は、満洲人の間で人気があった。日本人一人一人の意識を穿鑿《せんさく》したら、満洲人のつき合える日本人、特に満洲人が喜んで下につくことのできる日本人など、おそらく一人もいなくなってしまうだろう。満洲の人たちにとって、日本人とはそのような民族であった。その中で、甘粕は最も彼らに好意的な、信頼のできる日本人だったのだ。

昭和二十年三月から満洲各地で、朝比奈隆指揮の交響楽団が、本格的な大演奏会を開いた。建国以来の、画期的な催しであった。二十年三月といえば、東京大空襲、硫黄島守備隊全滅、四月には米軍の沖縄上陸開始と、絶望的な時期であった。

「甘粕さんはこわい人と聞いていたが……」と朝比奈は語る。「話は事務的で要領がよく、演奏会についても一切うるさいことは言わないので、非常にやりよかった。初対面の時は、理事長室で立ったままの話だったが……」

満洲国には、新京にある満映傘下の日本人オーケストラと、ハルビンの白系露人オーケストラとの二つがあった。「でっかいことをやれ」という命令で、朝比奈はこの二つを集めて百人くらいの楽団にまとめ、ハルビン、新京、奉天、大連、旅順など各地をまわった。ソリストには当時十八歳のヴァイオリニスト・辻久子が日本から招かれた。

この企画の推進者は甘粕だが、軍も民も一丸となって支援を惜しまなかった。関東軍は「暗い時代だからこそ、人々を励ますような力強い文化活動を」と塩谷大尉を一行につき添わせ、銀行は多額の寄付をよせただけでなく、満洲興業銀行総裁・岡田信は一団と共に各地をまわった。「音楽には全く知識のない村夫子《そんぷうし》然とした人だったが、この企画を非常に喜んでよく世話をしてくれた」と朝比奈が語る岡田は、演奏会の五カ月後に迎えた敗戦時に、甘粕の遺書による依頼で満映に金を出すことになる。

演奏会について甘粕がたった一つ出した注文は、プログラムに満蒙を主題とした日本人作曲家の作品を一つ加えること、であった。朝比奈はこれを受けて、大木正夫の交響詩「蒙古」を頭にすえ、ベートーヴェンのヴァイオリン協奏曲と、リムスキー・コルサコフの交響組曲「シェヘラザード」を選んでプログラムを組んだ。甘粕は毎年、日本から若い作曲家を呼んで自由に勉強させていたが、大木もその一人である。甘粕は新京に交響楽団をつくっただけでなく、新京市長時代の関屋悌蔵と組んで、満系音楽家養成のための新京音楽院を創立した。甘粕の葬儀に「海行かば」を演奏したのは、この音楽院のバンドである。

甘粕が自決した昭和二十年八月二十日は、すでにソ連軍の一部が新京にはいり、奥地では現地民による日本人開拓民の虐殺が続いている時であった。都会でも日本人に対する満洲人の態度は急変し、敵意をあらわにする者の多かった中で、甘粕の葬儀には満映の社員をはじめ満洲人多数が集った。甘粕の棺は消防の手押車に乗せられ、二条の綱の右を日本人、左を満洲人の長い列が握って、新京音楽院のバンドが奏する「海行かば」の響く中を、墓所と定められた湖西会館の庭へ引かれていった。

朝比奈は「満洲の鉄道のほとんどが、軍の移動に当てられている時代だった」と語る。楽団は、満鉄から客車四両を提供されて、演奏旅行には何の支障もなかったが、他の列車という列車は、カーキ色の軍服があふれていた。

すでに昭和十八年八月ごろから在満兵力は太平洋方面に送られ、十九年末の戦力は最盛時の二分の一以下に低下し、二十年を迎えてからはさらに多くがフィリピン、沖縄などへ引き抜かれた。かつては〝泣く子も黙る〟といわれた関東軍だが、その実体は竹槍装備の〝かかし部隊〟に変っていた。

朝比奈指揮の楽団は満洲各地で熱狂的に迎えられた。「日本人をはじめ、満洲国に住むすべての民族が聴衆の中にいた」と朝比奈は語る。特に在留邦人は、戦局の悪化につれて微妙な変化を見せ始めた満洲人に不安をかきたてられていた時だけに、〝暗闇に光が射した思い〟で演奏会の成功を喜び合った。朝比奈は「結果的には大デモンストレーションをやった感じだった」と語る。

敗戦の五カ月前に行われた交響楽演奏は、満洲各地で日本の力が誇示された最後であったろう。それが、甘粕が最も力を注いだ音楽という分野の文化活動であったことから、彼の満足の深さが想像される。彼はこうした本格の演奏会を定期的に開ける満洲国にしたかったのだ。だが、すでに時間切れと見きわめたこの時の甘粕の意図は、いま滅びようとする満洲国へひそかに捧げる壮麗な葬送曲を、全満の大衆の耳に届けたかったのではないだろうか。

甘粕の音楽に対する理解力、鑑賞力については諸説があるが、昭和十三年（一九三八年）に彼が満洲国外交団の副団長として欧州諸国を訪れた時の記録中にも、それに触れたものが二つある。

ローマでこの一団を迎えた満洲国公使館の三城晃雄は「私は甘粕さんを粗暴な人かと想像していたが、文化的な紳士なので意外だった。（中略）音楽や絵画について話し合ったことを記憶している」と語っている。三城が甘粕を〝粗暴な人〟かと想像したのは、もちろん「大杉殺害事件」のためだが、音楽や絵画を語る甘粕の言葉に、文化的紳士として十分な教養を認め、深く音楽を愛する人だと信じたのだ。

さらに、九月二十四日に着いたベルリンで劇場に招待された甘粕は、「オペラのシーズンが始まっているのに、こんな松旭斎天勝のできそこないのような奇術やショーを見せるとは、われわれをなめている」と、大そうご機嫌ななめである。

これを読むと、甘粕は毎年オペラのシーズンが始まるのを待ちかねて、いそいそと劇場の席の予約をする熱心なオペラ・ファン……というイメージが浮かぶではないか。ローマとベルリンの話を並べてみて、私は首をかしげた。どうにもフに落ちないのだ。三城晁雄は、何の必要もないのに、嘘の証言をするはずはない。甘粕は彼に向って確かに、音楽や絵画についての豊かな知識を披露したのだ……と考えているうち、甘粕は読書による勉強で音楽や絵画の知識を身につけたのではないか……という、ふと心に浮かんだ思いつきに、次第に私は傾いていった。

甘粕は、満洲国を文化水準の高い立派な国に育てようという大望を持っていた。その責任者となる人物を表面に立て、彼自身は黒幕のかげで、資金調達などに当りたかったのだが、看板になる人物を見つけ得なかったのではないだろうか。ここで自分は音楽に暗いからだめだと引きさがれば普通だが、では読書で知識を身につけて……と、一歩前へ出るのが甘粕流であろう。彼は〝嘘のつけぬ男〟と言われたが、同時に〝趣味は謀略〟とも言われてきた。日本から取りよせた音楽関係の書籍や雑誌で十分な知識を持ち、それで〝音楽を深く愛する文化人〟を演じきるのも面白かろう……と思いはしなかったか。

私は次第に〝読書勉強説〟に違いないと自信をつけてきたが、しかしこれはあくまでも私の想像にすぎない。またこの想像で、甘粕にケチをつけようという気持は全くない。その目的がどこにあろうとも、甘粕が音楽に強い関心を持っていたことは確かである。

また満洲国誕生にかかわった男たちの中で、国家にとっての文化の重要性を深く認識していたのは甘粕一人である。そして各分野の最も有力で有能なパトロンであったことも、疑う余地のない事実である。

甘粕正彦は、語る人によってさまざまに変化する。彼の印象も、清水幾太郎のように「暗い」と語る人も多く、また武藤富男のように「快活」という人もある。甘粕は〝ハッタリ屋〟ともいわれ、これを否定する人も多い。確かに〝表面に立つことを嫌った〟裏づけは数々あるが、彼が建国忠霊廟の大祭で示した行為などは、やはり〝ハッタリ〟と呼ぶほかはない。

この日、皇帝の参拝を待って日満両国の各界代表者多数が参道の両側に並んでいた。皇帝到着の数分前、関東軍司令官の車が堵列《とれつ》の前を通過した。満洲国の事実上の支配者を迎えて人々が姿勢を正す中を、突然、甘粕が車にかけよって片手を上げ、車を停めた。甘粕は自分で車のドアをあけ、車中に深く体を入れて軍司令官に何かいい、身を引いてドアをしめた。車はすぐ動き出した。一瞬のことだったが、堵列の人々は驚きの中で、甘粕の関東軍に対する〝強大な力〟をいや応なく見せつけられた。甘粕が何をささやいたかは不明だが、軍司令官は車を降りてから長い石だたみを歩くので、人目にたたず話しかける機会はその時いくらでも得られたはずなのだ。衆人環視の中で、満洲国最高の地位にある軍司令官の車を停めて見せた行為は、甘粕の〝権力の誇示〟と受けとられても仕方がない。

人が見る甘粕とは——残虐な人殺し、思いやりの深い人情家、右翼の大立物、帝国主義者、豪放磊落、神経質なふさぎ屋、快活なユーモリスト、わがままで癇癪持ちのワンマン、典型的な能吏、有能敏腕の事業家、細心な事務屋、国際的な謀略家、ハッタリ屋、スタンド・プレイの名優、芸術愛好家、キザなスタイリスト——など、全く統一性がなく矛盾に満ちているが、そのいずれにも裏づけがある。だがこれらのすべてが彼の内部から自然に発生したものではなく、いくつかは彼が目的のために必要と判断して加えたもの——と想像される。

互いに相反するいくつかの性格を、甘粕は自分の中にはめこまねばならなかった。それらは互いに不協和音を立てて彼の精神を攪乱し、時には〝奇矯〟と呼ばれる行為を生んだ。意志の力を極限まで働かせてバランスを保とうとする甘粕が、助力を求めたのが〝酒〟ではなかったろうか。彼は鼻の頭が赤く酒焼けするほどに、朝から強い酒を飲んだ。甘粕の弟・二郎をはじめ家族は、大杉事件以前の甘粕は酒飲みではなかった、と語っている。

「甘粕は酒好きだったが、女も決して嫌いではなかった」と、公私ともに最後まで親交を続けた古海忠之は語る。「だが甘粕は女に溺れたことはない。女の許に泊ることもなく、早朝連絡すると必ずホテルに帰っていた」

甘粕には恋愛の匂いのする女性関係はない。相手は常に花柳界の女性で、古海の言葉によれば「金でキチンと始末をつけ」短期間で終った例が多い。だが新橋の光千代と奉天の君子には、それぞれ男の子が一人あった。光千代は細おもての美人で、甘粕は彼女を〝ひょうたん〟と呼んでいたという。この二人の女性には――きゃしゃな体つきの日本的な美人で、芸者の中でも特に女らしく、しっとりとした情感があった――という共通点がある。甘粕が女に求めたものは、自分自身の酷使によって傷つき荒れた孤独な心を、温かく包みこみ、いこわせてくれる情緒の世界であったろう。

甘粕と〝男装の麗人〟川島芳子は男女のつき合いであった――という説があるが、彼の日常を熟知する古海忠之、同期生・麦田平雄はこれを否定している。満洲建国前、天津から脱出した溥儀の護衛に当った甘粕は、天津に残った秋鴻妃との連絡などに、溥儀と血続きの川島芳子を使ったことはあった。だが甘粕は彼女の人柄を信頼せず、麦田は「甘粕は川島をひどく嫌っていた」と語った。

昭和二十年四月、小磯内閣は総辞職し、鈴木貫太郎内閣が成立した。五月、ドイツ全軍が無条件降伏したが、日本政府は戦争継続を声明した。六月二十二日、沖縄地上部隊が全滅した。

関東軍は精鋭部隊のほとんどを引き抜かれ、現地の根こそぎ動員などによる補充に躍起になっていた。関東憲兵隊も特別警備隊を新設したための大異動が、八月一日に発表された。送別会は八月四日と予定されたが、いかに満洲でもその準備がままならず、憲兵司令官・大木繁（中将）は日ごろ親しい甘粕に頼み、甘粕は快諾した。

これを知った中村久太郎は興奮した。大尉に昇進した彼は、憲兵司令部の副官を勤めていた。送別会は、甘粕自慢の湖西会館で開かれることになった。中村はそこへ打合わせに行くたびに、遠くからでも甘粕を見かけはしないかと期待したが、地続きの満映本社の奥深くにいるらしい彼は影も見せなかった。

送別会当日、三十人ほどの出席者名簿に甘粕の名がないことから、中村は彼に会う期待を捨てていた。だが定刻少し前、協和服に長靴姿の甘粕が無造作に会場にはいってきた。

中村は部屋の隅に立って、中央のテーブルで大木と談笑する甘粕を見つめていた。大正十二年の関東大震災から二十二年がたっていた。かつて分隊長として中村の前に立った〝甘粕大尉〟は、いま五十代の貫禄をつけて、彼から数歩の位置に坐っていた。まっ白な歯をのぞかせて、明るく笑う。中村は、甘粕の笑い顔を初めて見たことに気づいた。

分隊長殿、旧部下がここにおります……こみあげる懐しさに押されて、中村は胸の中で語りかけた。〝閣下〟と呼ばれている甘粕を〝分隊長殿〟と呼ぶことに、ひそかな満足があった。

ご存じでありますか。大杉事件のあと、〝アマカされる〟という言葉がはやったことを……。中村たち憲兵は、不穏なことを口にする者に「そんなことを言うとアマカされるぞ」と言ったものだった。憂国の志士に殺されるぞ、というおどしである。二十二年の歳月を越えて、中村はこのような言葉までを、二十代の自分の姿と共に鮮明に思い浮かべた。

感慨にふけっていた中村は肘を突かれて、あわてて周囲の人の動きに従った。記念撮影のため、みなが中央のテーブルに集められた。

憲兵司令官を中心に三列に並んだ人々に、甘粕がカメラを向けた。後列の端に、中村も緊張した顔を並べて立った。「大丈夫写るのかい？」と大木が甘粕をヤジった。「これはドイツ製のすばらしい機械だ。写真屋の腕がヘボでも、機械がちゃんと写す」明るい笑い声の中で、シャッターを切る音が聞こえた。

「写真ができたら、人数分だけ焼いて憲兵隊へ届けさせる」と言い残して、甘粕は忙しそうに出ていった。中村は甘粕に声をかけなかったが、かつての分隊長を間近に見たことで心は十分に満たされていた。この夜の贅沢な支那料理に、中村は改めて甘粕の〝力〟を示されて、嬉しさがこみあげた、という。

中村久太郎と私との初対面は、昭和四十八年（一九七三年）の秋であった。東京都練馬区関町……と中村の住所を書いた紙きれを頼りにようやく捜しあてたのは、彼の故郷の地名をそのままに「七尾屋」という屋号の金物屋であった。小ぢんまりとした構えながら、掃除のゆきとどいた明るい店先で、中村は私を待っていた。中肉中背の身のこなしが機敏でさすが元憲兵と感じたが、おだやかな微笑がいかにも実直そうで、私の予想とはかけ離れていた。店に人影はない。ちょっと失礼！　と店の奥にはいった中村は茶道具をのせた盆を持って戻り、元の席についた。

「あの写真をもらえなかったのは、今でも残念でなりません。せっかくあのかたが写して下さったのに……」と中村が言った。話は初めから昭和二十年八月の新京である。「送別会が八月四日……、その五日後の八月九日にソ連が攻めこんできて、満洲国はいっぺんにふっ飛ばされたんですから、写真どころじゃなかったが……」

七尾屋に一歩踏みこんだ時の私がまず思ったのは、瀕死の満洲国を直視せざるを得なかった日から、この小さな金物屋の主人に納まるまでの中村が、どれほどの苦難を乗り越えてきたか……であった。満洲国で敗戦を迎えた日本の将兵の、その後の悲惨な運命を私は数多く聞き知っていた。「何年に、どこから日本に帰られたか」と中村に訊ねたが、彼は返事らしい言葉も返さず、茶道具を取りに奥へはいってしまったのだ。

間もなく私は、中村が自分をも含めて、甘粕と無関係なことはいっさい語る価値がなく、逆に甘粕とかかわりがあれば、ささいなことも可能な限りくわしく語らねばならぬと、かたく心を決していることに気づいた。大正十二年の大地震の後は、どんな大変事が起るかわからない、また起っても当り前だという異常な時期が長く続いた……という意味の言葉を、私は繰返し聞かされた記憶がある。またこの時点で〝大杉殺害事件〟からすでに五十年がすぎていたが、中村の〝主義者〟に対する憎悪に変化はなかったらしく、「あの時期に大杉を殺してくれてよかった。もし生かしておいたら大騒動を起したに違いない」という言葉が、私のモヤモヤした記憶の底からヒョイと浮かんだ。それと同時に、中村久太郎と彼が最後まで住んだであろう金物屋の店先への懐かしさが、強く私の胸をゆすった。だがこれを書いている今（二〇〇四年）満九十歳の私には、わが家のコタツで静かに彼の冥福を祈る以外のハケ口はない。中村は私より二十歳近く年上であったと、記憶している。

九　敗戦　昭和二十年八月（一九四五年）

昭和二十年八月九日午前一時、関東軍総司令部は牡丹江の第一方面軍から「東寧、綏芬河正面のソ連軍は攻撃を開始せり」との電話報告を受けた。次いで「牡丹江市街は敵の空襲を受けつつあり」と悲痛な声が伝えてきた。

戦力は年と共に細り、本来の〝攻め〟から、止むをえず〝守り〟の軍隊に変質していた関東軍である。精鋭部隊を引き抜かれた後も、兵員の数だけは七十万と称していたが、「止むを得ざれば差当り兵器、資材を欠くも可なり」として急造された新設兵団で、ソ連の侵攻を予期しての全軍的築城も遅々としてはかどらなかった。「静謐確保」をスローガンに、ひたすらソ連を刺激することを避けてきた関東軍総司令部は、敵襲の報に今さらながら狼狽した。夜明け前に新京も敵機に襲われた。

この日、甘粕はヤマト・ホテルの部屋を引きはらって、満映の理事長室にこもった。九日、十日と優勢なソ連軍はほぼ全面にわたって侵入し、陣地守備隊は文字通りの死闘ののち、全滅するものが相次いだ。

甘粕は古海忠之を訪れて、言った。

「軍は通化へ行って、徹底抗戦をするという。もし本気でやるのなら、私も部下を連れて通化へ行き、治安に当ろうと思うが……」

「さあ、本気かなあ……」日本がソ連に和平交渉の仲介を依頼したという極秘情報をつかんでいた古海は、関東軍の徹底抗戦を信じていなかった。

「それでは、行きません」甘粕は即座に計画を棄てた。

民間人の中で、甘粕は誰よりも関東軍の実力を知っていたであろう。通化でソ連軍を撃破できるなどと、楽観していたはずはない。甘粕は通化で死ぬ気だったのだ。その死を、彼はひそかに〝戦死〟と呼んでいたのではなかったろうか――。

かつて甘粕は獄中日記に「転科（けがのため歩兵から憲兵へ――筆者註）と同時に自分の居た師団に動員の下つた時の悲憤は未だに忘れ得ない」と書いている。また「子供の時から軍人になつて、戦にも行けずに終つた寂しさ」を数カ所で述べ「私も一度は自己の心から教育した兵卒を提げて、突撃してみたかつたと思はざるを得ない」とも書いている。

これを書いた時から二十余年がたっていたが、この気持は甘粕の中に一貫して流れていた、と思われる。徹底抗戦の関東軍と行動を共にして死ぬことができたら、甘粕は本望であったろう。その死を人がどう呼ぼうと、彼にとっては戦死であった。

軍籍を持たぬ甘粕が、公然と軍の行動に参加できるわけはない。そこで彼は「治安」を買って出たのだが、この時期の治安担当者の危険度は高い。ソ連軍の侵攻以来、満軍の反乱も予想され、奥地ではすでに満洲人警官や地元民が集団で日本人を襲っていた。通化での決戦となれば、治安に当る甘粕が真っ先に血祭りにあげられてもふしぎはない。死花《しにばな》を咲かせる機会を得た……と彼は感じたであろう。

十一日午後、満映社内に甘粕の名で「本日午後七時、日系全社員は家族を帯同して本社に集合せよ。歩行困難な老人、病人も担架で運ぶこと。すべて衣服は清浄なるものを用い、男子は武器を携行すること」という指令が出た。映画監督・内田吐夢の筆によれば、「たすき十字にうしろ鉢巻き、日本刀を斜めに背負って、小脇に銃剣棒――まるで西南戦争を思わせるいでたち――が続々と撮影所に駆けつけた」とある。大塚有章は「甘粕理事長が独断でかかる指示を出したのか、あるいは協和会系統の腹心たちが相談に参与したのかは明らかでない。満映一族を挙げての玉砕という方針である」と書いている。

指令が出た十一日は――西部から進攻してきたソ連戦車隊が、ほとんど抵抗も受けずに一挙に黒竜江省の要衝・白城子に迫り、同じ速度で進撃が続けば二十四時間後には新京に達する、と予測された時期であった。大塚は――十一日夜は、千人を越す全員が避けられぬ死を目前にして虚脱状態にあった、と書いている。また内田は「紫煙の中で、甘粕正彦は眼を閉じていた。本土決戦！　満洲起つ！　彼の希いはそれ以外になかった！」と断じ、甘粕の独断の決意による全員玉砕で、わが子までを殺されてたまるかと、いきりたった一カメラマンの言葉を伝えている。

また一説には——甘粕が一同を集めたのは、ソ連軍の新京進攻を期して、あらかじめスタジオに仕かけた爆破装置により、全員爆死する計画であった、ともいわれている。

一時期にせよ、甘粕が全員玉砕を決意した……という説は、その場にいた内田、大塚によって書かれているが、武藤富男、藤山一雄などは否定している。娯民映画処長であった坪井与も「われわれは甘粕さんから『満映の家族が無事日本に帰れるよう、できる限りの努力をしてくれ』と何度も真剣に頼まれた。全員爆死などを計画したとは、とても思われない」と私に語った。また甘粕の秘書であった伊藤スマ子は「私たち女性社員は理事長から『いよいよの時のため』と青酸加里《せいさんかり》の包みを渡されました。新京から逃げ出す方法はなく、ソ連軍が攻めこんできたら死ぬほかないと思っていました。私はいつも理事長のそばにいましたが、特に玉砕などと聞いたことはありません」と語る。スマ子の記憶によれば、ソ連軍侵攻直後甘粕は白い粉のはいった透明なガラスびんをいつも片手に持って廊下を歩いていたが、彼女たちはそれが青酸加里と知りながら、恐怖は感じなかったという。奥地の開拓民家族も逃避行に当って指導者から青酸加里を渡され、これによって自決した者も多い。

甘粕が「全員集合」の指令を出した十一日は、二十四時間後にはソ連軍が新京になだれこんでくると予測され、通化に退去を決めた関東軍総司令部もまだ新京死守の姿勢をとっていた時期である。この時に千人を越す集団を避難させる汽車の手配は、さすがの甘粕にもできなかったのであろう。関東軍は軍の家族だけをいち早く逃がすため、限られた列車の一部をそれに割り当てて、今日まで悪名を残した。その中で、甘粕は軍とどのような交渉をしたものか、満映の応召者の家族だけは十一日の夜に汽車で出発させている。

この夜の甘粕の行動を、新京憲兵隊長であった同期生・飯島満治が「追悼余録」に書き残している。「甘粕は関東軍と連絡し、満映の応召者家族を南方に疎開させることとし、八月十一日午後十時新京発の列車で出発させ、自ら満映の提灯を振って送った。その帰り十時半頃、僕は甘粕の来訪を受けた」

大杉事件直後も文通を絶やさなかったほどに親しい二人である。この夜、甘粕は「早く病気を治せよ」と言っただけだが、飯島は、甘粕は死を覚悟したな――と直感した。

ソ連軍が攻めこんでくる新京に留まるほかはない社員と家族千余人を、本社に集めた甘粕の意図は、全員が敵兵に蹂躙されるより、最後と見きわめたら集団自決しようというものであったのか、またはあくまで保護を目的としていたのか、例によって彼は何の説明もしていないので、不明というほかはない。ソ連戦車隊の進撃は白城子のあと速度をゆるめた。ソ連軍の新京突入が遅れると知った十二日から、甘粕は再び家族全員を逃がすための列車手配に狂奔した。

十二日から関東軍総司令部は通化への移動を開始し、満洲国政府機関も同地に移った。ここまでは、関東軍が軍中央部の決定に従って、六月以来ひそかに予定していた行動である。

この年五月末すでに軍中央部は、ソ連から攻撃をかけられた時は満洲国の四分の三を放棄する――と、極秘裡に決定していた。六月四日、参謀総長・梅津美治郎（大将）は大連に飛び、関東軍総司令官・山田乙三（大将）と支那派遣軍総司令官・岡村寧次（大将）とに、「関東軍は京図線、連京線以東の要域を確保して持久戦を策し、大東亜戦争の遂行を有利ならしむべし」という内容の「満鮮方面対ソ作戦計画要領」を伝えている。これは新京を頂点に朝鮮国境線の両端へ扇形に二線を伸した三角形――通化を中心とする東辺道地帯に拠って、持久戦によりソ連軍を釘付けにせよ、という命令である。

八月十二日からの関東軍総司令部の通化移動は、この作戦計画によるものと発表された。だがこの時の関東軍は、ソ連軍の猛攻を知った大本営から新しい指令を受けとっていた。その内容は「帝国全般の戦況上、朝鮮は最後の一線として絶対的に保衛するを要するも、満洲全土は前進陣地として止むを得ざれば、又之を放棄するも可なり」というもので、東辺道保衛計画からさらに後退して、朝鮮保衛計画に切りかえられていた。〝王道楽土〟を看板に日本がつくった満洲国など、もう何の価値もないものとして見捨てられている。古海が甘粕に語った通り、徹底抗戦などするはずもない。

十二日、関東軍の一斉召集があり、多くの満映社員が令状を受けとった。午前中、甘粕はこれに応じたが、午後の第二次以後は「残された男子によって満映を守る覚悟」と電話で伝えて、すべて拒否した。ソ連の対日開戦から四日目のこの日、関東軍の組織は甘粕の応召拒否を黙って受け入れるほどに崩れていた。

十三日未明、皇帝・溥儀は関東軍の強要により、通化省大栗子を目指して、豪雨の中を都落ちした。

関東軍総司令部は、一個師団を増強し、二個師団で新京防衛に当り、市街戦も辞さぬ決意を示した。十三日、張総理は秦総参謀長に新京を無防備都市とすることを請願し、また満洲重工業総裁・高碕達之助も新京の非武装都市化、居留邦人の疎開中止を防衛軍司令官・飯田祥二郎（中将）に申し入れたが、いずれも拒否された。

当時、国民勤労部動員司長であった飯沢重一（弁護士、体協専務理事）は「甘粕さんは『防衛力もない現状で、市民までを巻き添えに〝新京死守〟とは暴挙だ。やめろ』と熱心に飯田中将を説得した」と語っている。

十三日、満映社員の家族は、種々の理由で新京残留を決意した一部をのぞき、甘粕が手配した列車で混乱の新京をのがれ出た。足弱を駅まで運ぶためトラック二台を用意するほどの力を、甘粕はなお持ち続けていた。

列車で南下する家族の引率者には、初め映画監督の内田吐夢が選ばれた。内田がその決定をカメラマンから聞いた直後、スピーカーから秘書・伊藤スマ子の少女らしい張りのある声が流れた。「内田さん、すぐ理事長室へ」「内田さん、すぐ……」その声にせきたてられて二階へかけ上った内田は、理事長室のドアに手をかけたところで、急に立ち止まった。彼の背筋を悪寒が走った。――数百人の女、子供を引率して朝鮮経由内地へ……はたして行けるか……俺の役は何だ？　万一の時、女、子供に〝白い粉〟を渡して、死ね……とても、俺にはできない――内田はなお続いているスマ子のアナウンスを聞きながら、建物の外へ駆け出して、草原に寝ころんだ。

こうして引率者は大塚有章になった。彼を団長とする家族の一行は、奉天で終戦を知り、甘粕の死後、新京にひき返すことになるのだが、出発時の彼らに甘粕は日本までの旅費を十分に持たせた。

十三日午前中、新京市長公館で最後の諮議会（市会）が開かれた。日満合わせて十八人の出席者の中に甘粕と藤山一雄がいた。議題は「全市民を動員し、ソ連軍を迎え撃つべし」という軍命令への応じ方であった。日本人諮議の大部分が玉砕説に傾いた時、甘粕が初めて発言した。

「関東軍は新京を捨てました。残っている部隊は武器もロクに持っていない。こういう状態で防戦し、市民を犠牲にするのは間違いなのです。ソ連が来たら、白旗を上げて降参すべきです」

日満全員が喜色を現して即座に賛成し、乾杯して別れた。

甘粕が初めて自決の決意を口にしたのは、この帰途である。彼は藤山に向って「僕は死ぬよ」と、静かな口調で告げた。

十四日、甘粕はすでに翌十五日の無条件降伏発表を知っていた。彼は満洲興業銀行総裁・岡田信に連絡して、満映の全預金六百万円を引出した。電話口で異議を唱えた岡田に向って、甘粕は「一日たったら紙屑になるんですよ」と、どなっている。彼はこの金の一部で数カ月分の食糧を買い、倉庫に納めさせた。

同十四日、甘粕は妹・璋子の家に滞在していた母・志げを最後の列車で大連に帰した。璋子も何度か兄から同行をすすめられたが、彼女は警察総局長である夫と行動を共にする決意で新京に残った。

このときも甘粕は大連に住む妻・ミネに、手紙はおろか走り書きの紙きれさえも母に托していない。自決の時も、妻への遺書はなかった。古海忠之は「甘粕は妻を連れて人前に出たことがない。いかにあの時代でも、いささか異常だった。私とは家庭的なつき合いで、一緒に温泉へ行ったりしたが、私が妻子同伴なのに、甘粕は子供だけしか連れてこなかった」と語る。

ミネは昭和二十二年に内地に引揚げ、四十五年死亡までの晩年は、長崎の長男・忠男宅で暮した。その時期のミネが過去をふり返って「私はしあわせだった」という言葉を残している。彼女は誠実で、辛抱強い女性だった。

十五日正午、満映全社員は正面玄関前に集合して、無条件降伏の〝玉音放送〟を聞いた。

茫然と立ちつくす人々に、甘粕は「いま聞かれた通りです」というひとことを残し、身をひるがえして二階の理事長室へ引上げた。

甘粕の身辺には常に秘書の伊藤スマ子がいた。白鉢巻きにあどけなさの残る容貌をひきしめ、ソ連侵攻の日に甘粕から与えられた男ズボンをはいていた。スマ子はじめ数人の女性社員は、どのような危険が迫るかもしれない新京の職場に残る決意で、自発的に十三日の家族疎開に加わらなかった。

「ソ連が攻めこんでからの理事長は、まるで別人のように、全身から厳しさが消えた」と、スマ子は三十年前を回想して語っている。甘粕はもう癇癪も起さず、ガミガミと叱りとばすこともなく、少女であったスマ子には〝つきものが落ちたよう〟に無気味と感じられるほどの変り方であったという。当時の満映社員数人も、甘粕の変化に驚いた記憶を残している。

それまでの甘粕を支配してきたものは〝天皇の有たる日本帝国〟のため身命を捧げること、具体的には天皇の日本のために満洲国を発展させる使命感であった。甘粕の心の内には彼自身が組織した司令部があり、そこからの命令を絶対完遂することを彼は自分に義務づけ強制してきた。命令は条件の配慮もなく絶えず発せられ、生身の彼には容れ難いこともあったが、いったん発した命令は遂行されねばならない。そのために、無理やりに幾つかの後天的な性格がつくられていた……と、想像される。

日本の敗戦と満洲国崩壊によって、目標を失った甘粕の司令部は一挙に消滅した。渡満以来の十六年間、絶えず甘粕を攻めたててきた命令から解放されて、虚脱感の中で本来の自分を手さぐりしていたのが、ソ連参戦後の彼ではなかったろうか。

これは「甘粕はなぜ自殺したか」につながってくる。彼の死の理由には、多くの説がある。——大杉殺害事件で軍事法廷に立った苦い経験のある彼は、再び敵国の法廷で裁かれたくなかった。満洲国建国の裏面について余りに多くを知る彼は、その国家秘密を抱いて死ぬべきと思った。心血を注いだ満洲国に殉じた。満洲国あっての甘粕であり、他に生きるべき道を持たなかった、等々。これらを否定はできないが、私には甘粕の死は彼の本質に根ざしていると思われる。

敗戦によって日本はどうなるのか……誰にも、何もわからなかった。天皇はどうなるのか……甘粕にとって最も大切なこの点もまた不明である。だが、今までの〝日本帝国〟

でなくなることだけは確かであった。

甘粕は、天皇、国家、民族と直結した信念なしには生きられない男である。戦勝国によって強制される理念の下で生きるためには、彼自身が変らねばならない。だが、彼は変り得ない男で、また絶対に変りたくもなかった。そうとすれば、彼は死ぬほかなかった、と私には思われる。

また甘粕にとって、天皇は常に〝神〟である。早くから敗戦を予期したとはいえ、戦勝国によって天皇の絶対性が冒されることは、現実にはやはり彼の許容の限度を越えていた。自分に妥協を求めて納得させることはできず、自分をかばうことを知らぬ甘粕は、自殺して思考の根を絶つ以外に道はなかった、とも想像される。

天皇の放送が行われた十五日の午後、甘粕は常務理事・渡瀬成美に満映の全施設の管理を命じ、警備隊をつくって盗難を防ぐよう手配させた。満映が無傷のまま次の支配者に引きつがれ、満系職員によって映画製作が続けられるようにとの配慮であった。この甘粕の意図は、彼の死後、全職員によって見事に生かされた。ソ連の占領下で、日本側は「満映は中国人に返す」と宣言した。社員総会の結果、満映はいったん解散し、ただちに東北電影公司として発足する手続きを踏み、日・中双方の代表が選出されて過渡期の運営に当った。全満的規模の国策会社で、おそらくただ一つのケースであったろう。

十六日朝、甘粕は国務院に行った。武部長官以下政府幹部の緊急会議の席から古海忠之と、民生部次長であった関屋悌蔵とを呼び出した甘粕は「明晩、満映理事長室でウイスキーの会をやるから来て下さい」と告げて去った。関屋は大園長喜から「甘粕はソ連軍が新京にはいる前に自殺するらしい」と聞かされていたので、甘粕の招待の意味をさとった。大園は甘粕と同期の憲兵で、渡満後は興安北省次長を務め、終戦時は満洲農機具会社の理事長であった。

同日午後、甘粕は日本人職員全員を会議室に集めて、「私は死にます」と告げた。

「私は軍人の出ですから、武士らしく日本刀で切腹すべきですが、不忠不尽の者ですから、そういう死に値しないのです。他の方法によって死にます。人間は弱いものですから、あるいは死の決意がにぶるかもしれません。しかし私はこうして皆さんに話したからは、必ず死にます。

皆さんの中には前途春秋に富む方が多いのですから、自重自愛して、長く祖国再建のために働いて下さい。ここにはまだ婦人、子供が残っています。皆さんの力で、この人たちが無事日本に帰れるよう、くれぐれも頼みます。

長い間おせわになりました。心からお礼を申します」

当時の日本人は多かれ少なかれ死に対する感覚が鈍っていた。だが、この甘粕の言葉の途中からあちこちにすすり泣きの声が起り、次第に広がった。死別の悲哀は深かったが、しかし誰も甘粕に向って「思い止まってくれ」といい出す者はない。甘粕の言葉は常に決定的であり、この数日来、別人のようにおだやかになったとはいえ、この時の言葉には断固とした重みがあった。それに誰にも死を漠然と認めてしまう心理状態があった。

　夕方になって、甘粕に会いに来た半田敏治が理事長室にはいると、甘粕は一人で静かに葉巻をくゆらしていた。半田は甘粕の同期生で、大尉で軍籍を離れ、九州帝大（現、九州大学）法文科を卒業、さらに鹿子《かのこ》木《ぎ》員信《かずのぶ》博士に師事して哲学を専攻した。渡満後は大同学院で教鞭をとり、終戦時は国民勤労部次長兼勤労奉公局長で、奉公隊本部の最高責任者であった。甘粕は日ごろから、思慮深く温厚な半田を信頼していた。

　半田は「軍司令部まで一緒に行ってくれ。急用で参謀長（秦中将）に会うのだが、談判は一切僕がやるから、君はそばについていてくれ」と、無理に甘粕の重い腰を上げさせた。司令部へ向う車中で半田が語った談判の内容は――終戦後の新京の治安責任者は、特別市長兼任となった勤労部大臣・于鏡濤であった。于は警察力だけでは日本人の生命財産の安全を保障しがたいと判断し、蔣介石派である禁衛隊の鄒部隊を市長の区処下に入れるよう関東軍総司令部に交渉したが、ラチがあかないという。于の依頼によって、半田は秦に会おうとしていた。甘粕と半田が参謀長室にはいろうとすると、中から山田乙三が意気銷沈の様子で出てきた。

総司令官・山田乙三、総参謀長・秦彦三郎以下の幕僚が、日本降伏後の関東軍の態度を決する会議を開いたのは十五日夜半であった。徹底抗戦、作戦を継続しさらに有利な条件で停戦、即時停戦の三案が出され、結論は容易に出なかった。最後に秦が立って「陛下の命令に従う以外に忠節の道はない。これに従わない者は永久に乱臣賊子である。あくまで抗戦を主張する者は、よろしく我らの首を刎《は》ねて、しかる後に行け」と述べた。続いて、嗚咽の声の中に立った山田が「聖旨奉戴」と裁断を下して、日露戦争以来四十年にわたる関東軍の歴史を閉じた。彼らが「即時戦闘行動を中止すべし」との大本営命令を受けとったのは、甘粕と半田が訪れた十六日であった。

半田は秦に用件を語ったが、返事ははっきりしない。甘粕は無言である。この日の秦はおそらく虚脱状態であったろう。半田はさらに甘粕を伴って隣室の飯田部隊司令部へ行き、さらに軍司令部第四課へまわろうとしたが、甘粕は同行をことわった。

「俺はもう、こんな腰ぬけばかりの兵隊どもを相手にするのはいやだ。下で待っている」

甘粕の立腹は、半田に対するこの日の軍人の態度だけが原因ではなかった。新京の日本人を守るための半田の交渉に責任ある回答をしない彼らに改めて腹を立てていたが、その前に甘粕は、ソ連軍の侵入を知った関東軍が一般在留邦人の保護には何らの手も打たず、軍の家族だけをいち早く列車で避難させたことに、心底から立腹していた。それでも軍人か！　と、甘粕は彼らの面上にツバをはきかけたい気持であった。

車の中で目を閉じて待っていた甘粕に、半田は「やっと承知させた」と報告した。甘粕はこの帰途、中央銀行総裁・西山勉の家と、新京放送局の副局長・武本正義の許によった。いずれも、それとない訣別である。

「日はおぼえていないが、終戦直後、放送局で甘粕さんに会った」と森繁久彌が語るのは、この日のことであろう。当時の森繁は新京放送局の職員で、満映文化映画のナレーターを務めたこともあった。

「廊下ですれちがうと、珍しく甘粕さんの方から『森繁君』と声をかけてきて、『満洲はよかったなあ』と握手をした。私はとっさに――あ、甘粕さん、死ぬんだな――と直感した。だが何もいわなかった。何もいえなかった」と森繁は私に語った。「トコトンまで信頼できる、本当にいいオヤジさんだった」と、森繁は甘粕を懐しむ表情になった。

「満洲という新しい国に、われわれ若い者と一緒に情熱を傾け、一緒に夢をみてくれた。ビルを建てようの、金をもうけようのというケチな夢じゃない。一つの国を立派に育て上げようという大きな夢に酔った人だった」

当時、満洲国軍の軍事部参謀であった八木春雄は「終戦直後に甘粕さんをたずねた。関東軍が武装解除された後の新京は大混乱が予想されるので、在留邦人保護のため出馬してもらいたいと頼みに行ったのだが……」と私に語った。甘粕は「自分はもはやその任でない。半田敏治が適任者だから、彼と連絡をとって善処してくれ」と答えた。

この話のあと、甘粕は八木に自決の決意を告げ、その具体的な方法について二人は平静に語り合っている。その席にいた八木の同僚・山田康三も、先客の新京防衛部隊長も、甘粕に翻意をうながすこともなく終始無言で聞いていた、という。これもまた敗戦前後の日本人の、生死に対する感覚の異常を語る話である。八木は五・一五事件で犬養毅（首相）を襲った一人である。満洲には八木のような過去を持つ男が多かった。


十七日午前十一時、半田敏治がまた甘粕に会いに来た。この時の二人の話し合いを、武藤富男がくわしく書き残している。

半田は在満邦人百万、日本軍七十万を、一年半の間に日本に引揚げさせる詳細な計画をたててきた。関東軍の武装解除前にチタへ行って、ジューコフ元帥にこの計画を承認させ、停戦協定に織りこませねばならぬ。チタでの交渉に当るのは、軍の代表として秦彦三郎、官の代表は半田自身、そして民を代表して甘粕——と半田は一気に述べた。事は急を要する、すぐ司令部へ行こう、と促す半田に甘粕は答えた。

「それはいい案だ。しかし俺は二、三日中に死ぬから、仲間にはなれない。貴様一人でやれ。死ぬ、死ぬという人間は死なぬものだが、俺は本当に死ぬのだ」

半田は引きさがらない。

「バカなことをいうな。死ぬのはいつでも死ねるのだから、やるだけのことをやってから死ね。今ごろそんな無責任なことをするのはよせ。どうしても死ぬのなら、せめて一、二カ月のばして、今は俺と一緒に働いてくれ」

甘粕はいつになく、しんみりした口調で答えた。

「人間は死ぬ時期と場所とが大切だ。俺は自分の使命はもう終ったと思っている。お前はこれから使命を果す時期にはいるんだ。俺は満洲の最後の職場で一生を終る。お前は停戦協定をうまく結んで、全満の日本人が一人でも多く、無事に日本に帰れるように骨を折ってくれ。しっかり頼む」

半田は遂にあきらめて、一人で総司令部へ行った。だが、秦はすでに興凱湖の一寒村にあるソ連司令部へ出発した後だった。無条件降伏という経験を持たない日本人には、敗者の立場がつかめなかった。特に満洲国では、弱体化したとはいえ七十万の将兵があった。武装解除前の関東軍を後楯に、ソ連に対し権利の主張も可能だと考えがちだった。半田の計画は、この考えに裏づけられている。停戦交渉のため興凱湖の寒村に向った関東軍総参謀長・秦彦三郎の一団は、戦勝国が敗戦国に対しいかに冷厳なものかを、直接肌に感じた最初の在満日本人であったろう。

この十七日、甘粕は妹・璋子の家に行った。彼は「璋子、時計を壊したといったね。俺はあした死ぬから、死んだらこの時計を上げるよ」と言った。璋子は返す言葉もなかった。

同日、甘粕は国務院総務庁に古海を訪ね、二百万円を引出すことに成功していた。午後、甘粕は全職員を集め、その前に百万円の現金入りの木箱七つを並べて、退職金の分配をした。日本人は国が亡びたのだから、重役から給仕まで同額の五千円ずつ、満洲人には正規の退職手当を支給する、と甘粕は決めていた。

この夜、満映では同時に二つの会が開かれた。一つは理事長室のウイスキー会、他は日満全職員とその家族たち合計千人を越す慰安会で、会場に当てられた講堂には酒肴がふんだんに運ばれた。甘粕の最後の大盤振舞である。芸達者な出席者は次々に隠し芸を披露し、中でも映画監督・王心斎が甘粕の歩き方や手ぶりをパントマイムで演じた時は、大喝采であった。甘粕はこれを上機嫌で眺めた後、理事長室ですでに始まっているウイスキー会に加わった。

この会に招かれたのは古海忠之、大園長喜、半田敏治、和田日出吉、関屋悌蔵、飯沢重一、福岡謙吉、星子敏雄など、日ごろ甘粕と親しい人々ばかりであった。半田は大園をそっと室外に呼び出し「これは甘粕さんの訣別の飲み会だろう？」とささやいた。暗い顔でうなずいた大園は「どう説得しても、いったん決めた自殺をやめるという甘粕ではない。自殺できないように、刃物、手榴弾などみな取り上げ、拳銃から弾をぬき、青酸加里もあちこち探して回収した。そして昼も夜も見張りをつけている」と答えた。

二人が理事長室に帰ると、古海が甘粕と激論をたたかわせていた。「ウイスキー会の前に大園が私の許に来て、甘粕はあしたの朝自殺するつもりらしいから、なんとか止めてくれ、と言った」と古海は語る。「どう説得しても甘粕は『やめる』といわず、まともにこちらの話を聞こうともしない。よし、あしたの朝やるというなら、やれないようにそばについていよう……と、会がすんだ後も私は壁にもたれたまま起きていた。夜中の二時ごろ大園が来て『不眠不休で働いている古海さんを起しておいて、寝ているとは何だ！』と甘粕をどなった。『うるさいなあ』と起き上った甘粕は、初めてまともに私と話し始めた」

甘粕は古海の必死の説得を静かに聞いた後、言った。「私には生きている意義がなくなった。日本は新しい道を歩き出す。私の知識、経験はもう役に立たない。これからの日本の役に立つのは青年だけだ。老人は役に立たんだけでなく、じゃまになる。五十歳以上はみんな死んだらいいとさえ思う」淡々とした口調だった。

古海はなおも食いさがった。「これからの日本にとって青年だけが大事だというが、君が自殺したら殉死するという青年がたくさんいるぞ」など、古海は思いつくままにまくしたてて、翻意をうながした。だが甘粕は聞き入れない。話し合いは根気よく続けられ、窓が明るくなった午前五時、遂に甘粕は「今はやめる」と約束した。「延期だ」という古海の言葉に、大園や見張り役の疲れきった顔がようやく安堵になごんだ。

十八日朝、甘粕は社員一同と共に玄関前に立ち、終戦後、満映内に駐屯していた新京防衛部隊の出発を見送った。甘粕の同期生・原田繁吉が率いるこの部隊は、武装解除を受けるため公主嶺方面へ向うのである。

満洲国には、前後を通じて、甘粕の同期生多数が足跡を残している。終戦時だけをとり上げても、総参謀長・秦彦三郎をはじめ、半田敏治、大園長喜、飯島満治、原田繁吉などが甘粕の周囲にいた。甘粕に傾倒し、金鉱など彼の事業を一任されていた奉天の石光憲弌はソ連軍に捕えられ、甘粕について厳しい取調べを受けた。同期生の一人・赤柴八重蔵は「満洲に渡った同期生で、公私共に甘粕の世話にならなかった者はいないだろう。甘粕は友情に厚い男だった」と語っている。

同じ十八日、飯島満治が甘粕に会いに来た。飯島は十四日から新京を離れていたので、日本降伏後甘粕に会うのは初めてだった。彼は理事長室の黒板に「大ばくち　もとも子もなく　すつてんてん」と、甘粕の筆蹟で書かれているのを見た、と「追悼余録」に書いている。甘粕は特に高い教養を持った男ではないが、無教養をきらった。その男がこの駄句にもならぬものを人に見せたとは信じ難いが、多くの人の証言から事実のようである。甘粕にはフランス時代以後バクチの話は伝わっていない。ただ満洲国が日本の大バクチであったという実感は持っていただろう。

この日、北村経理部長が「閉鎖後の満映管理費が足りない」と甘粕に告げた。甘粕は

「もう一度、興業銀行の岡田総裁に頼もう。依頼状はいずれ渡す」と答えた。

夕方、見張り役の大谷と共に甘粕は妹・璋子の宅を訪れた。その帰途、迎えに来た理事の和田日出吉と満映に向って洪熙街を歩いていた甘粕は、楡《にれ》の木立の向うに沈もうとする夕陽に向って立ち止り「きれいですね」と、しみじみと言った。満洲に住んで十六年、この国の見馴れた自然に、死を前にして改めて心をひかれる様子だった。

十九日、彼はまた妹の家を訪れた。璋子と共に昼食をとり、風呂にはいり、しばらく昼寝をした。この日、ソ連軍の一部が空から新京にはいり、かつて甘粕が辣腕を振った協和会本部を占領して、その窓に赤旗がかかげられた。前日、通化省大栗子で退位した溥儀はこの日、日本への亡命の途中、奉天飛行場でソ連軍に捕えられ、ソ連領へ連れ去られた。明日はソ連の地上部隊も新京にはいるはずである。古海との自殺延期の約束も、明日が限度、と思い定めた甘粕が最後の静かな時間に語りかけた相手は、長年彼の心の奥に住みついている〝秘密〟ではなかったか。大杉事件の真相を遂に甘粕は誰にも明かさなかった。

……とうとう貴様を道連れに死ぬことになった。二十二年になる。その間、貴様のおかげで、どれほど迷惑したことか。

……そうとばかりはいえまい。俺を抱えていたために、貴様は人に恐れられ、凄味をきかせてきたはずだ。

……バカをいうな。俺は凄味などきかせたくはなかったし、必要もなかった。俺は貴様のおかげで異常な人間と見られ、孤独な生涯を送った。胸を割って語り合いたい友人との間に、貴様はいつも立ちはだかっていた。これほどの迷惑があると思うか。

……それほど迷惑なら、なぜ俺を手放さなかったのだ。誰か一人に事件の真相を語れば、俺は簡単に消え失せたぞ。

……それは出来ぬ。生涯口外せぬと約束したことだ。

……強情なヤツだ。寂しがり屋のくせに……。しかし今の貴様には、生涯俺を抱え通したという満足感があるだろう。

……ないとはいわぬ。だが孤独だった二十二年に対して、果してこの満足感が十分な代償かどうかは疑わしい。俺はバカだった、という気もする。しかし、持って生れた性分だ。大正十二年にたちかえって、もう一度やり直すことができても、やはり俺は同じ生き方しかできないだろうな。死出の旅に、貴様という道連れがあるのを喜ぶことにするか――。

十九日の夜、甘粕は理事長室の控えの間に大谷、赤川、長谷川の三人の看視役と共に寝た。二十日の朝、六時前に起きた甘粕が洗面所に立つと、赤川がついていった。洗面をすませた甘粕は控えの間を通って理事長室にはいり、伊藤スマ子に茶を運ばせた。看視の三人は控えの間にいた。茶を飲み終えたら甘粕が朝の散歩に出るだろうと待っていたのだが、この一瞬を彼は捉えた。大園がすべて取り上げたつもりの青酸加里を、甘粕は一包だけ持っていた。

甘粕の異様なうめき声に、そのとき偶然控えの間にはいった内田吐夢と看視役の大谷とが、理事長室にとびこんだ。甘粕はソファの上で前こごみになり、両肘を横へ張るように曲げていた。

内田はとっさにリュックサックから食塩のびんを取り出し、甘粕の口をこじあけた。

「水ッ」

食塩を含ませた口へスマ子が土びんの水を流しこむと、もう意識もないらしい甘粕はとにかく飲み下した。幾重にも重なった人垣が、かたずをのんで見守る。内田は床にあお向けに寝かされた甘粕の体に馬乗りになり、胃から胸郭へと力まかせに逆撫でした。だが上気したように赤味のさしていた甘粕の顔は、みるみる蒼白に変っていった。

「お口から泡が出続けていました」とスマ子は語る。「苦痛の表情もなく、安らかな立派な死顔でした」スマ子は翌二十一年の引揚げ時に、甘粕が最後に使った九谷焼の湯のみ茶碗を大切に持ち帰った。

何でも一級品でなければ使わなかったといわれる甘粕の、協和服第一装をつけた遺体からは、フランス製のオー・ドゥ・コロンがかすかに匂っていた。
遺書三通が、テーブルの上に置かれた永井荷風の「濹東綺譚」にはさんであった。甘粕が北京で求めた鳥の子の巻紙に、墨の色も深々と書かれている。これらの遺書は今、甘粕の娘・和子が保管している。

第一の遺書には宛名がない。

「理事長としての任略終れるを感じ自ら去る、民族の再起に努力せざるの卑怯を慚《ざん》づるも　感情の死を延すを許さゞるものありて決す、然れども極めて冷静なりき、不忠不尽の者日本刀にちぬるを愧《は》ぢ自らをやく、
昭和二十年八月十八日　　甘粕正彦」

第二の遺書は、大園、古海あてで、第一の遺書よりくだけた文字で書かれている。
「大園さん　古海さん　相済みません　お許し下さい、理窟でないので理でをされては困ります、
私の思ふ通りにさせてくれたら最もあとの迷惑をかけずにすんだのに、また醜く死体をさらさなくともよかつたのにと思ひます　卑怯は重々　わかつてゐます　それよりも死の前の感想でもきいて下さつたら　本でみたのとは違つたものを御参考にし得たと思

ひますのに
我侭もののわがまゝを　一生のをさめにゆるして下さい　相済みません」

第三は北村経理部長に約束した興銀総裁・岡田信あての金の依頼状である。

「二百万円貸して下さい。貸さないと死んでから化けて出ます。

八月十八日　甘粕正彦」

この遺書を受け取った岡田は百万円を出した。

八月十八日という日付は、甘粕の自決予定日を示している。だが彼は古海の精根を傾けた説得に負けて「延期」を約束した。もはや無意味としか思われない生の延長は、甘粕にとって重荷であり、苦痛でさえあったろう。だが彼は最後まで約束をホゴにできない男であり、友の好意を〝無〟にすることのできない男であった。予定外の二日間の生は、古海、大園の友情に対する、甘粕の精いっぱいの〝返礼〟であった……と思われる。

これらの遺書のほかに、鉛筆の走り書きの二通が灰皿の下にあった。

「拳銃の弾も抜かれてゐるのを知つた。いよ〳〵なさけない死に方をせねばならぬ　然し何も考へない　私にはそれもよいだらう
死体はそのまゝ、此のまゝ手をつけずに　湖西会館の防空壕に埋めて貰ひたい、凡てを灰にしたかつたのだが　その方が迷惑もかゝらなかつた

時計は星子璋子へ
本は皆でわけて
刀は子供に
知つた方々へのお別れは何れもしない」
もう一つは巻紙の端を裂いた小さな紙片に、一行の走り書きである。
「みなんしつかりやつてくれ 左様なら」
これは社員にあてたものだが、服毒後に書いたらしく、「みんな」が「みなん」と書かれている。
甘粕が死んだのは昭和二十年八月二十日午前六時五分、日本降伏の五日後であった。すでに「長春」と旧名に戻った新京の街には、いま入城したソ連軍陸上部隊の行進の騒音が響いていた。

証言者・主な資料

証言者（敬称略　順不同）

甘粕二郎、甘粕三郎、甘粕四郎、甘粕満寿子、甘粕成雄、甘粕和子、谷口守一、谷口伊勢子、星子敏雄、星子璋子、石光憲弌、麦田平雄、澄田睞四郎、赤柴八重蔵、斎藤美夫、飯沼守、藤井佐吉、中村久太郎、林秀澄、森安精一、石田乙五郎、遠藤三郎、横山憲三、片倉衷、今井武夫、森松俊夫、稲葉正夫、渡部悌治、印南武雄、原巳代次、森木陸、倉垣寅義、武藤富男、斎藤ちとせ（斎藤敏雄未亡人）、八木春雄、岡田桑三、江口昇、荒畑寒村、蠟山政道、清水幾太郎、川喜多長政、河辺浩、重富義男、伊藤スマ子、山口淑子（李香蘭）、森繁久彌、松林亮、三原朝雄、丹羽千代（六代目尾上菊五郎未亡人）、坪井与、三城晃雄、古海忠之、井上藤次、飯沢重一、浜崎真二、朝比奈隆、川辺明行、赤松貞雄、他多数の方々。

主な資料

「日本陸海軍の制度・組織・人事」日本近代史料研究会編
「甘粕正彦の生涯——満洲国の断面」武藤富男
「憲兵」宮崎清隆

「追悼余録」陸士二十四期生
「憲兵三十一年」上砂勝七
「市ケ谷台から市ケ谷台へ——最後の参謀次長の回想録」河辺虎四郎
「昭和時代」中島健蔵
「日本政治裁判史録——大正」我妻栄等編
「日本現代史・四」ねず・まさし
「関東大震災」中島陽一郎
「大杉栄研究」大沢正道
「獄中に於ける予の感想」甘粕正彦
「満洲国史」満洲国史編纂刊行会編
「満州事変への道——幣原外交と田中外交」馬場伸也
「関東軍——在満陸軍の独走」島田俊彦
「東条英機」上法快男編
「悲劇の皇帝溥儀——満州国をめぐる動乱五十年」ヘンリー・マクリーベ著　田中文蔵訳
「わが半生」愛新覚羅溥儀
「満鉄に生きて」伊藤武雄
「満州事変と十月事件」中野雅夫

「史録・満洲事変」稲葉正夫
「戦陣随録」片倉衷
「現代史資料七――満洲事変」小林龍男、島田俊彦編
「日中十五年戦争と私」遠藤三郎
「問題の人　甘粕正彦」山根倬三
「映画監督五十年」内田吐夢
「見果てぬ夢――満州国外史」星野直樹
「橋本大佐の手記」中野雅夫
「皇帝溥儀」山田清三郎
「未完の旅路」大塚有章
「秘録・土肥原賢二――日中友好の捨石」土肥原賢二刊行会編
「石原莞爾」藤本治毅
「わが心の遍歴」長与善郎
「その夜」長与善郎
「赤いランプ」真船豊
「昭和史」遠山茂樹、今井清一、藤原彰
「満鉄興亡史」竹森一男

「悲劇の将軍・石原莞爾」山口重次
「大仏次郎ノンフィクション全集　第一巻」（ドレフュス事件　ブゥランジェ将軍の悲劇）
「本はどう読むか」清水幾太郎

他に「改造」「中央公論」「婦人公論」「文藝春秋」「オール讀物」「人物往来」「太陽」「新評」「雄弁」「話」「婦人画報」「週刊朝日」「サンデー毎日」「週刊読売」「週刊東京」「朝日新聞」「毎日新聞」「読売新開」等の雑誌・新聞を参考資料に用いた。

旧版あとがき

関東大震災が起った大正十二年九月、八歳だった私はいま思えば〝甘粕大尉〟の官舎からほど近い、当時下渋谷といわれた地域に住んでいた。大杉栄ら三人が虐殺された事件は、幼い私の耳にもはいった。父の「なんともイヤな事件だ」と、にがにがしくいった言葉が、意味もわからぬまま私の記憶に残った。

それから十数年後、今度は〝満洲国のボス〟として甘粕正彦の名を私は聞いた。関東軍が支配する満洲国とは、粗暴で残忍な元憲兵が大手《おおで》を振って闊歩するような、暗い無法な世界なのであろうと、おぞましさを感じた。

その後〝甘粕大尉〟を思い出すこともなかった私が、突然彼の名を聞いたのは、昭和四十七年の暮、防衛庁戦史編纂官であった故稲葉正夫氏(元中佐)から関東軍参謀時代の思い出話をうかがっている時であった。

「違う、全く違う」と、稲葉氏は私の甘粕像をまっこうから否定された。「甘粕はそんな男ではない。第一、大杉事件の真相は謎だ。甘粕は自分の意思で大杉を殺したのではない……」満洲時代の甘粕と面識もあり、職務がら資料にも精通している稲葉氏の話は、何もかも私にとって意外だった。「紳士」「教養人」「文化人」などと、稲葉氏がたたみかけてきても、五十年もの間私の中に定着した甘粕像をそう簡単に崩せるものではない。だが、にわかに湧き起った興味にかりたてられて、私は甘粕の取材に没頭し始めた。

資料の中で、また旧知の人々の証言の中で、〝甘粕大尉〟は私の想像とは全く異なる顔を現わした。稲葉氏がほめる甘粕と、私が掘り起してゆく甘粕とは、これまた違う顔であった。私が粗暴、冷酷と決めてかかっていた甘粕が、実は繊細な神経の持ち主であり、彼自身が持て余したであろうほどに感情の豊かな男であったことを知った。

大杉ら三人の殺害事件の真相を突きとめようと、私はできるだけの努力をした。その結果、今日甘粕を語る資格を持つ人たちの間で確信されている「甘粕の意思による殺人ではなかった」という説を裏づける傍証、心証は数えきれないほど集まった。だが、確証と呼ぶべきものは遂に得られなかった。私はこの一篇の中にフィクションをはさむことは許されないと考えているので、そこまでで筆を止めた。

私が甘粕伝を書いた目的は、大杉事件の謎解きではない。〝忠君愛国〟を日本人の至上の目標として教えこまれた時代の、まっ正直な日本人の典型と思われる甘粕正彦の軌跡を追いたかったのだ。〝忠君愛国〟を、うむを言わせずたたきこまれたのは軍人だけではなく、日本人全部が、これに従順であるにせよ、反撥するにせよ、この堅い土台の上でさまざまな反応を示してきた。

その中で、甘粕は迷わず生きた男である。私は、その生き方が最も正しいと信じられていた時代の中で、甘粕をとらえていった。今日、彼の生き方は否定するほかない。しかし今日の目で、愚かだの、哀れだの、間違っていたのといったのでは、実体は所在不明になってしまう。甘粕はあくまで、彼が自決した昭和二十年八月までの人間である。時代もまた同様で、それらの条件は動かせない。

甘粕は〝天皇と一体である国家に身命を捧げる〟という目標に目を据えた。そして、その遂行のためには無計算に過重な義務を自分に課し、緊張の中に身を置くことで、初めて生きがいを感じ、体《たい》が決まった。これは彼が生きた時代の日本人の、いわば模範的な型であったろう。甘粕ほど自分を酷使した人間を、私は他に知らない。彼の自己酷使と、彼の時代、思考、行為などが結びつくと、一種の悪魔的な姿になる。

甘粕がすでに日本の敗戦を見こしていた昭和十九年、彼は軍にさからって北京の街路樹を守った。敗戦後の日本が古都の美を破壊した野蛮国と世界から軽蔑されるのを、未然に防ごうとしたのだ。大杉事件の真相という秘密を抱いて孤独であった彼の、かなしいほどの愛国心（甘粕の〝国〟が天皇ひとりのものであることに私の不満はあっても）を、私は感じる。〝忠君愛国〟とか〝滅私奉公〟とかいう言葉に、かつて実感を持ったことのない私だが、これに徹して生き、そしてその対象を失うとただちに死を選んだ甘粕に、私は反撥と批判を伴いながらも、やはりひきつけられる。いま私の頭にある甘粕は、鋼鉄のような強い意志で自分の命を律し切った、男の姿である。

軍法会議の資料などはすべて旧カナ遣いだが、読みやすいようにと、会話は今のカナ遣いに変えた。


（昭和五十年七月）

中公文庫版付記

「甘粕大尉」執筆中の私は、関東大震災直後のドサクサの中で惨殺された王希天を調べたが、確かな資料を見つけることは出来なかった。

本書初版は昭和五十年七月二十五日に出版された。それから一カ月後、八月二十八日の「毎日新聞」夕刊に「『王希天事件』真相に手掛り——一兵士の日記公開」という記事と、王希天の経歴が発表された。関連記事は九月一日夕刊にもあった。

このたび『甘粕大尉』が中公文庫に収録される機会に、これらの記事の要点を書かせていただく。

王希天は中国東北部出身の留学生であった。東京中華留日キリスト教青年会幹事、中華民国僑日共済会会長として、中国人労働者の生活改善運動を続け、在日中国人の間で頼りにされていた人物である。

事件は——王希天が多くの中国人、朝鮮人労働者と共に習志野へ向う途中、逆井橋の鉄橋にさしかかった所で、待機していた中尉が一行の護送にあたる兵に「一服してゆけ」と声をかけ、休憩中にいきなり王希天に斬りかかって、惨殺したという。

事件から五十余年を経て真相を公開した久保野茂次さんは、当時、野戦重砲兵連隊所属の一等兵だったが、事件の目撃者ではない。殺人現場の歩哨に立たされた友人から聞いたままを書いた日記を、公開したのである。

（昭和五十四年四月）

「甘粕大尉」と王希天事件　文庫版あとがきにかえて

拙著「甘粕大尉」が世に出たのは、昭和四十九年（一九七四年）一月からの「中央公論」本誌連載に始まる。私がその取材に取りかかったのは昭和四十七年（一九七二年）の後半からで、甘粕正彦が若い時から親しかった遠藤三郎（のち中将、昭和五十九年十月死去）の話を度々聞くことになった。

ある日、大正十二年の関東大震災がひき起した混乱状態を語っていた遠藤が、「……私が交渉にとび歩いている間に、大事件が起っていた」と低い声で言った。「亀戸警察に保護された朝鮮人の中には少数ながら支那人労働者も混ざっていて、その元締め的人物の王希天もそこにいた。それを知った第七連隊の将校たちが『王希天まで習志野へやったら、一同を煽動して暴動を起すかも知れない。ここでやってしまおう』と計り、亀戸警察から受領書と引きかえに王をもらい受けて、中川の堤防で斬殺してしまった。私が亀戸警察に帰った時は、王希天はすでに殺された後で、どうすることも出来ず、また詮索する余裕もなかった。私は部下に護送させて、朝鮮人を習志野へ送った」

大地震後のどさくさの中で、多くの朝鮮人を殺害した事件に私はかねてから、「なんという事をしてくれたか……」と、ふんまんやる方ない思いを抱いていた。そこへ、中国人までを殺したと聞いて強い衝撃を受け、その事件もぜひ書かねば……と心をたかぶらせた。

書くためには、信用できる〝裏づけ〟が必要である。私はまず防衛庁の戦史室へ行った。遠藤が「下手人は第七連隊の将校たち」と語ったので、戦史室へ行けば何か記録があるだろう……と期待したのだが、無駄足であった。「中国は独立国ですから、日本の植民地であった朝鮮とは立場が違います」と戦史編纂官の稲葉正夫が言った。「中国の使者は日本政府に向って、行方不明と伝えられる王希天の消息を厳しく追及したようです。これに対して日本は、外交問題になっては大変だと〝知らぬ、存ぜぬ〟の一点張りで、遂に秘密をかくし通した……といういきさつがあったようで、そのためかどうか、〝王希天殺害事件〟の全貌がわかる……というような〝記録〟は、ここにはないのです」

王希天についての防衛庁戦史室の取材は、これだけで終った。稲葉正夫は関東軍参謀時代に甘粕正彦とは親しいつき合いがあり、日ごろは積極的に話題を出して私をよく指導して下さるのだが、この日は人が変ったように不機嫌で、言葉も渋りがちであった……とほぼ三十年を隔てた今も私の記憶の中におぼろ気に残っている。

遠藤三郎が王希天を語った時点で、私は事件の真相を知りたいと強く望んだのだが、私自身は立ちあがるやいなや壁にぶつかったことで、いっそう意欲をかきたてられた。

この事件に全く無知であったが、一般にはどの程度知られているのだろうか……と思い、まず新聞社の元社会部長であった私の夫に訊ね、さらに、この人なら……と思われる友人、知人ら数人にも訊ねてみた。だが誰も王希天の名前さえ知らず、また関東大震災後の混乱下で、無法に虐殺されたのは朝鮮半島出身者だけではなく、中国人も同じく犠牲になった……と知っている人もいなかった。

誰も知らないという〝現実〟に直面して、私は即座に王希天取材を断念した。誰も知らないのは、王希天殺害を国家の秘密とした日本側の、〝くさいものにはフタ〟政策が、完全に成功した結果か……とも思われた。いずれにせよ、片手間取材で何かをつかめるような、生やさしい事件ではないと感じたのだ。しかし私は、これから書く「甘粕大尉」の中に、少しでも「王希天殺害事件」を書きたいという希望までをすてたわけではない。当時の私は、「王希天殺害事件」について少しでも書いておけば、それが糸口になって、事件の真相がわかるのではないか、という期待を持っていた。それには遠藤三郎の言葉をそのまま書けばよいのだが、〝裏づけ〟なしで書くことが私をためらわせもした。しかし、事件の真相を知りたいというこの期待は、見事なまでにハズれた。「甘粕大尉」連載中も、その後も、「中央公論社」あて、または著者の私あてに、「王希天殺害事件」についての読者からの投書は皆無であった。この事件が、私の身近なところで話題になったこともない。こうした状態が長びくにつれ、王希天の名前を思い出すこともまれになった。

そして、現在（平成十六年十二月）まで三十年の歳月がすぎ去った。先の中公文庫版の「付記」を書いた昭和五十四年から数えても二十五年が経過している。実はその間に〝王希天殺害事件〟と、取材では知ることのなかったもう一つの虐殺、王希天が庇護しようとした五百人を超えるともいわれる人々の受難である〝大島町中国人労働者集団殺害事件〟とに、さらなる〝後日談〟が始まっていた。私が、二つの事件の真相を非常にくわしく、かつ正確に知り得たのは今年、平成十六年の秋である。

その発端は、数年ほど前になるであろうか、「中国山地教育を支援する会」という未知の会から、私あてに、文字だけの一ページの手紙が届いたことである。「この目的のために働いているグループですが、無理のない程度のカンパに応じていただけませんか」という内容の簡潔な文面であった。私はまず、会の名前に清々《すがすが》しさを感じた。少しでも送金しよう……と、すぐ私が決めたのは、《昔、昔のことだが、日本は〝王希天殺害〟のようなひどいことをしている。あの事件を知っている中国人は、今も決して日本人を許してはいないだろう。だがそういう人々も、このような会の存在を知れば、日本人も変った、という気持になって下さるのでは……》というものであった。

私のようなテーマの選び方でノン・フィクションを書いている者には、寄付金に関する手紙は決して珍しいものではない。近年、日韓関係の歴史にしぼって書いてきた私には、韓国関係の寄付依頼が最も多く、あとは一般的なもので、実は中国関係からの手紙は初めてであった。そのため私は久しぶりに王希天を思い出して、直接の関係があるとも知らず、わずかなカンパを送ったりしていた。それがいつから始まり、間隔は一年一回か二年に一回か……などは全く記憶にない。平成十五年秋になって、いつも忘れたころに連絡がある「中国山地教育を支援する会」から、今までの封筒の薄さを一挙に埋めるように部厚い封書が届いたのが、十一月十五日付の「二〇〇三年秋の報告とお願い」であった。

「この会のはじまり」と題した書き出しには、「この会は一九九一年九月一日、関東大震災のとき殺された中国人労働者を悼む会として、遺族の救援を呼び掛けたことから始まった」とあって、この関係を全く知らずにいた私を驚かせた。「一九九四年九月、（会を）現在名に改名。最初の呼び掛け人は……」として今井清一氏（横浜市立大学名誉教授、政治学）など十五氏が並び、翌年からは寿岳《じゅがく》章子氏（国語学者）など三氏が加わった、とつづく。遺族の救援として何をなすべきか……を考えるため、一九九〇年に最初の現地調査に入ったとき、犠牲者の遺族たちは今も貧しく、子供たちは小学校の三年生までにみな中退している状態であったという。呼び掛け人たちは、遺族の子供たちにせめては人並みな人生のスタートをきらせたいとの願いから、とりあえず九年の普通（義務）教育を保障することの支援から始めようと、温州山地教育振興基金会を設立した。温州とは、大正十二年の関東大震災後の混乱期に集団で虐殺された労働者たちの故郷である。福建省の北、浙江省。当時は上海から南へ船で一昼夜かかったという。

「二〇〇三年秋の報告とお願い」には、「教材集めをお願いします」という欄もある。「鍵盤ハーモニカ、リコーダー、算数セット、顕微鏡、地球儀など。今年は大量に集めて下さい。北京で、宋慶齢基金会が、前面に出て通関事務をして下さることになりました」という記述を読んで、「中国山地教育を支援する会」が中国人にいかに深く理解され、支援されているかを、改めて見せられた思いである。宋慶齢は孫文の夫人で、蔣介石夫人宋美齢の姉である。宋慶齢は一九八一年に故人となったが、孫文の死後は国民党左派の立場を堅持して、国民政府の反動化を批判し、中華人民共和国成立後は国家副主席であった。その女性の名を冠した「宋慶齢基金会」がいかなるものか私は知らないが、いいかげんな話で、純粋に日本人の組織である「中国山地教育を支援する会」の手伝いなどして下さるはずがない……と、思われるではないか。

二〇〇三年八月五日に、日本弁護士連合会会長本林徹の名で、小泉総理に勧告書が出されたという報告もある。勧告の趣旨は、「国は、関東大震災直後の朝鮮人、中国人に対する虐殺事件に関し、軍隊による虐殺の被害者、遺族、及び虚偽事実の伝達など国の行為に誘発された自警団による虐殺の被害者、遺族に対し、その責任を認めて謝罪すべきである」というものである。

「二〇〇三年秋の報告とお願い」を繰返し読んだ私は「中国山地教育を支援する会」のメンバー一人一人に、心からの敬意と感謝を捧げているうちに、安堵のような安らぎが心を満たしてくるのを感じた。

このグループの運動をぜひ長く続けていただきたい。私も何か、かげからそっとお手伝いが出来たら……と思ったが、今まで何一つ役に立ったこともない私に何が出来るか……との気持も強く、また私個人のやりかけた仕事もかかえていて、それさえ完成おぼつかないのに……と腰はあがらない。うやむやにすごすうち、「二〇〇四年秋の報告とお願い」が届き、その内容が一挙に私の頭を混乱させた。

「中国山地教育を支援する会」は、ここで「温州の山の支援については、終りにすることにした」と書かれている。もちろんこの会らしく、やめた後の学校建設やそこに設けられる図書室などについて、温かいゆきとどいた配慮が示されてはいるが、私はこの会を次の世代へとひきついで、長く長く続けていただきたいと、ひたすらに願っていたのだ。

具体的に、私に何が出来るかと改めて考えてみたが、結局いまの自分の気持をどこかに書かせていただく以外のことは思いつかない。だが、発端である二つの「中国人殺害事件」は大正十二年に起ったもので、八十年前という古さである。それを私に書かせて下さる場所など、あるはずもない。中公文庫の「甘粕大尉」の最後にでもつけさせていただければ……と勝手なことを考えても、あの文庫は長く増刷されていない。

ジリジリと自分を追いつめている時、私には信じられないほど意外なことが起った。筑摩書房から「甘粕大尉」復刊の申しこみが来たのだ。担当者に会い、早速、作中の時間のずれなどの訂正に入ったが、私はすぐには加筆の希望を言い出せなかった。ようやく私が望みを告げたとき、担当者はその内容について二つ三つ質問したが、とにかく承諾してくれた。「ただし、時間的にかなり厳しいのですが、それでもよろしければ……」

私は、やろう！　と決めた。その日のうちに「中国山地教育を支援する会」の世話人代表である今井清一氏に電話をかけ、書くことの了解を得た上で、お目にかかりたいと申し入れた。「会うのは簡単ですが、私はアメリカ側の史料で二つの〝中国人殺害事件〟を調べたのが主な仕事でした。あなたのように温州の学校の支援に関心があるのなら、私より仁木ふみ子さんにお会いなさい。彼女の電話番号は……」と、埼玉県に住む仁木氏への連絡方法を教えてくれた。

仁木氏はてきぱきと彼女の著書をはじめ、私が読むべき史料などを郵送して下さった。これで私は一挙に二つの「中国人殺害事件」の真相を知ることが出来た。

仁木ふみ子氏は一九二六年生。大分県で高校教師、一九八三年から日本教職員組合婦人部長、中央執行委員。八九年退職。一九八一年、仁木氏は当時の上海の新聞で初めて二つの「中国人殺害事件」を知ったとき、「心臓に刃をつき立てられたように、体が全く萎えてしまうほどの衝撃を受けました」と、「関東大震災　中国人大虐殺」（岩波ブックレット）に書かれている。日本は大地震に襲われた直後とはいえ、「平時の、しかも国内における民族的犯罪でしたから。あれから十年、いつも『なぜ？』につきまとわれながら、事件解明の作業をすすめてきました」。そしてこの文章の最後に、「私たちには〝知る権利〟があり、〝民族の負の遺産〟を担う責任がありますから」と書く。この最後の一行は、彼女の言行のすべてを裏づけている、と私には思われる。

仁木氏の丹念な取材で、「事件発覚」の経緯もよくわかった。一九二三年十月十二日、前日上海に入港した千歳丸につづいて、温州の難民六十三人を乗せた山城丸が同港に入港した。船が着く度に温州同郷会が港に出迎えて、四明公所や温州会館に帰国者をくつろがせ、船を用意して故郷の温州へ無料送還する。この日、山城丸から多勢のけが人が降りてきて、港は大騒ぎになった。「王国章（左腿刀傷）」「馬岩昌（頭上傷四刀）」と、その場で書きとめた記録は正確で、具体的で、いずれ裁判にでもなったときは、法廷で役立つように……との配慮で書かれていた。重傷者は四明公所にかつぎこまれて、手当を受けた。伝聞ながら彼らの口から、主として大島町での労働者集団惨殺のもようが語られ、さらに習志野での幽禁と〝王希天行方不明〟が涙と共に述べられた。

この船には王希天の親友で、同じく留学生の王兆澄が労働者に変装して乗っていた。船中で労働者たちの受難を調査していた彼は、上陸するとすぐ新聞社に連絡して、その日のうちに記者会見を開いた。そのころには、〝大島町の中国人労働者集団虐殺事件〟の唯一の生き残り黄子蓮が前日の千歳丸で帰国し、重傷の身を同じ四明公所にかつぎこまれていることがわかった。黄子蓮も記者会見に出席している。

上海の新聞はいっせいに「いわれなき日本の殺人行為」を報道し、その日を境に、新聞の論調がガラリと変った。日本の大地震が伝わるや、隣国の未曾有の災害を救え！と新聞は連日カンパを呼びかけて、幼い子供までが持ち寄った見舞金を赤十字社や新聞社に届けてきた。そこへ〝日本の暴挙〟が伝えられ、この日の新聞は黄子蓮の「頭に重傷を負い、右耳は断ち切られている写真」までを掲載したというから、さぞかし日本人に対する憎しみをあおったであろう。

〝王希天殺害事件〟は、一九七五年に発表された「久保野日記」が、王希天はどのように殺されたかを伝えているので、私はあれで十分と思っていた。いらい私は、剣道の達人とも伝えられる〝K中尉〟（野重第一連隊・垣内中尉）が習志野へ向かう王希天を待ち伏せして、「まあ一ぷくしてゆけ」と護送の第六中隊の兵に声をかけてゆだんさせ、王希天のうしろへまわって、首から肩へかけて深々と切りおろした一刀で、即死……と聞いていた。彼の死が苦痛を伴わなかったことを、私はせめてもの慰めとしていた。それなのに事実は、遺体が発見されても、それが王希天であることがわからないようにと、顔全面をはじめ手足の端々までをこまごまと切りきざんで、河に流した、とは……。

私はかたく眼を閉じた。だが、そんなことをしても背筋を走る悪寒は止まらず、むごたらしい光景は血のにおいまでを伴って、私の瞼《まぶた》にうかぶ……。写真で見た王希天の容貌が秀麗であればあるほど、むごたらしさの陰は濃くなりまさる。アカの他人の私でさえこうだから、彼のご遺族たちは決して日本人をゆるせないであろうと想像されるのだが……。王希天が殺害されてからほぼ八十年がすぎた今、王希天の孫にあたる人が、「中国山地教育を支援する会」の招待をこころよく受け入れて訪日し、共に戦争のない世界であらねばならぬ……とうちとけて話し合っておられるのだ。ここまでの十余年の間に、日本側が積み上げてきた誠実や真心がどのようなものであったか、自然とこちらの胸に落ちるではないか。それがまたも私のグチを誘い出して、だからこそ私はこの会が時の流れに柔軟に、かつ敏感に竿さして、いつまでも続くことを願っていると申し上げたくなるのだが、「温州の山の支援を、なぜここで中止なさるのですか」とお訊ねすることもはばかられる。

私は改めて、仁木氏が二つの〝中国人殺害事件〟を知った時期に目を止めた。「一九八一年の上海」と書いておられる。私が遠藤三郎氏から〝王希天殺害事件〟を聞いたのは昭和四十八年、一九七三年であった。私の方が八年早い。そんなに早く、この重要な問題を含む事件を知らされていながら、私は何をしたか。例によって、なんという事をしてくれたか……とカッカと腹を立て、しかも他国に対して〝知らぬ、存ぜぬ〟とシラをきり通したことでいっそう罪を重くした……と、甘粕の〝大杉殺害〟とほぼ同じ位置に無理にも書きこんだ。

甘粕取材に全力を注がねばならない時期に、同時に王希天の取材までは無理という私の決断が間違っていたとは、今も思わない。しかし取材なしなら、やはり書くべきではなかった。遠藤氏の言葉をそのまま並べたのだから、かなり間違いがあろうとは覚悟していたが、仁木氏の正確な記述とつき合わせてみると不謹慎な言葉だが、つい笑い出してしまうほどに、何もかもが違っていた。今度の文庫化にあたり、遠藤氏の証言による誤りは、あえてそのままとしたが、旧版では「王奇天」となっていたものを「王希天」と、また王希天殺害の現場が「那珂川」となっていたのも「中川」と訂正した。これら二点については表記上の誤りであり、読者の混乱を避けるためである。

私はしばしば「全く無関係な甘粕と王希天を並べて書くことの無理を述べ、そのため王希天についてはごく少量しか書けない」としていたが、今はこの二人こそ並べて書くべきだと考えなおしている。初めて甘粕を書いたときの私は、戦後の眼で甘粕を眺めて批判し否定することは易しいが、それでは実体が不明となり深く理解することは出来ない、私自身もその時代に入らなければ……という考えを強く持っていた。彼は日本の敗戦間もなく自ら命を絶ち戦後の世界には存在しなかった男である。私もそこで視線を止め、その先へは眼を向けなかった。そのため、戦後の世界に甘粕のような、天皇のために命を投げ出すことを無上の悦びとする男が再び現われることは、当然ながら絶対に否定するが……という思いが伝えきれなかった悔いを残している。

(二〇〇四年十二月二十七日)

参考文献

「関東大震災　中国人大虐殺」仁木ふみ子、岩波ブックレット
「震災下の中国人虐殺——中国人労働者と王希天はなぜ殺されたか」仁木ふみ子、青木書店
「関東大震災と王希天事件」田原洋、三一書房
季刊「中帰連」第26号、特集関東大震災から80年
史料集「関東大震災下の中国人虐殺事件」監修今井清一・編集仁木ふみ子、明石書店

解説

藤原作弥

甘粕正彦の人間像に関心を抱いたのは『李香蘭　私の半生』（新潮社）の執筆がきっかけである。

李香蘭こと山口淑子さんの半生のハイライトは満映時代。その満映に君臨したのが甘粕正彦だった。それまで私が知っていた甘粕正彦は、関東大震災の直後、世情不安に乗じて社会秩序の混乱を煽動するおそれがあるという理由で、無政府主義者の大杉栄、伊藤野枝およびその甥の橘宗一を殺害した冷酷な右翼テロリストだった。

しかし、山口淑子さんや満映関係者の話を聞いてみると〝人間〟としての甘粕正彦のイメージは、どうやらその反対の極にあるらしい。

昭和十四年十一月、二代目満映理事長として就任した甘粕正彦は、綱紀粛正のためリストラの大ナタを振い、幹部職員を震え上らせた。テロリスト伝説と相まって満映の役職員に、当初は「怖しい人物」として映った。だが、俳優や一般職員の待遇を改善し、中国人と日本人の差別を撤廃し、社員の志気を高揚させるうちに、次第に信奉者がふえてきた。

また、満映の経営に当っても刷新策を次々と打ち出した。まず満洲国政府による検閲を廃止させ、満映の自主企画を認めた。次に関連事業を飛躍的に拡大させていった。例えば、満映系の「大同劇団」を創設し新劇の振興をはかった。「新京交響楽団」を創設し、指揮者に朝比奈隆を招き、特別リサイタルを頻繁に開催した。さらには、北京に満映資本による「華北電影」を、上海に「中華電影」を設立した、……など枚挙にいとまがない。

有為な人材登用にも目を見張るものがある。日本では〝進歩的〟とみなされた鈴木重吉、内田吐夢らの監督、八木保太郎、松浦健郎などのシナリオ作家、カメラマンの杉山公平などを次々に招いた。共産党大森ギャング事件の被告・大塚有章や進歩的映画評論家の岩崎昶《あきら》らを迎えた度量の広さも注目された。

そんな〝事実〟を取材しながら、私は、甘粕正彦の全人間像を知りたいと思い、資料を渉猟しているうちすぐに行き着いたのが、角田房子さんの書いた『甘粕大尉』という評伝だった。私はこの本を何度読んだことだろう。今、手許にある中公文庫はすっかり擦り切れてしまっている。

ノンフィクション『甘粕大尉』は、関東大震災直後の事件の顚末を裁判記録や関係者の証言に基づき、詳しく調査することから始めている。

角田さんは、他の取材で防衛庁戦史編纂者だった故・稲葉正夫氏から関東軍参謀時代の話を聞いている時、甘粕と面識があり当時の事情に通じている同氏から、世上伝わるテロリストのイメージを否定する「甘粕はそんな男ではない」というコメントを聞き意外感を抱き、取材に没頭し始めた、という。

もちろん、当時の〝真相解明〟などできる筈はない。角田さん自身、大杉事件の謎解きのために本書を執筆した訳ではない。実際、大杉栄、伊藤野枝両名を殺害（甥の橘宗一殺しは真犯人が現われた）した罪状で軍法会議が甘粕に有罪、懲役十年の判決を下した時点で事件は完結した（ことになっている）。

しかし、多くの謎が残った。本書の意義は、その「謎が残る」という事実を解明したところにある。甘粕正彦は憲兵隊長として大杉事件の罪を背負ったが、私個人は、真相はいぜん藪の中、という印象を持っている。

本書のもう一つの意義は、大杉事件後の甘粕の足跡（パリへの逃避行、渡満後の満洲国建設のための諸工作活動、満映理事長としての活躍、敗戦直後の自殺……など）を辿ることによって、軍人として時代の洗礼を受けた一人の典型的な日本人男性の全人間像を浮き彫りにしたところにある。天皇崇拝者の軍人・甘粕の中には「教養人」「文化人」「近代人」「合理主義者」「博愛主義者」などが同居していた……。

軍人時代から満映時代にかけて、甘粕正彦が理非曲直をはっきりわきまえ、きわめて責任感の強い人物だったことは、いくつかのエピソードが証明している。例えばある時、甘粕は歴史上の人物で好きなのは「日本武尊《やまとたけるのみこと》」と答えたという。「この人は武人であり、詩人であり、その一生は英雄的で、しかも悲劇的です」。それが甘粕正彦の日本軍人像だったのだろう。

また、悪源太義平の名もあげて「彼は人のために損をし続けて一生を終ってしまった。歴史の記録は表面的であったり、時に偽りであったりします。真実が埋もれたままで歳月の経過によって忘れられてしまう場合がしばしばです」と言っている。この発言もきわめて意味深長である。因みに、甘粕が嫌いな歴史上の人物としてあげたのは、菅原道真と乃木希典《まれすけ》だった。

昭和十九年秋ごろ山口淑子は満映を辞め、上海の中華電影に移籍するために甘粕正彦に辞表を提出するが、甘粕理事長は「長い間、ご苦労さまでした」と、素直に辞表を受けとり「満洲国や満映はどうなるかわからないが、あなたの将来は長い。どうか自分の思う道をすすんでいって下さい」と励ましている。多くの人々の証言でも、甘粕は昭和十九年ごろから日本の敗戦を予想していたという。

角田房子さんは、同じ昭和十九年秋ごろ、甘粕が軍の意向にさからって北京の街路樹の伐採を阻止したエピソードを紹介し、敗戦後の日本が古都の美を破壊した野蛮国と世界から軽蔑されるのを未然に防いだ行為、とし「悲しいほどの愛国心を、甘粕は抱いていた」と述べている。

また、全篇を書き終えた〈あとがき〉では、自殺した甘粕を「鋼鉄のような強い意志で自分を律し切った」男性と評価しているが、反面、「繊細な神経の持ち主であり、感性の豊かな男性」の姿をも看取している。

山口淑子が辞表を提出した際、甘粕の執務机には『アラビアのローレンス』という本が置いてあった。昭和初頭、フランスから渡満し、協和会など在野にあった頃の甘粕は、土肥原賢二、東条英機、石原莞爾などと折りに触れては気脈を通じ、さまざまな秘密活動に従事していた。ハルビンにおけるゲリラ的謀略工作、大東公司という中国人労働者のあっせん事業、愛新覚羅溥儀の天津から営口への移送……など。人呼んで〝大陸のロレンス〟。〝満洲の闇の帝王〟と言われたこともある。

それもこれもひっくるめて、昭和二十年八月二十日に甘粕は服毒自殺するのだが、前々日、理事長室の黒板には「大ばくち　もとも子もなく　すってんてん」という甘粕の筆蹟があったことを何人かが目撃している。ユーモリストでもあった甘粕は自らの一生を、パリ時代に無聊《ぶりよう》を慰めるため競馬に凝り大損をしたことになぞらえて自嘲したのだろうか。しかし、別に巻紙に毛筆で、墨痕あざやかに記した憂国と自責の遺書が三通あった。

角田房子さんは『甘粕大尉』のほか、『いっさい夢にござ候　本間雅晴中将伝』、『一死、大罪を謝す　陸軍大臣阿南惟幾』、『責任　ラバウルの将軍今村均』など、戦争を職業とした軍人が戦時をどう生き、時代の責任をどのようにとったか——をテーマにした一連の作品を書いた。いずれも一箇の人間として魅力ある将軍の評伝である。

（ふじわら　さくや／作家）

＊ちくま文庫版に掲載されたものに若干の訂正を加えたうえ再録しています。

解説

保阪正康

本書が刊行されたのは、昭和五十年（一九七五）になるのだが、著者はこの頃には歴史ノンフィクションを執筆する作家として一定の地歩を築いていた。ノンフィクションが隆盛を極めつつある時とも言えるのだが、こういう時期に歴史や歴史上の人物を題材に作品を発表する場合は概ね一つの傾向があった。有り体に言えば、大日本帝国の軍事を軸にした作品であれば、まず批判があり、それを元にしての人物論を書くというのが約束事とも言えたろうか。社会的な位置どりがはじめに規定されていたとも言える。むろんそれは悪いことではない。軍事主導時代のあからさまに庶民を弾圧する姿、あるいは非人間的な権力の実在を描写するのに、一定の立場に立つというのは、当然著者の作家的な義務とも言えようか。私自身、いくつかのノンフィクション作品を書いてきたが、そのような立場に立つこともあった。むろんそのような立場（あえて市民派左派とでもいうべきであろうが）に対する共鳴、共感を持っているが故のことでもあったからだ。そういうケースは案外多かったように思う。

その一方でそうした立場が、史実を検証するときにむしろ真実から遠ざかるという弊害ともなりえた。正義と不正義が明確になり過ぎて、史実がもつ微妙な膨らみや人は必ずしも善悪の基準で動くわけではなく、単純な功名心や出来心などで動くことへの理解に欠けることも見受けられるのだ。ノンフィクションに限らず、歴史上の人物を描く場合には、ある意味で思想的、社会的立場から見るのではなく、人間の生きる悲しさや苦しさをいかに作品の中に投影できるかが重要な要素になると言っても良いであろう。

はじめにいささか堅苦しい記述をしたのは、実は「角田房子」というノンフィクション作品を書く著述家が、ある定型のタイプを打ち破って執筆を進めた表現者だと言いたいからであった。単純に市民派左派的な立場に立ったのでもなく、かと言って体制の擁護者の如くにノンフィクションで史実を擁護したわけでもなかった。私の見る限り、その立場は「人間心理の奥に潜んでいる心情を見つめる」というものではなかったろうか。何が正しく、何がわるいのか、などを問うているのではない。歴史を動かす事件や事象、さらにはそれに関わった人物の心理の奥には何が潜んでいるのだろうか。それを探りたいというのが、角田の著した作品には全て共通していると言えるのではないだろうか。

私はそういう立場の角田の作品に、強い興味を持って、その作品を読んできた。

それは多分、戦前にフランスに留学し、戦後は「特派員の妻」として再びフランスでの生活を体験したことが影響しているのであろう。加えて作家としてのスタートが子育てを進めながらの四十代半ばからだったこととも関連しているのであろう。当初はノンフィクションと言っても、いわゆるその時代の欧米や日本の社会現象や事象を捉えたレポートなどを月刊誌に発表していたのだが、一九六七年に発表した『墓標なき八万の死者（満蒙開拓団の壊滅）』を機に、近代史の人物の評伝も書くに至っている。

取り上げた人物の中で軍人は、本間雅晴、甘粕正彦、阿南惟幾、今村均などになるのだが、ここに共通しているのは、悲劇性を帯びているという点であろう。本間、甘粕、阿南などにそれが言える。今村は筋の通った軍人であるにせよ、その生き方をさぐっていくと日本陸軍の中ではやはり悲劇性があると言えるであろう。作品に共通している視点は、こうした軍人に対する歴史の裁き方に、角田が安易に納得しているわけではないということだ。たまたまこれらの人物は、巡り合わせの悪い形で歴史の中に鎮座しているが、その姿を突き放しつつ、真の彼らの精神とはいかなるものか、その点について分析したいとの思いで執筆を進めたとも考えられるのだ。

しかもいずれも角田は、奇妙な表現になるのだが、安易な批判や共鳴などとは一線をひきつつ、しかし他の作家ならば冷たく突き放すだろう点なども必ずしもそうはしていない。有り体にいうならば、彼らの運命に彼ら自身がどのように向き合っているか、その点を深く追いかける点が秀逸だと言っていいのではないだろうか。

さて本書についてだが、アナーキストの大杉栄と内妻の伊藤野枝、そして大杉の甥にあたる橘宗一の三人が関東大震災のあと、憲兵隊に殺害されている。大正十二年九月である。この虐殺事件はどの年譜にも出ているが、詳しい記述（事実関係）はされていない。しかし憲兵大尉の甘粕正彦が下手人とされてきた。まるで臭いものにフタをかけ、真相は現在も「藪の中」である。むろん本書とて断言しての記述ではない。

この虐殺事件の真相はほとんど永久にわからないとされている。この類書はいくつかあるのだが、特定の立場にたっての記述以外では「不明」とされるのが普通である。しかし権力の側は、いや憲兵隊の側は犯人も、どのような殺し方をしたのかも多分熟知していると言っても良いように思えるのだ。それなのになぜか、権力の側はそれをまずは明らかにすべきであると思うのだが、一切口をつぐんでいる。甘粕正彦は歴史に差し出された人身御供なのかが、結局は問われていることになる。

本書は甘粕伝としては、かなり早い。その後、いくつかの類書が刊行されているのだが、細部に渡っては若干の手直しはあったにせよ、「大杉は甘粕に殺されたのではない」「軍内部には大杉殺害の意思はあった」、そして「下手人は憲兵の尉官」といった事実は語られている。陸軍がなぜ総意として大杉栄殺害でまとまっていたのか、その理由も概ね推測がついているといっていいだろう。大杉は軍人の子弟であり、自身も陸軍幼年学校に進み、成績は優秀だったが、中退している。いわば帝国軍人の仲間だったのである。それがよりによって無政府主義者になって、反体制運動を進める。軍首脳にとっては許されない存在であった。

大杉はこの頃、社会主義者や無政府主義者の間では、名の知られた活動家であった。もし軍内に彼の影響が及んだら、と考えれば、軍事指導者は震え上がっていたであろう。大杉の存在はそれほど大きかった。一方で大杉は警視庁の刑事から日々の行動を常に監視されていた。大震災の後、混乱のため一時その尾行がつかなかった時がある。その折に大杉らは憲兵隊に連行され、そして虐殺されたというのが、関係筋の見方であった。そして憲兵の一団に殺害されたというのは事実であろうと、今は推測されるに落ち着いている。

私もこの推測が当たっていると思う。当時の警察、陸軍軍人の間ではそういう見方にほぼ落ち着いている。

甘粕がなぜ下手人の役を引き受けたのか、真面目で友人思い、加えて忠君愛国の鑑みたいな軍人とも言われていた。そういう性格もまた「下手人として名乗り出て、帝国軍隊の名誉を守るに相応しいタイプ」と見込まれたのであろう。甘粕はまさにその生き方がこうした「テロ行動の犯人」にされることになったと見ることができるであろう。

大杉栄暗殺の経緯やその残虐性に、著者は甘粕が犯人役を引き受けたにせよ、実際には大杉のみを殺害したと思っていたら、六歳の甥にまで手を出していたとされ、強い衝撃を受けている。それは甘粕にとっては終生の逃れられない負担になったようにも思われる。ともすれば大杉虐殺を公権力の際限のない暴挙と捉えるときに、冷静な筆調と執拗な事実検索によって公権力の大杉に対する憎しみを浮かび上がらせる記述は貴重である。

甘粕大尉は全陸軍の支援と共鳴の渦の中で、フランスに身を隠し、そして満洲事変以後は溥儀の担ぎ出しに関わり、満洲国建国後は映画界の責任者となっている。実際にはその後半の人生の中に軍が一体となって甘粕をささえ、甘粕も軍に屈折した感情を持ち続けて、昭和十年代を生きたと言える。歴史ノンフィクションの書き手として、著者はこうした作品の難しさを示しつつ、後進の世代に歴史を断罪する前にどのような立場に立つべきかを教えてもいるように思う。

本書の重さはその点にあると言ってもいいであろう。かつて著者と対談を試みたときに、歴史ノンフィクションの難しさは資料と証言の重要性に着目しつつ、しかし何よりも大切なのは「人を見る目」と繰り返し語っていた忠告が何度も思い出されてきたのだが、本書の行間からはその声が聞こえてくるようであった。私はその忠告に頷くのみであった。

（ほさか　まさやす／作家）

本文中には、今日の人権意識に照らして不適切であり、侮蔑的、差別的とも感じられる表現があります。現在とは異なる当時の表現をめぐる状況について意識を持って読んでいただきたく、お願い申し上げます。

（朝日文庫編集部）

甘粕《あまかす》大尉《たいい》　増補改訂版　朝日文庫

2025年4月30日　第1刷発行

著　　者　角《つの》田《だ》房《ふさ》子《こ》

発 行 者　宇都宮健太朗
発 行 所　朝日新聞出版
〒104-8011　東京都中央区築地5-3-2
電話　03-5541-8832（編集）
03-5540-7793（販売）
印刷製本　大日本印刷株式会社

Published in Japan by Asahi Shimbun Publications Inc.
定価はカバーに表示してあります

ISBN978-4-02-262111-5
落丁・乱丁の場合は弊社業務部（電話 03-5540-7800）へご連絡ください。
送料弊社負担にてお取り替えいたします。